MANUEL DE FINANCES PUBLIQUES

Théophile Ahoua N'Doli

MANUEL DE FINANCES PUBLIQUES

Préface de SEM Daniel Kablan DUNCAN

L'Harmattan
Côte d'Ivoire

Déjà parus, chez le même éditeur :

LE RÉVEIL DE L'ÉLÉPHANT D'AFRIQUE (TOME 1) Côte d'Ivoire : des élans maintes fois brisés, avril 2017

LE RÉVEIL DE L'ÉLÉPHANT D'AFRIQUE (TOME 2) Côte d'Ivoire : de l'effondrement au sursaut? Avril 2017

5-7, rue de l'École-Polytechnique ; 75005 Paris

www.editions-harmattan.fr

ISBN : 978-2-343-18242-1
EAN : 9782343182421

PREFACE

Le développement des pays africains nécessite une bonne maîtrise des finances publiques, en vue notamment d'une plus grande mobilisation des ressources intérieures et de plus d'efficience et d'efficacité des dépenses publiques. Les préoccupations portent particulièrement sur l'extension de l'assiette fiscale avec une fiscalisation du secteur informel, le développement de l'impôt foncier et la responsabilité fiscale.

Les chefs de l'assainissement, de la modernisation des finances publiques et de la performance du service public dans la plupart des pays africains exigent en effet d'avoir une masse critique d'experts capables d'impulser et de contribuer à une mise en œuvre appropriée des reformes.

Pour y arriver, différentes institutions de formation diplômante ou continue offrent des enseignements ou des modules en finances publiques. L'un des chaînons manquants demeure un véritable manuel utilisable à la fois par les praticiens des administrations publiques en Afrique ou ailleurs, par les enseignants, chercheurs et étudiants du monde académique et par toute autre personne du secteur privé et de la société civile désireuse de mieux comprendre l'environnement des finances publiques dans nos Etats africains et particulièrement dans l'espace UEMOA.

Ce Manuel de Finances Publiques de Monsieur AHOUA N'Doli Théophile vient ainsi combler le gap. Il fait une analyse exhaustive des questions au cœur de la Nouvelle Gestion Publique (New Public Management). L'accent est mis sur le Budget de l'Etat et Loi de finance, le Cycle Budgétaire, les Prélèvement obligatoires et Dépenses publiques, la Comptabilité publique, le Secteur et la Bonne gouvernance, l'Endettement public et Mécanismes d'allégement de la dette extérieure des pays pauvres.

A travers une Revue documentaire suffisamment fouillée ainsi que le recours aux statistiques descriptives, l'auteur met l'accent sur le cadre opératoire et les règles de gestion des finances publiques qui conditionnent la mise en œuvre efficace des politiques publiques dans les pays de l'UEMOA.

Nourri de sa longue expérience dans l'administration publique et d'enseignant de Finances Publiques au CERDI de Clermont-Ferrand et dans plusieurs institutions en Afrique, M AHOUA met à la disposition des décideurs, des praticiens, des étudiants, des enseignants et des chercheurs et de la société civile, un outil de haut niveau sur les Finances Publiques. Les analyses faites se fondent sur une approche durable qui conforte la théorie aux faits et garantit les qualités tant scientifiques que pédagogiques de ce Manuel d'information et de formation. Il revient de se procurer, de le lire et d'en tirer profit pour l'accélération des réformes et un plus grand impact des actions publiques sur la croissance et le développement dans les pays africains en général et dans ceux de l'UEMOA en particulier.

SEM Daniel Kablan DUNCAN
Vice-Président de la République de Côte d'Ivoire

AVANT-PROPOS

Pourquoi un « Manuel de Finances Public » ?

De nombreux ouvrages et manuels traitent de la question des finances publiques en abordant essentiellement la problématique de la gestion des ressources publiques sous l'angle juridique, économique ou social. Si ceux-ci contribuent à renforcer les connaissances des praticiens, ils restent difficilement accessibles aux étudiants et aux professionnels en la matière qui, souhaitent disposer d'un outil immédiatement utilisable leur permettant de mieux appréhender l'environnement des finances publiques dans un cadre pratique et plus opérationnel.

Par ailleurs, il est largement reconnu qu'un bon système de gestion des finances publiques est indispensable pour la mise en œuvre des politiques nationales et la réalisation des objectifs de développement. Dans le contexte de mondialisation et d'expansion de la taille du secteur public, des reformes de bonne gouvernance visant à améliorer l'allocation des ressources et la contribution des administrations publiques à la production sont en cours d'exécution dans bien de pays en développement. Ces réformes ont conduit à de profondes mutations dans les systèmes des finances publiques des pays de l'UEMOA à un point tel qu'il est devenu nécessaire de redéfinir les principaux concepts, préciser les règles de gestion budgétaires et examiner les outils d'analyse.

Pour satisfaire ces objectifs, le « *Manuel des Finances Publiques* », à partir d'une approche moins restrictive, fournit les repères institutionnels, financiers et comptables sur les systèmes des finances publiques en vigueur dans l'espace UEMOA et la manière dont ils contribuent à la réalisation des politiques publiques. Son but est de faciliter la compréhension de l'environnement des finances publiques en mutation et la maîtrise du processus de gestion budgétaire de l'État dans une économie de marché. Il aide à mieux cerner les aspects théoriques et pratiques de la gestion des finances publiques, en particulier dans l'espace UEMOA.

INTRODUCTION GENERALE

L'organisation du pouvoir financier de l'autorité publique constitue un préalable à l'exercice du pouvoir politique. L'État est apparu dans la société traditionnelle lorsqu'a été mis en place un système de financement stable, permettant par ailleurs de rémunérer une administration essentiellement fiscale et une armée au service du pouvoir politique. Dans la société moderne, les finances publiques ont favorisé l'émergence d'un État de droit et la légitimé de l'intervention de l'État dans les économies de marché qui ne soit plus simplement autoritaire mais au contraire axée sur des règles de gestion transparentes acceptées de tous. Mais avant d'aller plus loin, la notion de finances publiques mérite d'être explicitée.

Qu'est-ce que les Finances Publiques ?

Nées en 1815 en Europe, les finances publiques sont couramment définies comme la science qui traite des problèmes financiers de l'État, des collectivités locales, des organismes de sécurités sociales et des établissements publics nationaux. C'est l'étude des ressources, des charges et des comptes des administrations et des entreprises publiques. En tant que discipline, les finances publiques puisent leurs méthodes d'analyse dans les sciences connexes que sont l'économie, la comptabilité, le droit, la science politique, la statistique, etc.

La notion de finances publiques concerne à la fois des agrégats, un ensemble de règles, de procédures et de mécanismes qui régissent la collecte des recettes, la gestion des dépenses publiques ainsi que le mode d'intervention de l'État dans la sphère économique et sociale. Elle a connu de profondes mutations en relation avec la transformation du rôle de l'État, à travers les différents courants de pensées économiques. Ces mutations ont rendu la notion de finances publiques difficile à cerner tant au niveau du champ couvert (finances de l'État central avec ou sans celles des collectivités locales, des établissements publics nationaux, voire toutes les entreprises publiques ?) que de son contenu (budget de l'État ou loi de finances ?).

La logique du changement dans les objectifs et les modes d'intervention de l'État a conduit à l'émergence de deux conceptions des finances publiques : la première, les ***finances publiques* classiques**, a prévalu depuis la naissance du concept jusqu'à la première Guerre Mondiale ; et la seconde, les ***finances publiques modernes***, apparue à la suite de la première est encore en vigueur aujourd'hui.

Les finances publiques classiques

Les finances publiques classiques sont le fruit de la doctrine libérale du courant de pensées classique qui limite le rôle de l'État à ses fonctions régaliennes c'est à-dire la justice, la police et la défense nationale : c'est l'**État-gendarme**. Pour les classiques, la régulation par le marché étant le mode de gestion optimale de l'économie (optimum de Pareto), le rôle de l'État consiste à assurer les tâches administratives et à promouvoir les principes fondamentaux de la doctrine libérale à savoir la propriété privée des moyens de production, l'initiative individuelle comme moteur de l'activité économique et le libre jeu de la concurrence. La conséquence directe de ce principe doctrinal est la limitation de l'objet de la science des Finances Publiques à la collecte et la gestion des fonds publics. Ainsi les finances publiques classiques sont couramment définies comme la science des moyens par lesquels l'État se procure et utilise les ressources nécessaires à la couverture des dépenses publiques, par la répartition entre les individus des charges qui en résultent (Duverger 1968).

Toutefois, l'intervention de l'État n'est pas totalement exclue mais bien délimitée. L'État doit intervenir en cas de défaillances de marché (biens publics, externalité, rendements croissants et asymétrie d'information) et faire respecter autant que possible les conditions de la concurrence pure et parfaite. Le maintien de l'ordre dans la cité et la régulation des marchés défaillants constituent les principales missions de l'État-gendarme. Ces interventions marginales requièrent de l'État une politique budgétaire financée par l'impôt et non l'emprunt.

La vision minimaliste du rôle de l'État n'est envisageable que dans un environnement économique et social stable. C'est justement l'avènement de l'instabilité économique qui précipitera l'abandon des finances publiques classiques au profit des finances publiques modernes.

Les finances publiques modernes

Les finances publiques modernes se caractérisent par l'abandon des grands principes classiques suite à l'impuissance notoire de la doctrine libérale à gérer les déséquilibres générés par les guerres mondiales et la crise économique de 1929. Pour résorber les déséquilibres macroéconomiques et réduire les inégalités sociales, il est nécessaire de faire jouer à l'État un rôle de régulation entre l'offre et la demande, en vue de guider l'économie nationale sur le sentier de plein emploi, et de mettre en œuvre une politique de redistribution des revenus en faveur des plus vulnérables : l'**État-providence**.

La naissance des finances publiques modernes au XXe siècle sous l'impulsion de J-M Keynes symbolise la transformation radicale des fonctions de l'État à partir d'une conception plus large de l'intérêt public intégrant les droits sociaux des citoyens. En conséquence, sont légitimées les actions de l'État visant à prévenir la misère et les inégalités, à créer de meilleures conditions de travail et à fournir des biens publics à une partie importante de la population. L'État providence est cette institution socialement productive et bienveillante, capable d'organiser la vie en société et réguler l'activité économique de sorte à optimiser le bien-être social.

Richard Musgrave (1959) résume les fonctions de l'État-providence comme suit :

(i) **la fonction d'allocation des ressources** qui consiste à rétablir un usage des ressources optimal au sens de Pareto à chaque fois que le jeu spontané des échanges et des marchés s'écarte de cet optimum ;

(ii) **la fonction de redistribution** qui consiste, à partir d'un jugement normatif sur la distribution des revenus et des richesses, à rechercher une redistribution des revenus socialement acceptable tout en préservant l'efficacité économique. L'État corrige les tendances naturelles aux inégalités par des politiques de redistribution (prélèvements, transferts, lutte contre la pauvreté...) ;

(iii) **la fonction de stabilisation** qui consiste à réguler la demande globale en fonction de la conjoncture économique. Il s'agit de stimuler ou, au contraire, de freiner la demande globale selon que le problème dominant est le chômage ou l'inflation.

Ces 3 fonctions interdépendantes ont conduit à l'intervention massive de l'État dans l'économie ; soldée par une forte augmentation des activités et des dépenses de l'État. Ainsi, le budget est devenu un instrument de politique économique pour réaliser la croissance équilibrée et la redistribution des revenus.

Le succès des interventions délibérées de l'État dans le règlement de la crise économique de 1929 favorise l'expansion rapide de l'État-providence. Le budget est utilisé pour ajuster les fluctuations économiques et promouvoir la croissance économique. Pour lutter contre l'inflation, l'État régule la demande globale par le biais des prélèvements fiscaux ou les dépenses publiques. Pour lutter contre le chômage, il lui est recommandé d'injecter des dépenses supplémentaires dans l'économie ou de baisser la pression fiscale pour stimuler la demande globale et provoquer l'augmentation du niveau de l'emploi des facteurs de production (l'effet multiplicateur des dépenses publiques). Par la politique monétaire, l'État peut accroître la masse de monnaie en circulation dans l'économie, stimulant ainsi la demande pour augmenter la production des entreprises tout en prévenant le risque d'inflation. Aussi, la demande globale peut-elle être stimulée par la redistribution des revenus au profit des ménages les moins riches ayant une forte propension à consommer.

De la crise aux réformes de l'État-providence

Les trente années glorieuses qui suivent la Seconde Guerre Mondiale constituent l'âge d'or de l'État-providence. Cependant, à la fin des années 70, la vision keynésienne des finances publiques a engendré des déséquilibres budgétaires considérables accompagnés d'une hyperinflation. Ce phénomène qualifié de « stagflation » marqué par les chocs pétroliers (1973 et 1979) et le ralentissement de la croissance économique, provoque la crise de l'État-providence et l'émergence d'un nouveau paradigme des finances publiques orienté vers la discipline budgétaire.

L'État-providence se retrouve ainsi confronté à une crise multidimensionnelle sans précèdent :

- la crise est d'abord financière, le ralentissement de la croissance économique et les chocs pétroliers venant tarir les ressources de l'État de plus en plus sollicité pour gérer les conséquences sociales des difficultés économiques. Les déficits et la dette ne permettent plus à l'État d'assurer de manière pérenne ses fonctions traditionnelles ;

•

- la crise d'efficacité, puisque l'on constate que l'intervention publique volontariste n'a pas permis d'améliorer durablement le bien-être social. Les néolibéraux justifient l'inefficacité de l'interventionnisme budgétaire keynésien en s'appuyant sur trois facteurs : l'effet d'éviction des dépenses publiques, l'équivalence ricardienne, et la rigidité de l'offre globale ;

•

- la crise de légitimité de l'action de l'État avec notamment les économistes de l'École des choix publics, qui ont montré que l'action publique répondait davantage aux intérêts électoraux ou personnels des décideurs publics qu'à l'intérêt général de l'État.

Par ailleurs, la mondialisation a mis à nu les insuffisances de l'État social et régulateur. L'ouverture croissante des économies a rendu inefficace certains moyens d'action traditionnels des États-nations. Ainsi, la politique budgétaire est bien moins efficace dans une économie ouverte, dans la mesure où les revenus supplémentaires déversés dans l'économie peuvent être affectés aux importations et non à l'achat de produits nationaux. Dans un contexte de compétition accrue, efficacité économique et progrès social ne sont plus conciliables à court terme.

Pour remédier à la crise de l'État-providence, les économistes néolibéraux proposent de réformer l'État-providence de sorte à adapter son action aux exigences de performance et de rationalisation budgétaire. Cette réforme qui commence dans les pays anglophones avec la mise en œuvre du *New Public Management* favorise un agenda de reformes budgétaire dont l'application des « règles d'or » des finances publiques et la loi organique relative aux lois de finances en France. Elle réoriente les finances publiques vers la maîtrise et l'efficacité des dépenses publiques, le renforcement de l'équilibre budgétaire sur le cycle économique et la performance du service public.

Cependant, la mondialisation a ramené l'État-providence au-devant de la scène en raison de ses stratégies de réduction des inégalités sociales et de relance économique, ou encore de son intervention dans le sauvetage du système financier en 2008-2009. Confrontés à un environnement complexe et en mutation rapide, les agents économiques privés (ménages, entreprises) attendent plus généralement de l'État, qu'il soit réducteur des risques et incertitudes à tous les niveaux, c'est-à-dire qu'il soit un "**État stratège**". Pour cela, il doit remplir les fonctions régaliennes, mais également exercer un rôle de veille, d'évaluation et de prospective, coordonner les initiatives privées et tenir un discours mobilisateur en faveur de projets stratégiques comme l'innovation, l'utilisation des nouvelles technologies de l'information et de la communication, la culture, etc.

A l'ère de l'État stratège, les finances publiques modernes reposent sur les principes de solidarité et de bonne gouvernance où des facteurs tels que la privatisation de certains secteurs sociaux, la décentralisation, le ciblage des prestations sociales, le partenariat avec des acteurs privés constituent des leviers indispensables. La dynamique temporelle et spatiale des défis macroéconomiques et sectoriels à relever implique la recherche permanente d'un État stratège optimal aux regards des contraintes économiques et sociales.

On retiendra que les Finances Publiques sont une science pluridisciplinaire et autonome dont le champ d'analyse ne se limite pas seulement au budget mais **à toutes les activités financières de l'État ainsi que celles de ses collectivités**.

Les finances publiques dans les pays de l'UEMOA

Au lendemain des indépendances, les finances publiques ont été pleinement utilisées par les États pour orienter leurs économies sur la voie du développement. A l'époque de l'État-providence, la modernisation des politiques publiques a évolué avec la diversité et la complexité de l'interventionnisme d'État suivant les considérations d'efficacité économique ou d'équité sociale. Principal agent économique, l'État intervenait dans tous les secteurs d'activité et jouait également le rôle de banquier de l'économie à travers les Banques Nationales de Développement créées pour la circonstance. Le rôle développementaliste assigné aux finances publiques faisait de celles-ci, la principale source de financement de l'économie ayant pour complément l'aide publique au développement (APD). Les dépenses de fonctionnement constituaient une part importante du budget du fait de l'administration pléthorique héritée de la colonisation (Dioukhané, 2015).

Le modèle budgétaire défini par les directives de l'UMOA était, en apparence, calqué sur le modèle français, celui de l'ordonnance du 2 janvier 1959 qui régit les finances de l'État français. Ainsi, la notion de finances publiques était bâtie autour de celle du budget jusqu'en 2009. Bien que les dispositifs tels qu'institués par les textes budgétaires soient très proches voire identiques à ceux qui figurent dans cette ordonnance, ils faisaient l'objet d'applications biaisées par les États, soit par habitudes, carences en formation ou en informations, soit par détournements des procédures ou autres expédients. En conséquence, le système budgétaire de la zone monétaire connaît de nombreuses déficiences et s'avère incapable de permettre une régulation efficace des finances publiques ainsi qu'une bonne utilisation des fonds publics (Bourvier et al., 2004).

La remise en cause de la pertinence de l'ordonnance du 2 janvier 1959 et l'adoption de la Loi Organique 2001 relative aux lois de finances en France marque le début d'une nouvelle gestion budgétaire axée sur la performance. La recherche de la transparence et la bonne gouvernance dans la gestion budgétaire conduit l'UEMOA à instituer de nouvelles directives de finances publiques en 2009. Cette réforme des finances publiques manifeste un regain d'intérêt tant pour la gestion efficace des deniers publics que l'harmonisation des cadres juridique, financier, statistique, et comptable des finances publiques des pays de l'UEMOA. Les six principales directives couvrant ces différents aspects sont assorties d'un calendrier d'opérationnalisation allant du 1er janvier 2012 pour la transposition en droits nationaux des États, au 1er janvier 2017 (soit un délai d'incubation de cinq ans) pour l'entrée en plein régime de ***performance budgeting***. La réforme en cours dans les États définit la gestion des finances publiques comme un mode intégré et concerté de management qui assure la performance des services et met résolument les finances publiques au service du développement et du bien-être des citoyens. Dans un contexte dominé par les impératifs de réduction de la pauvreté et l'atteinte des Objectifs de Développement Durable (ODD), la réforme des finances publiques se positionne comme la matrice de la renaissance des prérogatives de la gestion financière au service de la performance économique et financière des États. Cette conception managériale de la gestion publique représente un véritable défi, voire même une révolution, pour les décideurs politiques.

Le chantier de la réforme des finances publiques

L'amélioration des perspectives de croissance et la réduction de la pauvreté dans les pays en développement ont conduit à une perception stratégique des politiques publiques, la politique budgétaire en particulier. La volonté d'assurer la durabilité de la croissance et la prévisibilité des financements budgétaires pour favoriser la réduction de la pauvreté se reflète dans la nouvelle gestion des finances publiques. La reformes met ainsi l'accent sur la performance budgétaire et la planification financière à moyen terme, qui doit désormais prendre en compte toutes les contributions des partenaires au développement.

Les cadres de dépenses à moyen terme (CDMT) doivent définir l'allocation des ressources, aide extérieure comprise, de manière à garantir la mise en œuvre des stratégies de réduction de la pauvreté (SRP). Or, l'harmonisation des SRP et des CDMT compte parmi les défis que nul n'est encore parvenu à relever entièrement (Leiderer et Wolff, 2007). En outre, le changement en cours des cadres juridique, statistique et comptable et leur harmonisation dans l'espace CEDEAO rend difficile ou vague l'application de certains concepts fondamentaux de la réforme budgétaire : les instruments de la budgétisation axée sur les résultats, la transparence budgétaire, la redevabilité, le budget citoyen, la budgétisation sensible au genre, etc.

Du point de vue institutionnel, la réforme consacre l'application des principes de bonne gouvernance fondés sur les meilleures pratiques observées en matière de transparence budgétaire. Dans quelle mesure le budget et son exécution se fondent-ils sur la gestion efficace des ressources et à quel point les diverses dépenses sont-elles conformes aux prescriptions légales ? Les instruments garantissant la légalité, l'efficacité et la transparence budgétaires comprennent un système budgétaire ordonné, une classification transparente des postes budgétaires, une administration fiscale performante, un contrôle parlementaire effectif et une forte implication de la société civile.

La réforme actuelle des finances publiques est une conception globale (performance de l'administration, efficacité des politiques publiques à moyen et long terme et contrôles des dépenses) au service de la réduction de la pauvreté et l'atteinte des ODD. Toutefois, il n'en demeure pas moins que le pilotage de la réforme budgétaire présente de nombreux défis, un vaste chantier dont les risques et contours sont loin d'être maitrisés.

Ce manuel est centré sur le cadre opératoire et les règles de gestion des finances publiques guidant la mise en œuvre des politiques publiques dans les pays de l'UEMOA. Il présente aussi bien dans un style académique que professionnel le système des finances publiques et les grands principes budgétaires, puis analyse les principes organisationnels susceptibles de conduire à une gestion budgétaire plus efficace et plus équitable. Bien qu'il traite principalement des outils et des règles de gestion du budget de l'État, les questions relatives à la décentralisation fiscale ainsi que l'endettement public qui fragilise la gestion des finances publiques des pays de l'UEMOA, y sont abordées.

La première partie définit les concepts de budget et de loi de finances, rappelle les grands principes budgétaires avant de s'intéresser à la structure de la loi de finances et la codification permettant d'enregistrer les opérations comptables.

La deuxième partie traite du cycle budgétaire depuis la préparation du budget jusqu'au contrôle parlementaire du budget exécuté.

La troisième partie est consacrée à la fiscalité, plus précisément à l'analyse des prélèvements obligatoires et la gestion des dépenses publiques au sein des pays de l'UEMOA.

La quatrième partie est réservée aux outils de la comptabilité publique. Elle expose la tenue et le fonctionnement des comptes de l'État et analyse les principaux soldes budgétaires.

La cinquième partie présente l'administration fiscale ivoirienne et analyse les principales réformes du secteur public dans l'optique de la bonne gouvernance.

Enfin, la sixième partie aborde l'épineux problème de l'endettement public des pays de l'UEMOA. La structure et la dynamique de la dette publique y sont analysées en relation avec la crise de souveraineté qui secoue les pays en développement.

PREMIERE PARTIE

BUDGET DE L'ÉTAT ET LOI DE FINANCES

CHAPITRE I

BUDGET DE L'ÉTAT

Ce chapitre porte sur un ensemble de généralités relatives au budget de l'État ainsi qu'à ses mutations telles qu'exprimées dans les directives de l'UEMOA. Après la définition de la notion de budget, les composantes et les procédures du budget sont analysées. Les modes de financement budgétaire sont abordés sous l'angle de la modernisation des finances publiques qui privilégie la *logique de résultats* à la *logique de moyens*.

Section 1 : Notion de budget de l'État

1.1. le budget classique

Naguère, le budget de l'État était défini comme l'ensemble des documents votés par le Parlement, qui prévoient et autorisent les ressources et les charges annuelles de l'État et des autres services que les lois assujettissent aux mêmes règles. Le budget de l'État suit des règles précises de présentation et de vote permettant de retracer de manière lisible et sincère, l'intégralité des recettes et des charges de l'État. Parallèlement à la conception classique des finances publiques, le ***budget classique*** est un acte de prévision et d'autorisation annuelle de perception des impôts et de dépense des deniers publics.

De cette définition du budget classique, trois points sont à souligner :

- le budget est un acte d'autorisation : il implique que le Parlement, représentatif des citoyens, autorise l'organe exécutif (le Gouvernement, le président du conseil régional...) à percevoir les recettes et à effectuer les dépenses ;

- ***- le budget est un état prévisionnel*** *: les recettes et les dépenses sont considérées comme probables et évaluées par anticipation ;*
- ***- le budget est un acte juridique annuel*** *: il émane du Parlement et*

l'autorisation de son exécution n'est valable que pour une année civile.

Pour jouer le rôle régalien, l'État-gendarme utilise un budget classique strictement **équilibré,** économiquement **neutre** et de **volume réduit,** compte tenu de son improductivité. Tout en limitant les dépenses publiques à leur strict domaine d'intervention (les dépenses de fonctionnement des services publics administratifs essentiels), le pouvoir exécutif a l'obligation d'assurer par tous les moyens, l'équilibre entre les dépenses et les recettes publiques, afin d'éviter tout déséquilibre budgétaire. Les classiques associent le déficit budgétaire à l'inflation et le recours à l'emprunt, tandis que l'excédent budgétaire constitue un prélèvement inutile de ressources productives sur les revenus des agents économiques. Un "bon budget classique" est donc un budget qui côtoie le déficit sans y conduire et qui, par l'impôt répartit de manière équitable les charges publiques entre les citoyens.

La neutralité du budget tient au fait que l'État se garde d'intervenir dans la vie économique et sociale sous peine d'altérer les comportements optimaux des agents économiques. Le caractère improductif du budget classique est une conséquence de l'efficacité du marché qui assure une allocation optimale des ressources contrairement à l'impôt. En outre, le budget est soumis à des règles classiques de finances publiques qui garantissent la sincérité et la clarté dans la gestion des deniers publics.

1.2. Le budget moderne

A l'ère de l'État providence, l'interventionnisme étatique s'est substitué aux règles classiques, orientant le budget dans une perspective économique et sociale. Ce dernier constitue désormais un instrument au service de l'État pour pallier aux insuffisances du marché. Il représente l'expression financière du programme d'action que le Gouvernement se propose de réaliser dans tous les domaines de ses compétences. C'est au Gouvernement, assisté de son administration, qu'il appartient de préparer et d'exécuter le budget voté, ainsi que de rendre des comptes au pouvoir législatif. Par l'adoption du budget, le Parlement autorise le Gouvernement à lever des impôts et à mener, grâce à ces moyens financiers, la politique prédéfinie dans sa déclaration Gouvernementale. Contrairement au budget classique, le budget moderne est **productif,** ***accepte le*** **déséquilibre intertemporel** et fait preuve d'**ouverture** sur l'extérieur. Plus qu'une simple prévision des recettes et dépenses de l'État, le budget moderne consacre le rôle développementaliste de l'État à travers la production des biens et services publics et la régulation stratégique de l'activité économique. Bien gérés, les déséquilibres

budgétaires incarnent des vertus : l'excédent permet de lutter contre l'inflation en période d'expansion tandis que le déficit stimule la demande globale (en période de ralentissement économique). Le budget moderne est établi et exécuté dans un environnement international tenant compte de l'influence des forces extérieures sur l'équilibre, des apports budgétaires des organisations internationales et des contraintes socioéconomiques.
Parce que le budget acquiert une finalité économique, la nature des dépenses et des recettes se transforme. L'emprunt et les manipulations monétaires telles que les dévaluations interdites chez les classiques sont légitimées. L'impôt n'est plus seulement un outil de financement du fonctionnement de l'État mais aussi un instrument de politique économique. Le budget est devenu progressivement l'un des instruments privilégiés de la politique économique de l'État. Par un emploi judicieux des dépenses et des recettes, il joue effectivement le rôle d'un filtre prélevant par l'impôt une partie du revenu national et redistribuant celui-ci en fonction des objectifs économiques.

Section 2 : Mutations et réforme du Budget de l'État

2.1 . Transformation du Budget de l'État

La conception moderne a modifié la composition du budget, les techniques de mobilisation et gestion des fonds suite à la multiplication des objectifs poursuivis. La place capitale accordée aux dépenses d'investissement du fait qu'elles constituent la source principale de croissance et de développement économique a favorisé l'élargissement du volume et du champ du budget moderne. En effet, le développement des sociétés a engendré toujours une augmentation continue des dépenses sociales (plus connue sous le nom de loi de Wagner) et les États doivent mobiliser davantage de ressources pour couvrir ces dépenses et dégager des marges permettant de financer les investissements prioritaires. Aussi conséquent soit-il, le budget moderne parait toujours insuffisant pour combler les besoins de financement des États.

Face à la diversité des politiques inscrites dans le budget moderne et leur interaction, les États sont contraints à faire des choix stratégiques de gestion et d'opérationnalisation des actions visant à l'atteinte des objectifs et le respect des grands principes budgétaires. Il a ainsi émergé des indicateurs de ratio tels que le ratio du budget consacré à l'éducation, la part des dépenses pro pauvres dans le PIB, etc. permettant de comprendre les orientations de politique économique et sociale ou les engagements de l'État. L'impôt n'est plus la seule source de revenus. Le budget de l'État est ouvert à des participations extérieures et aux emprunts.

Les mutations du budget sont encore plus marquées dans les pays en voie de développement, où l'essentiel des activités économiques dépend de l'État. Cherchant à réduire dans les meilleurs délais, l'écart de niveau de vie qui les sépare des pays développés, ces pays connaissent une augmentation plus que proportionnelle des charges par rapports aux ressources domestiques. Ils sont confrontés à l'insuffisance de l'épargne nationale qu'ils doivent combler par la mobilisation de ressources extérieures. Généralement, tous les moyens, des dons concessionnels aux emprunts sur les marchés financiers internationaux sont utilisés et cela n'est pas sans conséquence sur les règles et les équilibres budgétaires.

La mobilisation des ressources externes, bien qu'elle soit incontournable dans la stratégie de développement des pays africains, pose un certain nombre de problèmes qui font échapper les mutations des finances publiques modernes au contrôle des États. La conditionnalité de l'aide publique au développement et le poids du service de la dette limitent considérablement la marge de manœuvre des États et les reformes entreprises sont pour la plupart des initiatives des organisations internationales. Étant donné le rôle d'orientation et de leader des finances publiques dans les économies en développement, les États gagneraient à s'approprier le processus de transformation des règles budgétaires, en vue d'assurer une relative autonomie de gestion publique à moyen et long termes.

2.2. Réforme du Budget de l'État

En une dizaine d'années, on est passé de la réforme modeste du budget habituellement confinée dans la restructuration administrative destinée à l'amélioration interne de l'instrument bureaucratique, à des chantiers d'une tout autre ampleur socioéconomique remettant en cause non seulement les outils de l'action administrative mais aussi l'architecture des relations que l'État entretient avec la société civile. Les pays en développement, ceux de l'UEMOA en particulier essaient de développer à l'image de certains pays européens comme l'Angleterre, une théorie de l'action publique explicitement destinée à conformer l'État-nation aux besoins de la mondialisation et aux normes internationales de bonne gestion des finances publiques. Il s'agit des principes du New Public Management révisés en fonction des structures sociales des pays.

Pour comprendre ces mutations permanentes du budget de l'État, il importe de considérer les interactions des administrations publiques et des sociétés. Derrière les reformes budgétaires, des mesures apparemment techniques, se joue l'avenir des sociétés, le futur des peuples. De nos jours, la réforme du budget de l'État est à la fois porteuse d'enjeux politiques situant la relation État-citoyen au cœur de la problématique de développement, d'enjeux économiques considérant la performance des politiques publiques et d'enjeux sociaux mettant les acteurs budgétaires mandatés par le peuple face à leur responsabilité. En ce sens, la réforme budgétaire n'est plus une politique unilatérale élaborée et mise en œuvre par des petits groupes de hauts fonctionnaires, mais une affaire nationale nécessitant des services compétents de hauts niveaux érigés en direction centrale, direction générale, voire en ministère.

Le modèle managérial des finances publiques en cours d'implantation, cherche à rationaliser les modes d'intervention de l'État à travers l'adoption de mécanismes de suivi et d'évaluation des actions entreprises, pour déterminer la pertinence de la décision, l'efficacité des actions et la parcimonie de l'utilisation des ressources publiques (argent du contribuable). L'attention qui est portée sur les activités, et non plus uniquement sur les prestations ou les produits offerts par les organisations publiques, se traduit par le développement de systèmes de gestion de la performance à tous les niveaux et pour tous les secteurs d'intervention y compris les secteurs sociaux. Cette exigence de la gestion de la performance entraîne la création de nouvelles unités administratives chargées de la planification, du suivi et de l'amélioration des processus et favorise l'essor de nouvelles professions (évaluateur de programmes, par exemple) ou de nouveaux instruments de gestion publique (les indicateurs de performance, les tableaux de bord, entre autres). Elle consacre le passage de la logique de moyens à la logique de résultats[1]. En s'inscrivant dans cette logique de pilotage par la performance, l'État s'engage à réformer sa culture, ses modes de fonctionnement et ses méthodes de travail.

---

[1] Jusque-là, on s'intéressait davantage au volume des moyens consacrés à une politique, qu'aux résultats concrets obtenus grâce à ces moyens. Désormais, les allocations budgétaires portent non seulement sur les moyens, mais aussi sur l'efficacité des dépenses, par rapport à des objectifs définis pour chaque programme.

Section 3 : Composantes et classification du Budget de l'État

3.1. Composantes du budget

La définition du budget de l'État fait apparaître par la même occasion les deux composantes du budget : les dépenses et les recettes. Toute étude du budget de l'État passe nécessairement par l'examen préalable de ces deux notions. Cependant, dans la présente section, nous nous contenterons de passer en revue les principaux éléments caractéristiques du budget, étant donné qu'une présentation détaillée et une analyse plus complète des dépenses et des recettes seront faites ultérieurement aussi bien dans le cadre de l'examen de la structure de la loi de finances que de l'étude du tableau des opérations financières de l'État.

3.1.1-/ Dépenses publiques

La dépense de l'État, selon ce que le Professeur Duverger fait remarquer, est une notion claire-obscure car pour certains, les dépenses publiques regroupent toutes les dépenses de l'administration centrale et des collectivités locales à l'exclusion de toutes celles qui sont gérées de façon plus ou moins autonome, alors que pour d'autres auteurs, le budget de l'État recouvre l'ensemble des dépenses effectuées par l'État, que ce soit en faveur de l'administration centrale, des collectivités territoriales ou locales, des établissements publics nationaux, des entreprises publiques et des sociétés d'économies mixtes.

En fonction des buts poursuivis, la dépense budgétaire de l'État relève de l'une ou de l'autre catégorie :

- lorsqu'elle a pour but d'assurer l'entretien et la bonne marche des services de l'État, on parle alors du ***budget de fonctionnement***. Le budget de fonctionnement permet à l'établissement public de répondre aux besoins propres à son organisation, d'assurer le bon fonctionnement de ses activités et de pourvoir à la prestation adéquate des services qu'il est appelé à fournir ;
- lorsqu'elle accroît le patrimoine de la Nation, on parle de dépense en capital ou ***budget d'investissement***. Le budget d'investissement a pour vocation de préparer l'avenir. Sont concernées toutes les dépenses faisant varier durablement la valeur ou la consistance du patrimoine de la collectivité, notamment les acquisitions de mobiliers, de matériels informatiques, de véhicules, de biens immobiliers, d'études et de travaux,

soit sur des structures déjà existantes, soit sur des structures en cours de création.

Les classiques parlaient beaucoup plus de **charges** tandis que les modernes utilisent la notion de **dépenses**, une expression encore plus large. Il y a lieu de noter qu'il existait une autre catégorie de dépenses publiques relatives aux interventions de l'État en faveur de certains bénéficiaires qu'on appelle dépenses de transfert et qui, de plus en plus est intégrée dans le budget de fonctionnement.

Les dépenses de fonctionnement sont constituées des salaires et traitements versés aux fonctionnaires et agents de l'État, des dépenses de matériels (mobiliers et autres fournitures de bureaux, etc.), des subventions et autres versées aux entreprises, ONG,..., des bourses d'études versées aux élèves et étudiants, etc.

Les dépenses en capital servent à préserver et à entretenir le patrimoine de l'État. Les dépenses en capital comprennent les investissements exécutés par l'État ou celles exécutées sur subvention de l'État ainsi que les prises de participation de l'État.

3.1.2-/ Recettes publiques

Les recettes publiques peuvent être définies comme des moyens financiers d'origines diverses dont dispose l'État pour faire face à ses dépenses publiques. Ce sont donc les impôts, les taxes, les revenus du domaine, les revenus de valeurs mobilières ou du portefeuille. Ce sont également les prélèvements obligatoires pour certains budgets annexes, les emprunts, les dons, etc. Mais, l'État dispose d'autres ressources, appelées ressources de trésorerie. Elles permettent aux services de l'État de faire face, devant la rupture momentanée et provisoire des fonds, aux paiements immédiatement exigibles.

3.2. Classification du Budget

3.2.1-/ Classification des dépenses

Les dépenses du budget de l'Etat sont classées selon les classifications suivantes :

- *administrative*
- *par programme*
- *fonctionnelle*
- *économique par source de financement*

- *Classification administrative*

Elle a pour objet de présenter les dépenses budgétaires selon les services ou groupes de services chargés de leur gestion. Elle permet d'identifier la hiérarchie du service chargé de l'exécution de la dépense et de préciser son degré d'autonomie ainsi que sa situation géographique. La classification administrative correspond à la déclinaison suivante :

- *Budget programme*
- *Budget opérationnel*
- *Budget d'unité opérationnelle*

La classification administrative comprend deux niveaux. Elle retient les ministères ou les institutions comme premier niveau de classification correspondant aux sections. La section est codifiée sur deux caractères. Les services ou les groupes de services constituent le deuxième niveau de classification correspondant aux chapitres qui sont codifiés sur dix caractères.

- *Classification par programme*

Conformément à l'article 15 de la loi organique relative aux lois de finances, les crédits budgétaires sont décomposés en programme à l'intérieur des ministères. Un programme peut regrouper tout ou partie des crédits d'une direction, d'un service, d'un ensemble de directions ou de services d'un même ministère. Chaque programme relève d'un seul ministère. Il est identifié par quatre caractères. Les deux premier sont enrichis par des éléments issus notamment du premier niveau de la classification fonctionnelle. Les crédits budgétaires non repartis en programmes sont repartis en dotations.

- *Classification fonctionnelle*

Elle a pour objet de classer les dépenses budgétaires selon leurs objectifs socio-économiques. Elle est hiérarchisée à trois niveaux :

- *La division*
- *Le groupe*
- *La classe*

La classification fonctionnelle est codifiée sur quatre caractères. La division constitue l'objectif général des administrations publiques. Elle est codifiée sur deux caractères. Le groupe est une subdivision de la division. Elle est codifiée sur quatre caractères dont les trois premiers constituent la codification du groupe. Les groupes et les classes donnent le détail des moyens par lesquels les objectifs généraux sont atteints.

- *Classification économique*

La classification économique de la nomenclature budgétaire est cohérente avec le plan comptable général de l'État. Elle est codifiée en cinq caractères. Le premier caractère désigne la classe comptable ; les deux premiers désignent l'article, les trois premiers représentant le paragraphe, les quatre premiers indiquent la ligne, et les cinq pris ensemble forment la rubrique.

- *Classification par source de financement*

Elle a pour objet d'identifier et de suivre les moyens de financement des dépenses budgétaires. Elle est codifiée sur deux caractères. Le premier identifie la source de financement et le deuxième caractère, le type de financement, à savoir fonds propres, dons, transferts reçus d'autres budgets, emprunts intérieurs ou extérieurs.

3.2.2-/Classification des recettes

Les recettes du budget général, des budgets annexes et des comptes spéciaux du Trésor, sont classifiées selon leur nature correspondant à l'assiette de l'impôt, et éventuellement selon leur source. Elles sont codifiées par articles, paragraphes et lignes.

L'article est identifié par les deux premiers caractères du code de la classification des recettes. Il est codifié sur deux chiffres comme suit :

70- ventes de produits
71- recettes fiscales
72- recettes non fiscales
73- transferts reçus d'autres budgets
74- Dons, programmes et legs
75- recettes exceptionnelles
76- dons, projets et legs
77- produits financiers.

Le paragraphe est une subdivision de l'article. Il est identifié par les trois premiers caractères du code de la classification des recettes. A titre d'exemple, il est codifié comme suit :

Article 70
Paragraphes
701. ventes de produits
702 ventes de prestations de services

La ligne est une subdivision du paragraphe. Elle est codifiée sur quatre chiffres. En cas de besoin, la ligne pourra codifiée sur au moins cinq chiffres ; le cinquième chiffre constituant une subdivision de la ligne.

On distingue également :

-- ***les recettes ordinaires***, c'est-à-dire recettes fiscales ou non fiscales relativement stables sur lesquelles l'État peut compter pour financer ses actions ;

--les ***recettes extraordinaires*** qui, au contraire des recettes ordinaires, ne sont pas stables et présentent un caractère exceptionnel. Il s'agit des subventions, des recettes de privatisations, des dons et des emprunts.

On peut aussi classer les recettes en ***recettes intérieures ou domestiques*** (recettes fiscales et non fiscales et autres ressources collectées à l'intérieur du pays) et les ***recettes extérieures*** (dons et emprunt extérieur). Autre classification souvent utilisée est celle de recettes courantes et recettes non courantes qui s'apparentent aux recettes ordinaires et aux recettes extraordinaires.

Quelle que soit la classification effectuée, les recettes se présentent en grande masse comme suit : les recettes fiscales, les recettes non fiscales et les autres ressources notamment les emprunts et dons.

a) Recettes fiscales ou impôts

Plusieurs définitions de l'impôt existent. La plus célèbre est celle de G.JEZE qui définit l'impôt comme « une prestation pécuniaire requise des contribuables, par voie d'autorité, à titre définitif et sans contrepartie, en vue de la couverture des charges publiques de l'État»[2]. Cette définition a le mérite de bien mettre en évidence les trois principaux caractères de l'impôt à savoir : (*i*) l'impôt est un prélèvement obligatoire (caractère forcé) ; (*ii*) l'impôt ne donne aucun avantage particulier à celui qui le paye (caractère sans contrepartie) ; et (*iii*) l'impôt ne sera pas restitué (caractère définitif).

Les principales catégories d'impôt sont les impôts directs et taxes assimilées (impôts sur les revenus et sur les bénéfices et autres impôts directs : patente, licence,…) ; et les impôts indirects (droit de douane, TVA ou TPS, taxe spécifique,…).

---

[2] Cf. Négrin, O 2008, « Une légende fiscale : la définition de l'impôt de Gaston Jèze », *RDP*, 1 : 139.

b) ***Recettes non fiscales***

Sont classés dans la catégorie des recettes non fiscales les taxes sur service rendu, les revenus du domaine, les recettes des exploitations industrielles, les recettes diverses des services, les contributions diverses ; etc.

c) ***Recettes d'emprunts et dons***

Cette rubrique est mentionnée uniquement à titre de mémoire, puisqu'une partie entière lui sera consacrée (cf 6ème partie relative à la dette).

CHAPITRE II

LOI DE FINANCES

Une fois élaboré, le budget est enrôlé dans un texte législatif appelé Loi de Finances, qui est transmis au Parlement pour son examen et vote. La Loi de Finances est l'unique texte législatif annuel qui prescrit et autorise, dans le cadre d'une année budgétaire, l'ensemble des ressources et des charges de l'État. Au sein des États de l'UEMOA, elle détermine la nature, le montant et l'affectation des ressources et des charges de l'État, ainsi que l'équilibre budgétaire et financier qui en résulte. Le texte de loi précise les objectifs et les résultats attendus des programmes inscrits dans la loi.

Outre la Loi de Finances qui organise le budget de l'année, il existe la Loi de Finances Rectificative et la Loi de Règlement.

Section 1 : Définition et Structure des lois de finances

Définitions des lois de finances

La Loi de Finances de l'année ou loi de finances initiale est la loi prévoyant et autorisant, pour chaque année civile, l'ensemble des ressources et des charges de l'État.

La Loi de Finances Rectificative est un texte législatif d'ordre budgétaire voté en cours d'année dans les mêmes formes que la Loi de Finances de l'année, et ayant pour but de réviser les montants des charges et des ressources établies par la Loi de Finances de l'année. Il peut avoir plusieurs lois de finances rectificatives dans l'année.

La Loi de règlement est l'unique texte législatif dans l'année constatant, à la fin de chaque exercice budgétaire, les résultats financiers de cet exercice et approuvant, s'il y a lieu, les différences entre les prévisions de la Loi de Finances et les réalisations effectives. Celle de l'année N est votée au cours de l'année N+1, avant l'examen du projet de loi de finances pour l'année N+2 et permet ainsi de suivre l'évolution du budget.

Il est à noter que la Loi de Finances initiale comprend également plusieurs annexes dont l'annexe fiscale. **L'annexe fiscale** est un texte législatif qui soit crée de nouveaux impôts et taxes, soit élargit ou restreint leurs champs fiscaux ou encore organise la perception de ceux-ci.

Au sein des États de l'UEMOA, les lois de finances déterminent la nature, le montant et l'affectation des ressources et des charges de l'État ainsi que l'équilibre budgétaire et financier qui en résulte, compte tenu de la situation et des objectifs macro-économiques des États membres et des obligations du Pacte de convergence, de stabilité, de croissance et de solidarité. Ainsi, ont le caractère de Lois de finances la Loi de Finances de l'année, les lois de finances rectificatives et la loi de règlement.

Projet de loi de règlement

Le projet de loi de finances est accompagné d'un ensemble de documents dont le projet de loi de règlement et son rapport de présentation, l'annexe fiscale, le catalogue des mesures nouvelles, le budget des Établissement Publics Nationaux (EPN), le budget des représentations ivoiriennes à l'extérieur, les opérations et les dotations transférées aux collectivités, et le rapport économique et financier (REF).

1.2.1-/ Projet de loi et son rapport de présentation

- *Le r apport de présentation du projet de loi de finances*

Ce document a pour but de rendre compte de l'exécution de la loi de finances de l'année précédente. Il rappelle le contexte de l'exécution de la loi de finances précédente en insistant sur les faits majeurs qui ont marqué l'environnement économique international et sous régional ainsi que les événements clés qui ont été à la source de l'évolution économique constatée.

Il procède également à l'analyse détaillée du recouvrement des recettes et de l'exécution des dépenses par référence à l'autorisation obtenue du Parlement, ce qui permet de justifier les écarts constatés (dépassements ou économies réalisées) par rapport aux crédits votés. Le rapport de présentation du projet de loi de règlement présente donc deux grandes parties : l'exécution du budget de l'État et le résultat global du budget de l'État.

L'exécution du budget donne les niveaux de ressources et dépenses prévues, indique les montants de ressources encaissées et des dépenses exécutées avant d'en donner les détails par grandes nature. Au niveau des ressources, les prévisions du budget général sont données suivies des recouvrements et mobilisations effectifs. Ces ressources sont complétées de celles des comptes spéciaux du trésor. Tout comme le budget général, les comptes spéciaux du trésor présentent les grandes masses et le détail des recettes engrangées par comparaison aux prévisions arrêtées.

Le résultat global du budget est le compte global et détaillé de l'exécution du budget de l'État. C'est une situation financière qui permet de consolider le résultat de l'exécution du budget général avec celui des comptes spéciaux du trésor.

- *Le projet de loi de finances*

Son objet est de constater le montant définitif des recettes encaissées et des dépenses ordonnancées et d'établir le montant du solde qui en résulte. Elle ratifie en cas de besoin, toutes les modifications apportées aux crédits ouverts dans le cadre de la dernière Loi de finances.

Ayant le caractère d'une loi des finances, la loi de règlement possède aussi un exposé général des motifs, qui présente le contexte international, sous régional et national d'exécution ainsi que qu'un résumé sur le montant arrêté du budget initial et éventuellement des modifications à ce budget initial dans le cadre d'une loi de finance rectificative et un rappel des principaux comptes de résultat de l'exécution de la Loi de finances.

En outre, la Loi de Règlement présente aussi le montant des crédits complémentaires ouverts dans le cadre de la loi de finances rectificative, les différents comptes de résultats de la loi de finances et le solde de l'exécution budgétaire.

1.2.2-/ Annexe fiscale

L'annexe fiscale rappelle les réformes fiscales majeures de l'année sur lesquelles devra s'appuyer le budget à voter. Il décrit le contexte qui justifie les réformes citées, le contenu de ces réformes. Il s'agit, notamment, des nouvelles mesures légales et réglementaires, les nouvelles mesures d'exonération concédées par l'État au titre de l'exercice fiscal couvert par le budget à voter. En somme, elle actualise le code fiscal existant en y ajoutant non seulement la liste complète des prélèvements fiscaux ainsi que les nouvelles règles de la législation et règlementation fiscales.

Ces mesures sont de divers ordres et couvrent les mesures de soutien ou de renforcement des moyens, les mesures de rationalisation ou de modernisation du dispositif fiscal, et les mesures à caractère social ou technique. Ces mesures sont exposées avec les motifs qui présentent pour chaque mesure son contexte, son but et son objet, et les textes précisant les conditions d'application des nouvelles dispositions (articles et alinéas).

1.2.3-/ Catalogue des mesures nouvelles

Le catalogue des mesures nouvelles fait le point des éléments relatifs à la solde et se décline en quatre (04) grandes parties : i) les sorties de carrières ou définitives, ii) le tableau comparatif des prévisions de recrutements de l'exercice passé et en cours, iii) les recrutements nouveaux, iv) ainsi que les glissements catégoriels.

Les sorties de carrières énoncent l'ensemble des opérations de sorties définitives. Elles comprennent : les sorties pour limite d'âge statutaire ; les sorties pour décès en activité et les autres sorties telles que les révocations, les licenciements, les démissions, etc. Ces opérations concernent les agents qui sont en service dans les institutions (Présidence de la république, Cabinet du premier ministre, Cour Suprême, Grande Chancellerie,...) de même que ceux qui sont dans les Ministères et Établissement Publics Nationaux (EPN), conformément à la classification par secteur de ces agents : secteur Éducation/Formation, secteur Santé, et Autres secteurs.

Ce tableau décrit l'évolution globale du nombre d'agents de l'exercice en cours par rapport à l'exercice précédent avec un accent mis sur l'incidence financière de cette progression. Par ailleurs, les origines ou causes de la progression de la tendance sont mentionnées.

La section des recrutements nouveaux du catalogue des mesures nouvelles met l'accent sur les recrutements nouveaux, en insistant d'une part sur l'effectif et les coûts de ces recrutements, et d'autre part sur les délais de leur prise en compte financière.

1.2.4-/ Budget des Établissements Publics Nationaux (EPN)

Selon la disposition prévue par la loi n° 98-388 du 02 juillet 1998 fixant les règles générales relatives aux établissements publics nationaux et portant création de catégories d'établissements publics qui (en son article 21), le budget de chaque établissement public national doit être annexé à la Loi de Finances. Cette intégration permet de saisir tous les apports : les contributions étatiques (subventions), les ressources propres, les excédents budgétaires des gestions antérieures et les autres sources additionnelles intégrées à leur projet de budget respectif.

Au niveau des Établissements Publics Nationaux (EPN) existants, les subventions octroyées par l'État comprennent toutes les contributions de l'État (fonctionnement et investissement) sous forme de subventions d'équilibre personnel, d'achat de biens et services et de transferts en capital, versées à chaque catégorie d'EPN: Établissements Publics Administratifs (EPA), Établissements Publics à caractère Industriel et Commercial (EPIC) et Autres Établissements Assimilés.

En plus des ressources étatiques perçues par les EPN, ils disposent dans leur budget des ressources propres, d'excédents budgétaires de gestions antérieures et de recettes fiscales affectées.

Ceci favorise à la fois l'appréciation des charges (en emplois) et les apports (en ressource) de l'État comparativement aux autres contributions ressources propres, excédents budgétaires des gestions antérieures et les autres sources additionnelles intégrées), de chaque catégorie d'EPN dans chaque ministère de tutelle.

1.2.5-/ Budget des représentations ivoiriennes à l'extérieur

L'annexe relative au budget des représentations de la Côte d'Ivoire à l'extérieur comprend la présentation du récapitulatif des représentations ivoiriennes à l'extérieur, la classification de ces représentations par zone pour chaque type de dépenses. La présentation se fait à la fois pour les dépenses ordinaires et pour les dépenses d'investissement.

1.2.6-/ Opérations et dotations transférées aux collectivités territoriales

Ce document présente par collectivité, le montant de la subvention octroyée en fonctionnement et en investissement dans les différents secteurs d'activités de l'État. Elles réunissent toutes les collectivités territoriales toutes catégorie confondues : districts autonomes, régions et communes, et mesurent la contribution du budget de l'État en appui aux ressources propres collectées localement par ces collectivités.

Les supports financiers étatiques au profit des collectivités territoriales se désagrègent en ressources affectées pour la quote-part d'impôts partagés et en dotations budgétaires allouées aux collectivités territoriales.

1.2.7-/ R apport économique et financier (REF)

Le REF définit l'équilibre économique et financier du projet de LDF, présente la situation d'exécution de la LDF précédente et les perspectives d'avenir. Il vise à situer l'évolution de la politique budgétaire dans le temps et dans son environnement. Il s'agit de présenter le projet de budget dans son contexte financier national et international en s'appuyant sur les principales hypothèses économiques.

Structures des lois de finances

1.3.1-/ Loi de Finances de l'Année

Précédée d'un exposé des motifs, la Loi de Finances de l'année comprend cinq (05) composantes :

- *Les recettes ;*

- La dette publique ;
- les budgets de fonctionnement ;
- le budget d'investissement ; et
- les comptes spéciaux.

Elle est divisée en quatre parties et des annexes. La première détermine les voies et moyens de l'équilibre financier, la seconde arrête le montant prévisionnel des recettes et des dépenses du budget général, la troisième concerne les comptes spéciaux du Trésor, et la quatrième est réservée aux dispositions diverses notamment autorisations données par le Parlement pour un certain nombre d'opérations financières, aval de l'État, etc.

Elle comprend le texte de loi proprement dit et les annexes qui l'accompagnent et qui en font partie intégrante. Le texte de loi comprend deux parties distinctes.

Dans la première partie, la loi de finances de l'année[3] :

- prévoit et autorise les recettes budgétaires et les ressources de trésorerie de l'État ;

- autorise la perception des impôts affectés aux collectivités locales et aux établissements publics ;

- fixe les plafonds des dépenses du budget général et de chaque budget annexe, les plafonds des charges de chaque catégorie de comptes spéciaux du Trésor ainsi que le plafond d'autorisation des emplois rémunérés par l'État ;

- arrête les dispositions nécessaires à la réalisation, conformément aux lois en vigueur, des opérations d'emprunt destinées à couvrir les charges de trésorerie ;

- arrête les données générales de l'équilibre budgétaire et financier présentées dans un tableau d'équilibre faisant apparaitre le solde

[3] Cf. article 44 de la Loi organique relative aux Lois de Finances

budgétaire global résultant de la différence entre les recettes et les dépenses budgétaires et le solde budgétaire de base ;

- approuve le tableau de financement récapitulant, pour la durée de l'exercice, les prévisions de ressources et de charges de trésorerie.

Dans la seconde partie, la loi de finances de l'année :

- fixe, pour le budget général, par programme et par dotation, le montant des crédits de paiement et, le cas échéant, des autorisations d'engagement ;
- détermine, par ministère et par budget annexe, le plafond des autorisations d'emplois rémunérés par l'État ;
- fixe, par budget annexe et par compte spécial du Trésor, le montant des crédits de paiement et, le cas échéant, des autorisations d'engagement ;
- définit les modalités de répartition des concours financiers de l'État aux autres administrations publiques ;
- autorise l'octroi des garanties et avals accordés par l'État ;
- approuve les conventions financières conclues par l'État ;
- comporte, le cas échéant, toutes règles fondamentales relatives à l'exécution des budgets publics, à la comptabilité publique et aux responsabilités des agents intervenant dans la gestion des finances publiques ;
- comporte toutes dispositions relatives à l'information et au contrôle du Parlement sur la gestion des finances publiques.

La loi de finances de l'année est accompagnée d'un ensemble de documents dont :

- le rapport définissant l'équilibre économique et financier, les résultats connus et les perspectives ;
- le plan de trésorerie prévisionnel et mensualisé de l'exécution du budget de l'État ;
- le document de programmation budgétaire et économique pluriannuelle (DPBEP) ;
- les documents de programmation pluriannuelle des dépenses (DPP) ayant servi de base à la préparation des budgets des ministères ;
- des annexes explicatives dont ceux présentant les tableaux suivants :
    - un tableau des recettes ;
    - un tableau matriciel croisé de classifications fonctionnelle et économique ;

- un tableau matriciel croisé de classifications administrative et fonctionnelle ;
- un tableau matriciel croisé de classifications administrative et économique ;
- le tableau récapitulatif des programmes par ministère[4].

1.3.2-/ Lois de finances rectificatives

Elles modifient, en cours d'année, les dispositions de la loi de finances de l'année et sont accompagnées de :

- une annexe décrivant l'évolution de la conjoncture économique depuis le début de l'exercice et son impact sur les recettes et dépenses ;
- une annexe récapitulant l'ensemble des mouvements de crédits et mesures de régulation intervenus au cours de l'exercice ;
- un tableau récapitulatif de l'exécution du budget de l'État, par programme, dotation, budget annexe et compte spécial, indiquant également les prévisions de dépenses pour la fin de l'exercice.[5]

En cours d'exercice, un projet de loi de finances rectificative doit être déposé par le Gouvernement si les grandes lignes de l'équilibre budgétaire ou financier définies par la loi de finances de l'année se trouvent bouleversées, notamment par l'intervention de décrets d'avances ou d'arrêtés d'annulation de crédits, si les recettes constatées dépassent sensiblement les prévisions de la loi de finances de l'année ou s'il y a intervention de mesures législatives ou règlementaires affectant de manière substantielle l'exécution du budget.[6]

1.3.3-/ L oi de règlement

Elle constate les résultats financiers de chaque année civile et rend compte de l'exécution du budget ainsi que de l'utilisation des crédits.[7]
Pour un exercice donné, elle :

- constate le montant définitif des encaissements de recettes et des ordonnancements de dépenses. A ce titre, elle ratifie, le cas échéant, les ouvertures supplémentaires de crédits décidées par décret d'avances depuis la dernière loi de finances et régularise les dépassements de crédits constatés résultant de circonstances

[4] Cf. article 45 de la Loi organique relative aux Lois de Finances.
[5] Cf. article 46 de la Loi organique relative aux Lois de Finances.
[6] Cf. article 47 de la Loi organique relative aux Lois de Finances.
[7] Cf. article 49 de la Loi organique relative aux Lois de Finances.

de force majeure ou des reports de crédits et procède à l'annulation des crédits non consommés ;
- rend compte de la gestion de la trésorerie de l'État et de l'application du tableau de financement de l'État ;
- arrête les comptes et les états financiers de l'État et affecte les résultats de l'année ;
- rend compte de la gestion et des résultats des programmes.

Elle est accompagnée des documents suivants :
- *des comptes et des états financiers de l'État issus de la comptabilité budgétaire et de la comptabilité générale de l'État ;*
- *d'annexes explicatives développant, par programme, dotation, budget annexe et comptes spéciaux du Trésor, le montant définitif des crédits ouverts, des dépenses et, le cas échéant, des recettes constatées ;*
- *des rapports annuels de performance par programme rendant compte de leur gestion et de leurs résultats ;*
- *du rapport de la Cour des comptes sur l'exécution de la loi de finances et de la déclaration générale de conformité entre les comptes des ordonnateurs et ceux des comptables publics.*[8]

Section 2 : Nomenclature budgétaire selon les Directives de l'UEMOA

La présentation du budget dans la Loi de Finances obéit à plusieurs classifications aussi bien des dépenses que des recettes. On désigne par nomenclature budgétaire le mode de classifications adopté. C'est le cadre dans lequel se trouve rangées sous des rubriques homogènes, uniformes et bien articulées, les dépenses et les recettes inscrites au budget.

2.1. Nomenclature et codification des recettes

Selon les directives de l'UEMOA, les recettes budgétaires sont reparties comme suit :
- *les* ***recettes ordinaires*** *comprennent les recettes fiscales et assimilées, les recettes non fiscales, les contributions diverses, les participations, les subventions et les fonds de concours.*
- *les* ***recettes extraordinaires*** *composées des recettes exceptionnelles (privatisation, etc.), les emprunts et dons.*

Ces recettes budgétaires proviennent :

[8] Cf. article 50 de la Loi organique relative aux Lois de Finances.

- *des impôts, les taxes ainsi que le produit des amendes ;*
- *des rémunérations des services rendus et redevances ;*
- *des fonds de concours, dons et legs ;*
- *des revenus des domaines et des participations financières ; et*
- *des produits divers.*

Ces recettes, définies dans la Directive portant Loi de finances sont classées selon leur nature correspondant à l'assiette de l'impôt, et éventuellement selon leur source. Deux niveaux de codification sont obligatoires pour les recettes du budget général, des budgets annexes et des comptes spéciaux du Trésor, à savoir ***l'article*** et ***le paragraphe***:

- **l'article** est identifié par les deux premiers caractères du code de la classification des recettes. Il est codifié sur deux (02) caractères ;
- **le paragraphe** est une subdivision de l'article. Il est identifié par les trois premiers caractères du code de la classification des recettes. Le paragraphe peut se subdiviser en rubriques ou lignes pour détailler les opérations de recettes.

Le Tableau 1 ci-dessous fournit un exemple de codification des recettes.

Tableau 1 : Exemple de codification des recettes budgétaires

Nature des recettes (l'article)	**71** Recettes fiscales	**72** Recettes non fiscales
Impôts associés (le paragraphe)	**711** Impôts sur les revenus, les bénéfices et les gains en capital	**721** Revenus de l'entreprise et du domaine
	712 Impôts sur les salaires versés et autres rémunérations	**722** Droits et frais administratifs
	713 Impôts sur le patrimoine	**729** Autres recettes non fiscales

Source : De l'auteur.

2.2. Nomenclature et codification des dépenses

Les dépenses du budget général, des budgets annexes et des comptes spéciaux du Trésor sont présentées selon la classification administrative, la classification par programme, la classification fonctionnelle et la classification économique.

2.2.1-/ Classification administrative

La classification administrative a pour objet de présenter les dépenses budgétaires selon les services ou groupes de services chargés de leur gestion. Elle permet d'identifier la hiérarchie du service chargé de l'exécution de la dépense et de préciser son degré d'autonomie, ainsi que sa situation géographique. Elle dépend de l'organisation administrative des départements ministériels ou des institutions des États.

La classification administrative comprend deux niveaux. Elle retient les Ministères ou les Institutions comme premier niveau de classification correspondant aux sections. Les services ou groupes de services constituent le deuxième niveau de classification correspondant aux chapitres. La section est codifiée sur deux (02) caractères. Le chapitre est codifié au moins sur six (06) caractères. La codification du chapitre comprend :

- la codification du type de service, *(service centralisé, service déconcentré, service autonome)* se fait sur un (01) caractère ;
- la codification du service : la codification utilisée est une codification arborescente mise en place selon le principe décimal. Il appartient à chaque État membre de déterminer l'architecture de cette codification en fonction de sa structure administrative et des besoins imposés par la transparence budgétaire. La codification proposée comprend au minimum trois (03) caractères qui identifient le service principal et le service gestionnaire des crédits, mais selon les besoins de gestion des ministères cette structure de codification peut être élargie ;
- la codification géographique du service : la codification permet d'identifier les dépenses selon les différentes circonscriptions du pays. Il convient à chaque État membre de déterminer le niveau choisi, soit principal, soit au niveau secondaire, soit un niveau encore plus fin. Si le niveau principal est retenu, cette codification est numérique à deux (02) caractères ; si un deuxième niveau est retenu, cette codification est arborescente à quatre (04) caractères.

2.2.2-/ Classification par programmes

Les crédits budgétaires sont décomposés en programmes à l'intérieur des ministères. Un programme peut regrouper, tout ou partie des crédits d'une Direction, d'un Service, d'un ensemble de Directions ou de Services d'un même Ministère. Chaque programme est identifié par deux (02) caractères. La codification des programmes peut être enrichie par des éléments issus notamment du premier niveau de la classification fonctionnelle.

2.2.3-/ Classification fonctionnelle

La classification fonctionnelle a pour objet de classer les dépenses budgétaires selon leurs objectifs socio-économiques. Conformément aux normes internationales, les dépenses budgétaires sont regroupées en dix divisions :

- 01 Services généraux des administrations publiques
- 02 Défense
- 03 Ordre et sécurité publics
- 04 Affaires économiques
- 05 Protection de l'environnement
- 06 Logement et équipements collectifs
- 07 Santé
- 08 Loisirs, Culture et Culte
- 09 Enseignement
- 10 Protection sociale

La classification fonctionnelle s'articule autour des notions de division, groupe et classe dont l'ensemble est codifié sur quatre (4) caractères. La **division** est identifiée par deux (2) caractères qui se subdivisent en deux (2) niveaux : les groupes et les classes. Le groupe est identifié par un (1) caractère et la classe identifiée par un (1) caractère. Les **groupes** et les **classes** donnent le détail des moyens par lesquels les objectifs généraux sont atteints.

2.2.4.-/ Classification économique

La **classification économique** de la nomenclature budgétaire est cohérente avec le Plan Comptable Général de l'État. Deux (02) niveaux de codification permettent d'identifier les dépenses par nature, à savoir : **l'article et le paragraphe**.

L'article représente la catégorie économique de la dépense et est identifié par les deux premiers caractères du compte par nature du plan comptable de l'État. Il est codifié sur deux (02) caractères. Le **paragraphe** est une subdivision de l'article précisant la nature de la dépense. Il est identifié par les trois premiers caractères du compte par nature du plan comptable de l'État.

2.2.5-/ Autres classifications

Les États membres peuvent adopter des classifications additionnelles pour répondre à des préoccupations spécifiques. Ils informent la Commission de l'UEMOA des codifications additionnelles qu'ils mettent en œuvre.

Les classifications additionnelles peuvent comprendre notamment :

- la classification par sources de financement qui permet d'identifier et de suivre les moyens de financement des dépenses budgétaires (fonds propres, dons et prêts intérieurs ou extérieurs) ;
- la classification par bénéficiaires qui établit un lien entre la dépense budgétaire et le bénéficiaire final.

Section 3 : Comptes spéciaux du Trésor

Ces comptes retracent des opérations à caractère exceptionnel et de nature provisoire mais appelés à s'équilibrer en principe, à plus ou moins brève échéance. Pour faire face aux nombreux abus, ces comptes ont été sévèrement réglementés. Ainsi, les directives imposent qu'ils soient très limitatifs et doivent être votés par l'Assemblée Nationale et insérés dans la loi de finances.

3.1. D ifférentes catégories de comptes spéciaux

Il existe diverses catégories de comptes spéciaux : les comptes d'opérations monétaires, les comptes de commerce, les comptes d'avances ou de prêt, les comptes d'aval ou de garantie, les comptes d'affectation spéciale. Dans la réalité, très peu de ces comptes sont fonctionnels. Aussi, n'allons-nous présenter que les deux derniers comptes.

Les Comptes d'affectation spéciale concernent des opérations à caractère définitif. Ils peuvent être d'une certaine importance financière (pensions, participations financières de l'État...) ou bien mineurs, mais concerner un secteur particulier (secteur routier, transport, environnement, ...). On peut citer en ce qui concerne la Côte d'Ivoire le Fonds d'Entretien Routier (FER), le Fonds National de l'Eau (FNE), etc.

Du point de vue doctrinal, les comptes d'affection spéciale sont très critiquables puisque les opérateurs de certains de ces comptes ne diffèrent nullement de celles du budget ordinaire. En général, ceux qui sont gardés, dans la rubrique des comptes spéciaux sont ceux qui sont concomitamment financés par l'État et par des organismes étrangers (en général des dons).

Le Compte de garantie et d'aval concerne les engagements financiers pris par l'État en faveur de personnes physiques et morales en cautionnant des prêts contractés par ces dernières auprès des banques commerciales ou des organes financiers. En principe, le budget général de chaque année doit inscrire 10% du montant global des garanties et aval à titre de provision.

L'annexe des comptes spéciaux du Trésor est préparée et votée dans les mêmes conditions et suivant les mêmes procédures et règles que le budget de fonctionnement. Elle figure dans la loi de finances et son exécution se fait dans les mêmes conditions que le budget ordinaire.

3.2. Les comptes spéciaux autorisés par les directives de l'UEMOA

Des comptes spéciaux du Trésor peuvent être ouverts par une Loi de finances pour retracer des opérations effectuées par les services de l'État. Ils peuvent être traités comme des programmes. Les comptes spéciaux du Trésor comprennent les catégories suivantes :

- les comptes d'affectation spéciale;
- les comptes de commerce;
- les comptes de règlement avec les Gouvernements ou autres organismes étrangers ;
- les comptes de prêts;
- les comptes d'avances;
- les comptes de garanties et d'avals.

A l'exception des comptes de commerce et de règlement avec les Gouvernements ou autres organismes étrangers, les comptes spéciaux du Trésor ne peuvent être à découvert.

Les **comptes d'avances** décrivent les avances que le ministre chargé des finances est autorisé à consentir dans la limite des crédits ouverts à cet effet. Un compte d'avances distinct doit être ouvert pour chaque débiteur ou catégorie de débiteur.

Les **comptes de prêts** retracent les prêts, d'une durée supérieure à deux ans mais égale ou inférieure à dix ans, consentis par l'État dans la limite des crédits ouverts à cet effet, soit à titre d'opérations nouvelles, soit à titre de consolidation.

Les **comptes de garanties et d'avals** retracent les engagements de l'État résultant des garanties financières accordées par lui à une personne physique ou morale, notamment, les garanties octroyées par l'État pour les contrats de partenariats publics-privés.

Section 4 : Les acteurs du budget

Le budget est essentiellement l'affaire du Ministère en charge du budget, même si les premières propositions et l'initiative de l'engagement des dépenses relèvent des ministères dépensiers. En effet, la directive N°06/2009/CM/UEMOA portant Lois de finances au sein de l'UEMOA énonce clairement que le **Ministre en charge du budget** est celui chargé de préparer les projets de lois de finances qui sont adoptés en Conseil des Ministres. Cette section examine l'organisation et les attributions du Ministère en charge du budget en mettant l'accent sur les structures qui interviennent directement dans le budget.

4.1. Les attributions du Ministère chargé du budget

Il est présenté le cas de la Côte d'Ivoire. Les missions du Ministre chargé du budget sont définies par les dispositions du décret n°2017-596 du 27 Septembre 2017 portant attributions des membres du Gouvernement.

Selon ce décret, le Ministre auprès du Premier Ministre, chargé du budget et du portefeuille de l'État assure la mise en œuvre de la politique du Gouvernement en matière budgétaire, douanière, fiscale et de gestion de portefeuille de l'État. A ce titre, et en liaison avec les départements ministériels intéressés, il a l'initiative et la responsabilité des actions suivantes :

En matière budgétaire

- Préparation et présentation des projets de loi de Finances et des projets de loi de Règlement ;
- Execution du budget;

- Approbation des marchés publics et des baux devant être passés par l'Etat;
- Gestion financière du patrimoine administratif et du domaine de l'Etat;
- Participation à la gestion du patrimoine immobilier de l'État à l'étranger, en liaison avec les Ministères chargés des Affaires Étrangères, de la Construction, de l'Économie et des Finances ;
- Participation aux négociations et signatures des accords et conventions à caractère économique et financier, notamment de ceux concernant tous les concours financiers extérieurs, les contrats de prêts, les emprunts et les conventions à paiement différé dont les titrisations, contractés par l'État et les collectivités décentralisées, en liaison avec le Ministre chargé de l'Économie et des Finances,

En matière fiscale

- Mise en œuvre de la politique, de la législation et de la réglementation fiscales et parafiscales ;
- Préparation, négociation et mise en œuvre des conventions fiscales internationales ;
- Conception, création et gestion du cadastre en zones urbaines et rurales ;
- Conservation de la propriété foncière et des hypothèques ;
- Recouvrement des recettes fiscales ;
- Promotion du civisme fiscal.

En matière douanière

- Élaboration et mise en œuvre des projets de textes législatifs et réglementaires en matière douanière ;
- Préparation et suivi des accords douaniers bilatéraux et multilatéraux ;
- Recouvrement des recettes de porte et sécurisation du territoire économique national ;
- Participation, en liaison avec le Ministre chargé de l'Intégration Africaine et le Ministre chargé de l'Économie et des Finances, au suivi, à l'harmonisation et à la mise en œuvre des instruments douaniers d'intégration sous régionale et africaine, notamment l'UEMOA, la CEDEAO, l'UA et l'APE ;
- Participation, en liaison avec le Ministre chargé de l'Intégration et le Ministre chargé de l'Économie et des Finances, à la définition, à

la mise en œuvre et au suivi-évaluation des programmes communautaires en matière douanière

En matière de gestion du portefeuille de l'Etat

- Exercice de la tutelle financière sur les Établissements Publics Nationaux, les Sociétés d'État et les Sociétés à participation financière publique, les Agences d'Exécution et les personnes morales de type particulier ;
- Contrôle budgétaire permanent des Établissements Publics Nationaux et approbation de leurs comptes ;
- Suivi, contrôle et valorisation du portefeuille de l'État ;
- Représentation de l'État dans les Assemblées constitutives et les Assemblées générales des Sociétés d'État, des Sociétés à participation financière publique, des Établissements Publics Nationaux, des Agences d'Exécution et des personnes morales de type particulier ;
- Représentation de l'État dans les Conseils de gestion et les Conseils d'administration des Sociétés d'État, des Sociétés à participation financière publique, des Établissements Publics Nationaux et des personnes morales de type particulier, en liaison avec le Ministre chargé de l'Économie et des Finances et les Ministres chargés de la tutelle technique ;
- Suivi et gestion de l'endettement des Sociétés d'État, des Sociétés à participation financière publique, des Établissements Publics Nationaux, des Agences d'Exécution et des personnes morales de type particulier, en liaison avec le Ministre chargé de l'Économie et des Finances ;
- Suivi des opérations de privatisation et de post privatisation des Sociétés d'État, des Sociétés à participation financière publique et des personnes morales de type particulier, en liaison avec le Ministre chargé de l'Économie et des Finances et les Ministres chargés de la tutelle technique ;
- Gestion de la liquidation des Établissements Publics Nationaux, des Sociétés d'État, des Sociétés à participation financière publique, des Agences d'Exécution et des personnes morales de type particulier, en liaison avec le Ministre auprès du Premier Ministre, chargé de l'Économie et des Finances, et gestion de la liquidation des biens immobiliers, en liaison avec le Ministre chargé de la Construction ;

- Participation à toute opération susceptible d'impacter le portefeuille de l'Etat, en particulier la création, la transformation, la restructuration et la fusion d'entreprises ou la prise de participation.

4.2. *Nouveaux acteurs de la gestion budgétaire et comptable*

Pour accompagner la mise en œuvre de la gestion budgétaire, le décret GBCP définit le rôle des différents acteurs de la gestion budgétaire et comptable publique : le **responsable de la fonction financière ministérielle** (RFFIM), le **responsable de programme** (RPROG), le **responsable de budget opérationnel de programme** (RBOP), le **responsable d'unité opérationnelle** (RUO), le **contrôleur budgétaire**.

4.2.1-/ Responsable de la fonction financière ministérielle

Le décret définit les fonctions financières centrales qui doivent être exercées dans chaque ministère. Il conforte le rôle des actuels directeurs des affaires financières en introduisant dans chaque ministère un responsable de la fonction financière ministérielle (RFFIM) qui, sans préjudice d'autres fonctions que peut lui confier son ministre :

- *assure un rôle de coordination et de synthèse budgétaire et comptable au niveau du ministère concerné : il coordonne l'élaboration des PAP et des RAP et établit, en lien avec le RPROG, le document de répartition initiale des crédits et des emplois (DRICE) et le document prévisionnel de gestion des emplois et des crédits de personnel (DPGECP) ; il propose au ministre les mouvements de crédits ... ;*
-
- *veille au caractère soutenable du budget du ministère : il valide la programmation effectuée par le RPROG et suit sa réalisation, il propose, le cas échéant, des mesures nécessaires au respect du plafond de crédits et des emplois... ;*
- *coordonne et met en œuvre les dispositifs de qualité, de conformité et d'efficience de la fonction financière : il s'assure ainsi de la mise en œuvre du contrôle interne budgétaire et comptable et, le cas échéant, de la comptabilité analytique, il veille à la mise en œuvre des règles de gestion budgétaires et comptables, notamment dans les systèmes d'information financière, ...*

4.2.2-/ Responsables de programme, de budget opérationnel de programme et d'unité opérationnelle

Le responsable de programme (RPROG), désigné par son ministre,

- établit le projet annuel de performances (PAP) annexé au projet de loi de finances annuelle qui présente les orientations stratégiques et les objectifs du programme et justifie les crédits et les autorisations d'emplois demandés ; le responsable de programme rend compte des engagements pris dans le PAP lors de l'établissement du rapport annuel de performances (RAP), annexé au projet de loi de règlement ;

- définit, par ailleurs, le périmètre des budgets opérationnels de programme (BOP) et des unités opérationnelles (UO) et en désigne les responsables ;

- établit la programmation budgétaire et décline les objectifs de performance au niveau du budget opérationnel de programme, dans le cadre d'un dialogue de gestion, en liaison avec les responsables de BOP ;

- détermine enfin les crédits et, le cas échéant, les autorisations d'emplois, qu'il met à la disposition des responsables de BOP, sous réserve des compétences des préfets de région et de département pour la gestion déconcentrée.

Le responsable de budget opérationnel de programme (RBOP) :

- propose au responsable de programme la programmation des crédits et des emplois du budget opérationnel de programme ;

- arrête la répartition des crédits des budgets opérationnels de programme entre les unités opérationnelles et met ces crédits et, le cas échéant, les autorisations d'emplois à la disposition de leurs responsables, sans préjudice des compétences des préfets de région et de département pour la gestion déconcentrée ;

- rend compte au responsable de programme de l'exécution du budget opérationnel de programme ainsi que des résultats obtenus.

Le responsable d'unité opérationnelle (RUO) prescrit l'exécution des recettes et des dépenses de l'unité opérationnelle dont il a la responsabilité et en rend compte au responsable du budget opérationnel de programme, sans préjudice des compétences des préfets de région et de département pour la gestion déconcentrée.

4.2.3-/ Contrôleur budgétaire

La mission du contrôleur budgétaire, exercée pour le compte du ministre chargé du budget porte sur la surveillance du caractère soutenable de la gestion au regard des autorisations budgétaires votées et sur la qualité de la comptabilité budgétaire. Le contrôle porte également sur le respect des dispositions statutaires et indemnitaires applicables aux personnels, lorsque les projets d'actes sont soumis à son visa, tout autre contrôle de légalité des actes étant exclu.

Les moyens dont dispose le contrôleur budgétaire pour s'en assurer sont rénovés et explicités, notamment les modalités du contrôle du document prévisionnel de gestion des emplois et des crédits de personnel, et du caractère soutenable de la programmation budgétaire. Le décret prévoit que les modalités de délivrance du visa du contrôleur budgétaire peuvent être adaptées en fonction de la qualité du contrôle interne budgétaire des services.

CHAPITRE III

REGLES ET PRINCIPES BUDGETAIRES

La bonne gestion des finances publiques est capitale pour le présent et l'avenir d'une nation. Les réponses apportées par l'État aux questions de développement et les préoccupations réelles des populations dépendent, pour l'essentiel, de la manière dont les ressources publiques sont mobilisées et utilisées. Or, la mise en œuvre des politiques publiques, et donc la gestion des finances publiques, est confrontée à un problème d'agence : les acteurs budgétaires mandatés pour réaliser les politiques publiques pourraient poursuivre leurs intérêts personnels au détriment de l'intérêt général.

Pour limiter les comportements opportunistes et disposer d'un cadre budgétaire relativement transparent, les États ont recours à un ensemble des règles formelles et informelles dont les sources proviennent de la loi fondamentale et des principes généraux des droits de l'homme. Ces règles de finances publiques visent à préserver une gestion saine, claire et méthodique des deniers publics. On distingue les grands principes budgétaires régulant la gestion des finances publiques des règles de bonne gouvernance des finances publiques.

Section 1 : G rands principes budgétaires

Les grands principes budgétaires sont au nombre de six : l'équilibre budgétaire, l'annualité, l'unité, l'universalité, la spécialité et la sincérité.

Principe de l'équilibre budgétaire

1.1.1-/ Définition du principe

Plus qu'un simple principe, l'équilibre budgétaire est une règle d'or, ou comme l'a affirmé Duverger « la clé de voûte des finances publiques classiques ». Elle figure même dans la constitution d'un certain nombre de pays, comme la Côte d'Ivoire (article 112 de la constitution de 2016).

Pendant longtemps, l'équilibre budgétaire a été considéré comme une nécessité absolue, et c'est à travers cet équilibre que l'on reconnaît la bonne santé financière de l'État.

Selon les classiques, le principe de l'équilibre budgétaire s'énonce comme suit : *l'ensemble des dépenses budgétaires de l'État doit être tout au moins égal mais jamais supérieur, à l'ensemble des recettes budgétaires de l'État.* Il préconise une égalité parfaite entre les recettes et les dépenses. En d'autres termes, les dépenses courantes (administration générale, etc.) doivent être couvertes par des recettes courantes.

Cet équilibre est devenu de plus en plus difficile à réaliser, surtout avec l'implication des finances publiques dans l'activité économique. La notion d'équilibre s'est transformée en une notion d'équilibre économique général ou global en adéquation avec la conception moderne des finances publiques. Cependant, les gouvernants continuent d'user des artifices pour présenter des budgets équilibrés.

En Côte d'Ivoire, le projet de loi des finances ne tolère aucun déficit. Ce respect institutionnel est révélateur de l'importance accordée à la notion d'équilibre dans la gestion des finances publiques.

1.1.2-/ Dérogations et aménagements au principe

Une succession de chocs économiques à la fin du XIXème siècle et surtout au XXème siècle, ont été les premiers coups de boutoirs au principe d'équilibre budgétaire, avec l'apparition de ce qu'on appelait le déficit « spending ». Cela consiste, lorsque les dépenses et les investissements prévus sont insuffisants pour soutenir la croissance économique, à accroître les dépenses publiques, même au prix d'un déséquilibre budgétaire.

Cette théorie préconisée par Lord William Beveridge et John Meynard Keynes a été largement appliquée en Angleterre après la grande dépression économique de 1929 et après la 2ème guerre mondiale. Cette théorie a été reprise et réaffirmée par Paul Samuelson (Prix Nobel d'économie en 1970). Selon ces différents auteurs, devant les insuffisances des dépenses et des investissements privés en période de crise, le salut ne peut venir que de l'État qui, par ses dépenses publiques (à travers les grands travaux notamment), peut relancer la croissance économique.

En effet, par ses investissements, l'État permet de créer de nouveaux emplois et donc de résorber le chômage et en même temps d'introduire dans le circuit économique de nouveaux bénéficiaires de revenus.

Ensuite, sous l'effet combiné du « multiplicateur, accélérateur », ce surplus financier apporté par les nouveaux bénéficiaires de revenus entraîne un accroissement de la consommation c'est-à-dire de la demande et entraîne aussi un début de formation de l'épargne, favorisant sur la lancée la production (l'offre et l'investissement). C'est l'effet de boule de neige de la croissance économique.

A partir de l'apport Keynésien, l'économie financière a élaboré de multiples théories relatives aux rapports entre l'équilibre budgétaire et l'économie. Parmi toutes celles-ci, la théorie du budget cyclique est la plus connue. L'équilibre budgétaire pourrait être recherché, non pas dans le cadre de chaque année civile, mais au cours d'un cycle économique. Les déficits indispensables durant les périodes de dépression économique seraient compensés par des surplus budgétaires encaissés par l'État durant les périodes d'expansion économique[9].

Principe de l'Annualité

Admis en Grande Bretagne dès le XVIIème Siècle, le principe de l'annualité est inscrit dans toutes les législations nationales. Il a même une valeur constitutionnelle dans certains pays comme la Belgique, l'Allemagne et l'Italie.

-

1.2.1-/ Définition du principe

Le budget de l'État doit être voté chaque année et pour une année. Par conséquent :

- *l'autorisation d'effectuer des dépenses et de percevoir des recettes accordée par l'Assemblée Nationale n'est valable que pour une seule année ;*
- *les prévisions budgétaires ne doivent pas dépasser le cadre d'une année. Ce qui veut dire que le contenu du budget ne peut comporter, en aucune façon, des prévisions à long terme ;*
- *l'exécution du budget doit se faire à l'intérieur de l'exercice annuel. Ce qui signifie qu'un solde positif ou négatif d'un budget ne peut être reporté sur un budget suivant parce que le principe de l'annualité rend les budgets qui se succèdent, indépendants les uns des autres.*

Mais le principe de l'annualité comporte deux difficultés dont il faut tenir compte. La première concerne le point de départ de l'année

---

9 Plusieurs modalités ont été proposées pour mettre sur pied cette compensation dans le temps : la méthode de la mise en réserve de plus-values fiscales, la méthode de l'amortissement alternatif, etc.

budgétaire et la seconde porte sur le rattachement des opérations de dépenses et des recettes à l'année budgétaire. Dans la plupart des pays, l'année budgétaire commence le 1er Janvier pour s'achever le 31 Décembre. Mais cela n'est pas une règle universelle. Ainsi l'année budgétaire commence le 1er avril au Canada, en Grande Bretagne, en Inde, en Afrique du Sud, etc., et le 1er Juillet aux État Unis, en Australie, etc.

En ce qui concerne le rattachement comptable des opérations de dépenses et recettes à l'année budgétaire, aucun problème ne se pose lorsque toutes les phases de dépenses (engagement, liquidation, ordonnancement et paiement) ou de recettes (assiette, liquidation, émission du titre ou non recouvrement) se déroulent à l'intérieur d'une même année budgétaire. En revanche, la difficulté surgit lorsque ces différentes phases s'établissent sur plusieurs années. Dans ce cas, on a le choix entre l'année initiale (système de l'exercice) et l'année finale (système de gestion). Le système de l'exercice consiste à rattacher à l'exercice toutes les dépenses ou recettes engagées ou nées dans l'exercice, peu importe si elles sont exécutées (dépenses) ou recouvrées (recettes) à une année ultérieure. Dans le système de gestion, on ne se préoccupe pas de la naissance ou la création de la dépense ou de la recette, mais de l'année de son exécution ou de son recouvrement.

Les dérogations et aménagements au principe d'annualité permettent de prendre en compte certaines de ces difficultés.

-

1.2.2-/ Dérogations et aménagements au principe d'annualité

Dans certains cas les crédits votés ont une durée de moins d'un an, et dans d'autres, plus d'un an.

a) <u>Rétrécissement du cadre annuel</u>

- ***Le douzième provisoire*** *est un mini budget mensuel qui prend en compte le douzième du montant du crédit accordé l'année précédente au titre des services votés et le douzième des recettes fiscales perçues pour la même période. Cette procédure intervient quand, au 31 décembre, l'Assemblée Nationale n'a pas voté le budget annuel, mais qu'il est possible qu'elle le vote dans les mois suivants.*
- ***La loi de finance rectificative*** *qui modifie les prévisions budgétaires établies par la loi de finances initiale, a une durée inférieure à un an.*

- *b) Elargissement du cadre annuel*

Les crédits consolidés correspondent à des crédits qui, une fois votés ne sont pas remis en cause jusqu'au vote d'une autre loi qui en décidera autrement. Il s'agit de crédits qui bénéficient d'une autorisation permanente. C'est un système largement appliqué en Grande Bretagne. Il permet à une partie des crédits du budget d'échapper à l'autorisation parlementaire annuelle.

Les recettes consolidées sont des recettes qui, une fois créées, ne sont plus remises en cause chaque année jusqu'à ce que d'autres lois viennent en décider autrement. Il en est ainsi pour presque toutes les recettes fiscales qui regroupent les impôts permanents qui ne nécessitent pas d'être autorisées chaque année. En Côte d'Ivoire, l'Autorisation de percevoir des impôts est permanente et découle du code des impôts et non d'une loi de finances. La Loi de finances ne comporte que des mesures nouvelles (annexe fiscale).

La programmation budgétaire pluriannuelle permet de sécuriser la trajectoire des finances publiques sur la période, en assurant la maîtrise de la dépense de l'État définie pour trois ans : le cadrage budgétaire triennal constitue un engagement collégial du Gouvernement, se traduisant par une programmation ferme des dépenses.

- *Principe de l'Unité*

1.3.1-/ Définition du principe

« Toutes les recettes et toutes les dépenses doivent être enfermées dans un document unique et sous forme d'un tableau d'ensemble ». Dans la réalité d'aujourd'hui, il est difficile de regrouper dans un seul et unique document toutes les opérations financières de l'État compte tenu de leur nombre et de leur complexité.

Mais l'unité budgétaire ne fait pas obstacle à ce que le document comporte plusieurs fascicules ou un fascicule à plusieurs pages. Ce principe n'est pas pour autant transgressé si les divisions et subdivisions sont homogènes de sorte qu'on puisse facilement, par une série de récapitulation, aboutir à un tableau simple permettant de comparer les recettes et les dépenses et faire ressortir la situation financière prévisible en équilibre, en excédent ou en déficit. Ce principe présente de nombreux avantages. Il permet :

- *de constater aisément l'équilibre ou le déséquilibre du budget ;*
- *de connaître le volume exact des charges et des ressources permanentes ;*
- *de permettre la comparaison entre plusieurs budgets successifs ou entre le budget d'un État et celui d'autres États ;*

- *d'apprécier l'utilité ou l'inutilité des dépenses du budget ;*
- *de faciliter le vote et le contrôle du budget.*

Cependant, la complexité et l'hétérogénéité des opérations financières des temps modernes rendent difficile le respect scrupuleux de l'unité budgétaire.

•

1.3.2-/ Dérogations et aménagements

La seule dérogation connue à ce principe concerne les opérations de trésorerie. Celles-ci portent sur les émissions et les remboursements d'emprunt à court terme au titre de bons du Trésor, sur les dépôts et les retraits de fonds effectués auprès du Trésor Public par ses correspondants. A l'exception des bons du trésor d'une durée d'un an et plus qui sont prévus au budget, ces opérations ne figurent ni dans le budget général, ni dans aucune annexe à la loi de finances de l'année. Elles sont retracées dans les comptes hors budget.

- ***Principe de l'universalité***

Le principe de l'universalité, selon lequel l'ensemble des recettes couvre l'ensemble des dépenses, se décompose en deux règles : la non affectation des recettes et la non compensation entre dépenses et recettes.

1.4.1-/ La règle de non affectation des recettes

a) <u>Définition de la règle</u>

L'ensemble des recettes de l'État se confond en une masse unique pour couvrir sans distinction de provenance et d'origine l'ensemble des dépenses de l'État. Cette règle a pour but de ne pas subordonner une dépense à une recette. Chaque dépense budgétaire doit être payée sur la masse des recettes budgétaires. C'est au nom de cette égalité des dépenses budgétaires que cette règle a été conçue.

Le principe selon lequel les recettes budgétaires, quelle que soit leur provenance, entrent dès leur perception, dans la masse anonyme des deniers publics, est à la base d'un autre principe qui est celui de **l'unicité de caisse.**

D'après ce principe, le Comptable Public ne doit avoir qu'une seule caisse dans laquelle se trouvent confondus tous les fonds de l'État et lorsqu'il a des dépenses à régler, il les paie avec les fonds dont il dispose sans avoir à se soucier de leur provenance.

- *b) Dérogations et aménagements*

C'est la règle qui connaît certainement le plus d'exceptions :

- ***Les taxes parafiscales** sont des prélèvements pécuniaires obligatoires* ou autoritaires affectés à des personnes morales de droit public et de droit privé autre que l'État. Exemple : la taxe professionnelle ou la taxe d'apprentissage créée, prélevée et affectée au Fonds de Développement de la Formation Professionnelle (FDFP) ;

- ***Les recettes des budgets annexes*** permettent à l'État de mieux encadrer et suivre la gestion des services autonomes de l'État. Il s'agit donc de recettes affectées à des services autonomes. Les budgets annexes sont votés en même temps et dans les mêmes conditions que le budget général, alors que les budgets autonomes sont approuvés par leurs conseils d'administration respectifs (mais généralement après l'avis conforme de l'autorité de tutelle). Les budgets annexes sont soumis à un certain nombre de règles, mais qui dans la pratique ne sont pas respectées. Il s'agit notamment du principe d'équilibre qui est imposé aux budgets annexes alors qu'en réalité cet équilibre est obtenu au moyen de subventions provenant du budget général. De même, il est prescrit que les dépenses courantes d'exploitation doivent être couvertes par les recettes propres. Ce qui n'est pas le cas dans la réalité ;

- ***Les recettes des comptes spéciaux du Trésor*** sont celles des services publics traditionnels : dépenses financées par des recettes créées à cet effet (encaissement, décaissement). Les comptes spéciaux du Trésor sont annexés au budget général.

1.4.2-/ Règle de non compensation entre recettes et dépenses

a) Définition du principe

Appelé également principe du produit brut, il s'énonce comme suit : « toutes les recettes et toutes les dépenses doivent être inscrites au budget et autorisées pour leur montant intégral par l'Assemblée Nationale ». Cette règle interdit toute contraction et toute compensation entre dépenses et recettes, en rendant obligatoire l'inscription de leur montant réel au budget.

b) Dérogations et aménagements

Ce principe souffre de très peu d'exceptions. Deux cas se présentent généralement :

les compensations, fortement réclamées, entre les créances des entreprises sur l'État et des impôts que celles-ci doivent à l'État. Finalement, des arrangements comptables ont été trouvés pour rendre possibles ces opérations : chaque créance étant enregistrée au crédit ou au débit avec son montant brut ;

les contrats de conversion ou de transformation entre une entreprise et l'administration pour l'exécution des travaux pour l'État qui l'engage à fournir des vieux matériaux (conversion) ou des matériaux neufs (transformation) qui vont servir à exécuter ces travaux et dont les prix estimés sont déduits de ce que l'État doit payer. Il y a lieu de noter que cette opération de conversion et de transformation est finalement interdite dans de nombreux pays.

- ***Principe de spécialité***

1.5.1-/ Définition du principe

Les crédits ouverts par la loi de finances sont affectés à un service (ex : Lycée Classique Abidjan) ou à un ensemble de services (Ministère de l'Education Nationale) et sont spécialisés par chapitre regroupant les dépenses selon leur nature (crédits du personnel, de matériel ou d'entretien) ou selon leur destination.

Le chapitre est donc lié à la spécialité. La spécialité signifie que les crédits votés ne sont pas donnés dans une masse globale indifférenciée, mais affectés à des dépenses bien précises retracées dans des titres, chapitres ou articles bien ciblés.

Le budget est donc voté par titre, chapitre ou article et ou par Ministère. Mais ce type de subdivisions n'est pas le même dans tous les pays. C'est ainsi que par exemple en Allemagne, les titres viennent après les chapitres, alors que c'est le contraire en Côte d'Ivoire ou en France.

1.5.2-/ Dérogations et aménagements au principe de la spécialité

Les transferts de crédits permettent de faire passer des crédits d'un ministère à un autre. Cela se passe généralement à l'occasion des remaniements ministériels quand des services ou des attributions changent de ministère. Le transfert du service et de l'attribution entraine un transfert du crédit correspondant. Les transferts de crédits sont autorisés par simple arrêté du Ministre en charge du budget.

Les virements de crédits correspondent à des mouvements de crédits effectués dans le cadre du budget général et destinés à modifier la nature de la dépense. On a plus généralement affaire aux virements à l'intérieur d'un même chapitre, c'est-à-dire d'un article à un autre ou à l'intérieur d'un même article. Ces virements sont possibles par simple arrêté du Ministre en charge du budget. Le chapitre ne renferme que des dépenses de même nature, c'est-à-dire que cette opération ne modifie en rien la nature ou la catégorie des dépenses. Mais les cas suivants constituent d'importantes exceptions au principe de spécialisation et sont donc sévèrement encadrés. Ce sont :

Pour les dépenses ordinaires:

- *les virements de chapitre à chapitre à l'intérieur d'un même ministère ; et*
- *les virements d'un chapitre des dépenses communes à un chapitre d'un ministère et vice-versa.*

Pour les dépenses en capital

- *Le virement d'un chapitre à un autre chapitre à l'intérieur d'un même ministère*
- *Le virement d'un ministère à un autre.*

Il y a lieu de souligner qu'il est interdit d'effectuer des virements dotés de crédits évaluatifs (parce que ce genre de crédits peut être facilement dépassé) au profit d'un autre chapitre doté de crédits limitatifs

Les crédits globaux correspondent à des crédits sans affectation. On distingue :

- *les crédits globaux de 1ere catégorie* destinés à la couverture des dépenses prévues dans leur principe, mais dont la répartition ne peut être déterminée avec exactitude au moment du vote du budget (**ex : dépenses communes)** ou dont l'utilisation, pour des raisons pratiques, demande plus de souplesse (ex : Fonds spéciaux).

- *les crédits globaux de 2e catégorie* destinées à faire face à des imprévus ou à la couverture de dépenses éventuelles ou de subventions éventuelles (prévisibles mais pas tout à fait sûres). C'est en quelle que sorte une réserve de précaution.

- *les crédits globaux de 3e catégorie* : les fonds secrets. Exemple : le budget de souveraineté mis à la disposition du Président de la République dont l'utilisation reste à sa discrétion et sans contrôle a posteriori.

Principe de sincérité

D'apparition plus récente, le principe de sincérité budgétaire repose sur l'idée que la sincérité des prévisions budgétaires, en recettes comme en dépenses, conditionne le respect du principe du consentement à l'impôt inscrit à l'article XIV de la Déclaration des droits de l'Homme et du citoyen de 1789.

1.6.1-/ Définition du principe

La Loi organique relative aux lois de finances du 5 juin 2014 introduit ce nouveau principe budgétaire en son article 57 : *« Les prévisions de ressources et de charges de l'État doivent être sincères. Elles doivent être effectuées avec réalisme et prudence, compte tenu des informations disponibles au moment où le projet de loi de finances est établi. »*

Ainsi, ce principe interdit la sous-estimation des charges et la surestimation des ressources présentées dans les lois de finances, et fait l'obligation de ne dissimuler aucun élément financier.

Ce principe vise à améliorer la transparence dans la gestion des finances publiques. Il implique l'exhaustivité, la cohérence et l'exactitude des informations financières fournies par l'État, compte tenu de l'information disponible au moment de l'élaboration du projet de loi de finances. L'obligation de sincérité impose au Gouvernement de transmettre au Parlement toutes les informations nouvelles susceptibles de remettre en cause les grandes lignes de l'équilibre budgétaire, et ce, même en cours d'examen de la loi de finances.

- *1.6.2-/ Dérogations et aménagements au principe de sincérité*

La loi organique ne prévoit pas de dérogation ou d'amendement à ce principe. Toutefois, le concept de sincérité reste difficile à cerner, s'agissant tant de ce qu'il recouvre que de ce qu'il implique. En effet, ses effets juridiques semblent relatifs et réduisent donc sa portée contraignante. La sincérité budgétaire apparaîtrait plutôt ainsi comme une obligation de moyens, un objectif à atteindre. Le principe de sincérité budgétaire apparait alors comme la traduction juridique en matière financière de l'exigence de bonne foi. Cette position s'explique probablement par le fait que les prévisions contenues dans les lois de finances relevant d'une certaine subjectivité et présentant un haut degré de technicité face auquel le Parlement et le Conseil constitutionnel qui ne disposent pas d'une expertise suffisante, préfèreront limiter leur contrôle à celui des erreurs manifestes. Il est toutefois probable que le contrôle renforcé du Parlement et la certification des comptes confiée à la Cour des comptes participent au renforcement de l'effectivité du principe de sincérité. Ces dernières s'assureront que les comptes de l'État sont réguliers, sincères, et donnent une image fidèle de son patrimoine et de sa situation financière.

Section 2 : Règles de bonne gouvernance des finances publiques

La gestion managériale des finances publiques a conduit à l'émergence de standards internationaux de bonnes pratiques développés par des organisations internationales comme le FMI et la Banque Mondiale, et l'OCDE. La gestion des finances publiques est bonne lorsqu'elle incarne la transparence, la performance et l'équité.

2.1. Transparence des finances publiques

2.1.1-/ Définition et Enjeux de la transparence

La transparence des finances publiques se définit comme « l'information claire du public sur la structure et les fonctions des administrations publiques, les visées de la politique de finances publiques, les comptes du secteur public et les projections budgétaires ». Elle renforce la responsabilisation et accroît la crédibilité des autorités, ce qui a pour avantages de réduire les coûts de la collecte et de la gestion des ressources publiques et de créer un cadre adéquat pour mettre en œuvre des politiques macroéconomiques saines.

Depuis la fin du XVIIIe siècle, la pensée financière est porteuse d'une vision éthique qui s'articule autour de la recherche de la transparence et de la justice. N'est pas transparent un système au sein duquel la circulation et l'utilisation des deniers publics n'est pas traçable. Cette conception de la transparence constitue l'un des enjeux relatifs à l'édification d'un État parlementaire et libéral et c'est encore sur cette base que le Parlement a été doté de larges pouvoirs de contrôle en matière budgétaire et financière.

Toutefois, si l'impératif de transparence a pu se satisfaire pendant plus d'un siècle et demi des principes de liberté et de justice posés au XIXe siècle, il ne peut en être de même dans un contexte mondialisé où l'évolution sociale et de celle des institutions publiques semble obéir à des standards internationaux. Le niveau de transparence des finances publiques représente aujourd'hui un indice de la qualité du lien entre le politique et le social allant de pair avec le consentement à l'impôt, le contrôle citoyen des politiques publiques et la démocratie. C'est pourquoi la question de la transparence est devenue une question transversale dans le temps et dans l'espace au cœur de la réforme des finances publiques dans les pays en développement ou de la réforme de l'État dans certains pays de l'OCDE comme la France.

Pour consacrer son rôle fondamental de la dynamique des finances publiques modernes, le FMI a établi un ***Code de transparence des finances publiques*** qui résume les principaux critères d'une politique de transparence.

2.1.2-/ C ode de transparence budgétaire du FMI

Le Code de transparence des finances publiques repose sur quatre grands principes :

a) Définition claire des rôles et des responsabilités

Il doit y avoir une distinction nette entre les activités du secteur public et les activités commerciales. La gestion des finances publiques doit s'inscrire dans un cadre juridique et institutionnel clairement défini. Au sein du secteur public, la répartition des fonctions de décision et de gestion doit être elle aussi clairement définie et rendue publique.

b) Transparence des procédures budgétaires

Les données budgétaires doivent être présentées de manière à faciliter l'analyse et à promouvoir la responsabilisation des pouvoirs publics. La documentation budgétaire doit préciser les objectifs de la politique budgétaire, les hypothèses macroéconomiques qui les sous-tendent et les principaux risques identifiables. Les modalités du recouvrement des recettes et du suivi des dépenses approuvées doivent être clairement établies.

- *Accès du public à l'information*

Le public doit être pleinement informé de l'activité passée, présente et prévue des administrations publiques en matière budgétaire. Les pays doivent s'engager à diffuser en temps opportun des informations sur les finances publiques.

- *Garantie d'intégrité*

L'information budgétaire doit satisfaire aux normes de qualité convenues et faire l'objet d'un examen indépendant.

La Directive N°01/2009/CM/UEMOA portant code de transparence dans la gestion des finances publiques au sein de l'UEMOA reprend ces critères dans le contexte de l'Afrique de l'Ouest. La Loi organique portant code de transparence en Côte d'Ivoire décrit les principes et obligations que doivent satisfaire le cadre budgétaire et la pratique de la gestion des finances publiques.

2.2. *Recherche de la performance dans l'élaboration et l'exécution du budget de l'État*

2.2.1-/ De la logique de moyens à la logique de résultats

Comme souligné dans le chapitre précédent, le modèle managérial de gestion des finances publiques a modifié en profondeur les modes de gestion de l'État en passant d'une logique de moyens à une logique de résultats. En effet, le système de budgétisation traditionnel s'est plus concentré sur les intrants (les moyens à dépenser) et les activités (les missions des services) que les extrants (les résultats) et s'est révélé incapable de répondre aux attentes des contribuables. Dès lors, sont soulevées des questions relatives à l'exercice de la responsabilité dans l'administration.

Les inconvénients associés à la logique de moyens sont les suivants :

- une mauvaise allocation des ressources car les dépenses publiques ne sont toujours pas orientées vers les secteurs prioritaires ;
- une mauvaise planification des actions résultant de la méconnaissance à priori des disponibilités budgétaires ;
- la non exigence de résultats et par conséquent absence de mesure de la performance des actions exécutés.

La recherche de performance a conduit à l'abandon de logique de moyen. L'adoption de la budgétisation axée sur la performance, a favorisé l'émergence d'une nomenclature faisant référence à la finalité des dépenses, et des règles de gestion donnant une très grande liberté aux gestionnaires. C'est une approche qui permet à l'administration publique de :

- définir clairement ses priorités de politique et d'en concentrer les dépenses publiques ;
- faire le suivi et l'évaluation de son efficacité et de son efficience à obtenir des produits et atteindre ses résultats mesurés en termes d'indicateurs de résultats et d'impacts sur les groupes cibles ;
- accroître la transparence et redevabilité des acteurs budgétaires envers les citoyens ;
- ajuster les politiques, les programmes et les systèmes internes de gestion en fonction des résultats obtenus.

2.2.2-/ Cadre de performance des finances publiques

Trois niveaux de performance sont recherchés dans le cadre de l'élaboration et de l'exécution du budget de l'État. Il s'agit de la ***discipline budgétaire globale, l'allocation des ressources en fonction des priorités stratégiques*** retenues par le Gouvernement, et ***l'efficacité et l'efficience des dépenses***.

a) Discipline budgétaire globale

La discipline budgétaire globale est requise dans :

- la phase de cadrage macroéconomique au cours de laquelle sont déterminés les objectifs budgétaires globaux (recettes et dépenses totales, déficit, etc.) ; phase d'élaboration du DPBEP) dans les pays de l'UEMOA ;

- la phase d'exécution du budget : les plafonds globaux de dépenses fixés lors du vote des crédits, doivent être respectés. Pour ce faire, les dépenses réellement effectuées doivent faire l'objet d'un suivi, en cours d'exécution budgétaire ou à posteriori.

***b) Allocations de ressources fondées sur les* priorités stratégiques**

Après le respect de la discipline budgétaire globale, la deuxième tâche à accomplir dans l'élaboration et l'exécution du budget de l'État pour le rendre performant, est le choix des priorités qui domineront l'emploi des ressources rares entre les secteurs et à l'intérieur des secteurs. Cette tâche est la plus difficile à réaliser de façon adéquate car elle dépend des orientations politiques du Gouvernement et des choix stratégiques de développement.

c) Efficacité et efficience des dépenses

Plusieurs mesures sont conseillées pour améliorer l'efficacité des dépenses :

- la prévisibilité du financement des politiques approuvées ;
- une décentralisation (responsabilisation) au niveau des gestionnaires des décisions financières ;
- l'organisation d'une certaine concurrence dans les achats publics ;
- la consultation des usagers (enquêtes auprès des clients et des usagers des services publics) ;
- une gestion du personnel fondée sur le mérite ;
- les processus de décision et les systèmes de gestion axés sur la performance : Budget-programmes ;

- la gestion intégrée dans une perspective dépassant le cycle budgétaire annuel : cadres de dépenses à moyen terme ;

- un point d'équilibre entre discipline et flexibilité à trouver ;

- le système d'information pour la gestion financière (SIGF) à mettre à la disposition des décideurs et des gestionnaires.

DEUXIEME PARTIE

CYCLE BUDGETAIRE

CHAPITRE IV

PREPARATION ET VOTE DU BUDGET

La préparation du projet de loi de finances, dont la collégialité a été renforcée par la loi organique relative aux lois de finances OLF, est un processus à la fois long, puisqu'il commence des mois avant l'exercice budgétaire concerné, et complexe dans la mesure où il se fonde sur des prévisions économiques présentant un fort degré d'incertitude. Au cœur de ce processus, l'on trouve principalement le pouvoir exécutif, le rôle du Parlement étant consacré au vote du projet de loi de finances. Conformément au Décret n° 2018-648 du 18 Août 2018 portant attributions des membres du Gouvernement , le Ministre en charge du budget à l'initiative et la responsabilité de la préparation et la présentation des projets de lois de finances et des projets de lois de règlement. Si l'élaboration proprement dite du projet de budget relève du Ministre en charge du budget, aidé en cela par la Direction du budget, les grandes orientations des finances publiques et les arbitrages les plus sensibles sont décidés par le Gouvernement, le Premier Ministre et le Président de la République.

Section 1 : Préparation du projet de loi de finances

L'étude de la phase de préparation du budget est abordée sous trois (3) points :

- *le processus d'élaboration du budget ;*
- *les méthodes de projection des recettes et des dépenses ;*
- *la procédure et le calendrier de préparation.*

Processus de préparation du budget

- *1.1.1-/ Pouvoir compétent et autorités concernées*

La préparation du budget constitue une prérogative du pouvoir exécutif. Dans un passé lointain, certains pays (la France avant 1795, les États Unis avant 1921), la préparation du budget était faite par l'Assemblée Nationale ou le Congrès. Dans l'ère des finances publiques modernes, presque dans tous les pays du monde, la préparation du budget relève de l'exécutif, parce que :

- *le budget est l'instrument d'intervention chiffrée de la politique du Gouvernement ;*
- *le budget représente les moyens de fonctionnement de l'Administration et c'est cette dernière qui connaît mieux les moyens dont elle a besoin.*

Au sein de l'exécutif, la responsabilité de la préparation du budget incombe au **Ministère en charge des Finances** et/ou **du Budget**, et plus précisément à la **Direction Générale du Budget** qui exécute ce travail de bout en bout, avec le concours d'un certain nombre de services techniques, en particulier les Directeurs des Affaires Financières (DAF) des différents Ministères. Le budget est de plus en plus complexe et exige le recours à des spécialistes et à des méthodes perfectionnées ainsi que la possession de toutes les informations statistiques requises. C'est en général les services de l'Administration publique qui disposent de ces données statistiques.

En Côte d'Ivoire, c'est le Ministre auprès du Premier Ministre chargé du Budget et du portefeuille de l'État qui prépare les projets de lois de finances qui sont adoptés en Conseil des Ministres.[10] Les principaux acteurs du processus d'élaboration du budget sont :

- *La Direction Générale du Budget et des Finances ;*
- *La Direction Générale de l'Économie (Direction des Prévisions, des Politiques et des Statistiques Économiques) ;*
- *La Direction Générale des Impôts ;*
- *La Direction Générale des Douanes ;*
- *La Direction Générale du Trésor et de la Comptabilité Publique ;*
- *La Direction Générale du Plan ;*
- *Les Directions des Affaires Financières des Ministères Techniques.*

1.1.2-/ Les différentes étapes du processus de préparation du budget

La préparation du budget peut être appréhendée sous deux aspects :

- l'aspect technique qui concerne l'élaboration des dossiers techniques tels que le cadrage macro-économique, le cadrage budgétaire, et la lettre de cadrage du Premier Ministre, les conférences budgétaires et l'édition du projet de budget ; et

[10] Cf. article 52 de la Loi organique relative aux Lois de Finances.

- l'aspect politique portant sur la validation du cadrage macro-économique et du cadrage budgétaire, et l'adoption du projet de Budget en Conseil des Ministres.

Le processus de préparation du budget se décompose en plusieurs étapes qui s'enchaînent comme suit :

- *L'élaboration du Programme d'Investissements Publics par le Ministre chargé du Plan ;*
- *l'élaboration du cadrage macro-économique par la Direction Générale de l'Économie avec l'Institut National de la Statistique ;*
- *la validation du cadrage macro-économique par le Gouvernement qui marque son adhésion à l'image projetée de la situation macro-économique ;*
- *l'élaboration du cadrage budgétaire par la Direction Générale du Budget. Le cadrage budgétaire est un tableau d'équilibre qui met en cohérence les engagements de l'État et les ressources mobilisables ;*
- *la validation du cadrage budgétaire est l'étape au cours de laquelle le Gouvernement approuve les choix de dépenses et le niveau de ressources mobilisables. Elle ouvre ainsi la voie à la répartition des enveloppes entre les Ministères, institutions et collectivités décentralisées ;*
- *la détermination des enveloppes budgétaires consiste à traduire les objectifs globaux définis dans le cadrage budgétaire en objectifs sectoriels ;*
- *la distribution de la Lettre de cadrage du Premier Ministre qui communique aux Institutions, aux Ministères, et aux Collectivités Décentralisées les enveloppes budgétaires qui leur sont allouées ;*
- *la tenue des conférences budgétaires avec les Institutions et Ministères, et à la Direction Générale du Plan, pour examiner les propositions de répartition des enveloppes réalisées par les Institutions et Ministères ;*
- *la tenue des conférences ministérielles par le ministre en charge du budget avec les Présidents d'institutions et les Ministres puis l'édition du projet de Budget par la Direction Générale du Budget au terme des conférences ministérielles ;*
- *l'examen puis l'adoption du projet de Budget en conseil des Ministres qui marque la fin de l'intervention du Pouvoir Exécutif dans le processus d'élaboration du Budget. Le projet de Budget ainsi validé est transmis au Parlement pour examen et adoption .*

Le Programme d'Investissements Publics

Le Programme d'Investissement Publics est un instrument de programmation triennale et glissante des projets d'investissements préparés en étroite collaboration avec les ministères sectoriels suivant un processus itératif.

Le cadrage macroéconomique

A la fin du premier trimestre de chaque année, le ministère des finances fait une prévision de l'évolution de l'activité économique et du niveau des prix sur les trois prochaines années. La finalité de cet exercice consiste en la détermination des grandes lignes de la politique budgétaire à partir d'itérations entre la politique économique et la politique budgétaire à partir d'un ensemble d'hypothèses sur l'évolution de l'économie, en rapport avec celle de l'environnement économique international. Le cadrage macroéconomique permet d'envisager une toute première esquisse du niveau des recettes (fiscales généralement) et une estimation du niveau des consommations courantes (salaires, subventions et autre charges de fonctionnement) et des dépenses en capital (dépenses en capital financées sur les ressources internes et les projets ressources extérieurs). Un projet de Produit Intérieur Brut est ainsi défini sur la base duquel est élaboré le cadrage budgétaire suivi des conférences budgétaires.

En procédant à des prévisions des taux de croissance de l'économie sur le moyen terme, le cadrage macroéconomique fournit également la progression des différents secteurs d'activités et autres variables macroéconomiques qui expliquent les évolutions projetées.

1.4. Le cadrage budgétaire

- *1.4.1-/ L'évaluation des dépenses*

Il existe deux modes d'évaluation des dépenses : l'évaluation directe et l'évaluation rationnelle et scientifique.

- *a) L'évaluation directe*
- *Cette évaluation dépend de la distinction entre crédits votés et les mesures nouvelles. Elle est basée sur la connaissance des besoins réels actuels (crédits votés) ou éventuels mais futurs (mesures nouvelles) des ministères. Les services votés représentent le minimum de dotations indispensables pour assurer le bon fonctionnement des services publics dans des conditions approuvées l'année précédente par l'Assemblée Nationale.*

Quant aux mesures nouvelles, elles peuvent être définies comme les décisions nouvelles proposées par les départements ministériels en vue d'étoffer, d'agrandir ou d'améliorer les services existants ou d'en créer de nouveaux. Pour les services votés, l'évaluation directe se borne à reconduire d'une année à l'autre, les crédits de l'année précédente jugés nécessaires pour l'année à venir, pour que les mêmes administrations puissent continuer à fonctionner normalement dans les mêmes conditions, corrigés ou tenant compte de certaines données : inflation, promotion du personnel, décès ou retraite du personnel ainsi que d'un certain nombre de choses qui ne sont plus utiles ou d'actualité.

La pratique des services votés est très critiquée parce qu'elle entretiendrait et favoriserait l'immobilisme des administrations. Pour les mesures nouvelles, on tient compte d'une double appréciation politique et financière. Au plan politique, on tend à se conformer au désir du Gouvernement et du Président de la République. L'évaluation financière, quant à elle, tient compte des coûts du marché.

- *b) L'évaluation rationnelle et scientifique*

- *Cette évaluation s'opère à travers la Rationalisation des Choix Budgétaires (**RCB**). C'est une méthode adoptée en France en 1968 et qui est copiée sur le PPBS américain (Planning Programming Budgeting System). Mais la France n'utilise la RCB qu'à titre informatif, et souvent en guise de vérification de la rationalité du budget voté. La Côte d'Ivoire l'a expérimentée au début des années 1990 mais ne l'a jamais effectivement et officiellement mise en œuvre. La méthode RCB se déroule en trois phases :*

- ***Première phase :** choix et fixation des objectifs à court, moyen et long terme pour tous les ministères. Ensuite, un classement par ordre de priorité de ces objectifs est opéré.*

- ***Deuxième phase :** Un recensement des moyens pour réaliser ces objectifs est effectué et un classement de ces moyens par ordre d'efficacité est également réalisé. Cette phase aboutit à déterminer pour chaque objectif le couple avantages/coûts.*

- ***Dans la troisième phase,** l'on classe les demandes des ministères en fonction des résultats des deux premières phases, c'est-à-dire la priorité en fonction des objectifs (politiques, économiques, sociaux, ...) et en fonction des avantages/coûts.*

- ***Dans la quatrième phase,** un projet de budget est établi en fonction de tout ce qui précède, c'est-à-dire un budget arrêté sur la base des* *objectifs prioritaires du Gouvernement et suivant les avantages/coûts de chaque dépense.*

Comme avantages, la RCB permet d'éviter de reconduire automatiquement chaque année tous les crédits votés et de les réévaluer en fonction de nouvelles données disponibles et des nouvelles priorités du Gouvernement. En outre, elle compare les coûts/avantages et ne choisit que les mesures les plus efficaces et les plus avantageuses.

Toutefois, elle comporte des inconvénients. En effet, il est difficile sinon inapproprié de vouloir à tout prix réduire à des considérations techniques et scientifiques ce qui est souvent hautement politique. La RCB donne un peu trop de pouvoirs aux techniciens du budget alors que le budget est un choix politique.

- *1.4.2-/ L'évaluation des recettes ordinaires*

a) Modes d'évaluation

Depuis le XIXème siècle, la pratique budgétaire a utilisé 3 modes d'évaluation : le **mode de pénultième année** ; le **mode des corrections** et le **mode d'évaluation directe**.

- *Le mode de pénultième année*

On prend comme base d'évaluation de l'année à venir des recettes effectivement réalisées l'année précédente. En réalité, c'est deux ans avant l'année du budget en préparation.

Exemple : lors de la préparation du budget 2016, on prendra comme base les recettes réalisées en 2014. Pourquoi ? Parce que le budget 2016 est préparé au cours de l'année 2015 et on ne connaît pas les recettes réalisées en 2015. C'est celles de 2014 qui sont connues et donc c'est celles-là qui sont utilisées.

- *Le mode des corrections*

C'est une variante de la pénultième année. En fait, c'est la pénultième année assortie de correction qui, il faut l'admettre, se limite à ajouter aux recettes effectives réalisées, une progression correspondant au taux moyen des cinq dernières années. Ainsi, on appliquerait aux recettes effectives réalisées en 2014 le taux moyen annuel de progression des recettes depuis 2010.

- *La méthode d'évaluation directe*

C'est une évaluation basée sur des prévisions économiques projetées pour l'année consommée. Cette méthode est surtout utilisée pour des estimations de recettes fiscales.

Cette méthode part d'abord du cadrage macroéconomique du secteur réel où le Produit Intérieur Brut (PIB) ainsi que l'ensemble de ses composantes (Importations, Exportations, Consommation finale, investissements) sont projetés pour l'année n. Ces agrégats qui correspondent respectivement à des assiettes fiscales pour différentes types de recettes fiscales sont utilisés par application de taux apparents pour déterminer les différentes recettes fiscales de l'État de l'année n. La projection des recettes fiscales est rendue possible grâce à un Modèle Fiscal.

Selon la Loi organique ivoirienne relative aux Lois de Finances, et les textes de l'UEMOA, le projet de loi de finances de l'année est élaboré par référence à un Document de Programmation Budgétaire et Économique Pluriannuelle (DPBEP) couvrant une période minimale de trois ans[11]. Sur la base d'hypothèses économiques précises et justifiées, le DPBEP évalue le niveau global des recettes attendues de l'État, décomposées par grandes catégories d'impôts et de taxes et les dépenses budgétaires décomposées par grandes catégories de dépenses. Le DPBEP évalue également l'évolution de l'ensemble des ressources, des charges et de la dette du secteur public en détaillant, en particulier les catégories d'organismes publics, notamment les collectivités décentralisées, les établissements publics à caractères administratifs et les organismes de protection sociale.

b) <u>Difficultés rencontrées</u>

L'évaluation des recettes reste très difficile en raison notamment :

- des facteurs climatiques ;
- des facteurs naturels ;
- des facteurs économiques (fluctuation des cours mondiaux, baisse de la production, etc.) ;
- des facteurs sociaux ;
- des facteurs techniques d'appréciation des rendements des recettes ;
- du poids du secteur informel.

[11] Cf. article 53 de la Loi organique ivoirienne relative aux Lois de Finances.

Les incertitudes sont relativement trop pesantes sur l'activité de prévisions des recettes et des dépenses publiques en Afrique.

Document de Programmation Budgétaire et Economique Pluriannuelle

Le document de Programmation Budgétaire et Économique Pluriannuelle (DPBEP) est l'instrument de programmation pluriannuel glissante pour l'ensemble des recettes et des dépenses. Il couvre une période minimale de trois (03) ans dont la première année correspond à l'exercice visé par le projet de loi de finances que le DPBEP accompagne. Le DPBEP se compose de deux (02) parties : une partie présentant les recettes attendues décomposées par grandes catégories d'impôts et de taxes et une autre partie consacrée aux dépenses budgétaires décomposées par grande catégories de dépenses. Il comprend :

- *le cadrage macroéconomique à moyen terme ;*
- *le cadrage budgétaire à moyen terme ;*
- *le Tableau des Opérations Financières de l'Etat (TOFE) prévisionnel à moyen terme ;*
- *la situation financière des entreprises publiques ;*
- *l'évolution de la dette du secteur public ;*
- *les objectifs d'équilibre budgétaire et financier sur le moyen terme en application des dispositions du pacte de convergence, de stabilité, de croissance et de solidarité.*

Lettre de Cadrage

La lettre de cadrage du Premier Ministre, qui indique les orientations de l'action Gouvernementale, notifie les enveloppes budgétaires aux Institutions, Ministères sectoriels et collectivités décentralisées. Elle est préparée par la Direction Générale du Budget et des Finances.

Calendrier de la préparation du budget

Conformément au décret n° 2013-461 du 19 Juin 2013, déterminant le processus annuel d'élaboration du budget de l'État, le calendrier de préparation du Budget est le suivant :

Mi-mars : le programme d'Investissement Publics est élaboré et validé par le ministre chargé du Plan.

Mars : Élaboration et validation du cadrage macroéconomique par le Ministre en charge du budget.

Avril : Élaboration et validation du cadrage budgétaire par le Ministre en charge du budget.

Juin : le Premier Ministre ou le Ministre en charge du budget notifie aux différents Présidents d'institutions et ministres par le biais de la lettre de cadrage, leur enveloppe budgétaire en précisant les conditions dans lesquelles doivent être formulées leurs propositions budgétaires pour l'année à venir, dans les limites des plafonds qui leur sont fixés.

Juillet : Tenue des conférences internes au sein des institutions et ministères et transmission à la Direction Générale du Budget et des Finances des premières propositions de budget des institutions et Ministères .

Août : conférence budgétaire où les DAAF des ministères viennent justifier et défendre leurs propositions. La conférence budgétaire est en général présidée par le Directeur Général du Budget et regroupe, outre les services du Budget, tous les DAAF des Ministères, la Direction du Programme d'Investissements Publics (PIP) et la Direction Générale du Portefeuille de l'État.

Il est important de noter que ni le Directeur Général du Budget ni même le Ministre de l'Économie et des Finances n'a de « droit de véto » sur les propositions des ministères.

Fin août et après la conférence : un avant-projet de budget est établi par la Direction Générale du Budget et transmis au Ministre en charge du budget, accompagnés d'un état hiérarchisé de demande de crédits complémentaires et de leur justificatif.

Début septembre : Tenue des conférences ministérielles, au cours desquelles le Ministre chargé du budget recoit les présidents d'Institutions et les Ministres sectoriels pour recueillir leurs avis sur l'esquisse de leur budget et examine les questions éventuelles restées en suspens.

Deuxième quinzaine de septembre : le projet de budget est transmis en Conseil des Ministres pour examen et approbation.
Avant fin septembre : transmission, sous forme de projet de Loi de Finances, au Parlement pour examen et adoption.

Section 2 : Adoption du projet de loi de finances par le Parlement

Arrêté en Conseil des Ministres, le projet de loi de finances de l'année est déposé sur le bureau du Parlement à sa dernière session de l'année dite session budgétaire qui s'ouvre au début du mois d'octobre. Le projet de loi de finances est accompagné de documents dont l'objectif est d'informer le Parlement. Parmi ces documents on distingue :

- le projet de loi de règlement et son rapport de présentation ;
- l'annexe fiscale ;
- le catalogue des mesures nouvelles ;
- le budget des Établissements Publics Nationaux (EPN) ;
- le budget des représentations ivoiriennes à l'extérieur ;
- les opérations et dotations transférées aux collectivités ; et
- le rapport économique et financier (REF).

Pour une présentation détaillée de ces documents, voir structure du projet de loi de finance au chapitre II / Section 2.

Mais avant d'être examiné en séance plénière, le projet de loi de finances de l'année est soumis d'abord aux commissions techniques permanentes, ensuite à la commission des finances.[12]

2.1. Discussions devant les Commissions

Le projet de loi de finances est d'abord soumis aux commissions techniques, chacune pour la partie qui la concerne (par exemple le projet de budget sur l'agriculture à la commission de développement rural, etc.).

2.1.1-/ Discussions au niveau des commissions permanentes spécialisées

Les commissions techniques sont saisies pour avis avant la commission des finances qui interviendra également pour avis, mais seulement dans une deuxième phase.

Les commissions techniques ou spécialisées n'examinent que les seuls projets de budget de dépenses des ministères. En général, ces commissions profitent pour examiner la politique d'ensemble du ministère concerné.

---

[12] Cf. articles 45, 53 et 54 de la Loi organique relative aux Lois de Finances.

2.1.2-/ Discussions au niveau de la commission des finances

Les conclusions des commissions techniques sont versées aux débats de la commission des finances. La commission des finances examine tous les éléments composant la loi des finances. Ainsi, elle examine :

- le projet de budget des dépenses ordinaires des ministères ;
- le projet de budget des dépenses des pouvoirs publics ;
- le projet de budget des dépenses communes.
- le projet de budget de recettes ordinaires ;
- le projet de budget de recettes extraordinaires ;
- le projet de budget d'investissement ;
- le projet de liste des comptes spéciaux.

La réunion de la commission des finances s'ouvre sur l'exposé liminaire du Ministre de l'Économie et des Finances destiné à éclairer les membres de la commission des finances sur les grandes lignes des projets de loi de finances et sur les intentions du Président de la République.

Après l'exposé, s'engagent alors des discussions qui portent d'abord sur les recettes, ensuite sur les dépenses et enfin sur les comptes spéciaux du Trésor. La discussion sur les recettes fait l'objet de très peu de débats puisqu'il s'agit, le plus souvent, d'une liste d'impôts classiques.

Pour la discussion sur les dépenses, certaines dépenses non examinées par les commissions techniques (dépenses des institutions de la République, dépenses communes) sont discutées en commission. Les dépenses des ministères déjà examinées en commissions techniques sont passées en revue en commissions des finances, en présence du Ministre en charge des Finances assisté des ministères techniques concernés.

Les discussions sur les comptes spéciaux du Trésor, veillent à ce que les comptes spéciaux soient limités aux seules opérations financières, « à titre provisoire » ou « à titre occasionnel », et qu'ils ne comportent pas des opérations de dépenses à caractère permanent.

2.2. Vote devant l'Assemblée Nationale

L'Assemblée Nationale se réunit en plénière pour débattre du projet de loi de finances et procéder à son adoption. Le Gouvernement, à travers le Ministre de l'Economie et des Finances ou du Budget et un certain nombre de ministères dépensiers, assiste à cette réunion et peut être invité à intervenir pour répondre à des questions et apporter des précisions.

La réunion s'ouvre par la lecture du rapport de la commission des finances.

2.2.1-/ Modalité de discussion et de vote

Il y a d'abord une discussion générale et puis intervient la séance de vote qui se présente comme suit :

- *au niveau des recettes, le vote se fait chapitre par chapitre (ou programme par programme) pour le budget ordinaire, puis un vote annexe par annexe pour les budgets annexes et enfin un vote catégorie par catégorie pour les comptes spéciaux du Trésor ;*

- *au niveau des dépenses, concernant le budget général, le vote est unique pour les services votés. Par contre, en ce qui concerne les mesures nouvelles, il est fait chapitre par chapitre (ou programme par programme). Le budget des annexes et des comptes spéciaux est voté de la même manière qu'au niveau des recettes.*

Selon les directives de l'UEMOA, lorsque l**e projet de loi de finances de l'année** a été déposé dans les délais sur le bureau du Parlement, il doit être adopté au plus tard à la date de clôture de la session budgétaire. Parallèlement, selon l'article 60 de la Loi organique ivoirienne relative aux Lois de Finances, il doit être adopté dans un délai de soixante-dix (70) jours. A défaut, il peut être mis en vigueur par ordonnance.

Les évaluations de recettes font l'objet d'un vote d'ensemble pour le budget général. Les crédits du budget général font l'objet d'un vote par programme et d'un vote par dotation. Les votes portent à la fois sur les autorisations d'engagement et les crédits de paiement. Les plafonds des autorisations d'emplois rémunérés par l'État font l'objet d'un vote unique. Les évaluations de recettes font l'objet d'un vote d'ensemble par budget annexe et par compte spécial du Trésor. Les crédits des budgets annexes et des comptes spéciaux font l'objet d'un vote par budget annexe et par compte spécial du Trésor. Les évaluations de ressources et de charges de trésorerie font l'objet d'un vote unique.[13]

Dès la promulgation de la loi de finances de l'année ou la publication de l'ordonnance, le Gouvernement prend les dispositions réglementaires ou administratives portant répartition des crédits du budget général, des budgets annexes et des comptes spéciaux, selon la nomenclature en vigueur.[14]

---

[13] Cf. article 63 de la Loi organique relative aux Lois de Finances.
[14] Cf. article 64 de la Loi organique relative aux Lois de Finances.

2.2.2-/ Limite du droit d'amendement des parlementaires

Comme toute loi, les députés ont en principe, un droit d'amendement sur la loi des finances. Mais le budget n'est pas n'importe qu'elle loi. C'est l'aspect chiffré, les moyens de la politique du Gouvernement et du Président de la République. Alors, plusieurs solutions suivant les régimes, suivant les pays et les rapports de force entre l'exécutif et le législatif, existent.

Ainsi, les parlementaires peuvent modifier le projet de loi de finances comme ils le veulent dans les pays comme l'Allemagne, la Belgique, l'Autriche ou le Danemark. Dans certains pays comme l'Argentine, le Canada, la Thaïlande ou la Zambie, ils ne peuvent que réduire les dépenses mais non les accroître. Par contre ils peuvent réduire ou accroître les dépenses en Inde, en Espagne et en Grande Bretagne.

En Côte d'Ivoire, en France, en Tunisie, au Sénégal, les députés peuvent réduire ou accroître les dépenses ou les recettes, à condition de proposer les mesures compensatrices, mais celles-ci doivent être acceptées par le Gouvernement.

Enfin, dans certains pays comme l'Australie et la Syrie, les parlementaires n'ont aucun droit d'amendement sur le budget.

2.2.3-/ Dispositions en cas de défaut d'adoption du budget dans les délais requis

Le nouveau budget entre en vigueur le 1er janvier de l'année d'exercice. Ce délai peut ne pas être respecté soit parce que le Gouvernement n'a pas ou ne peut pas déposer le projet de loi de finances, pour quelque raison que ce soit, soit parce que l'Assemblée Nationale ne s'est pas réunie (ne peut pas se réunir) ou ne peut pas voter le budget.

Il y a alors deux (02) solutions :

- Le Président de la République prend une ordonnance qui vaut adoption du budget. Du reste cette situation s'est passée plusieurs fois en Côte d'Ivoire dans les années 2000 à 2010. Ces ordonnances doivent être ratifiées ultérieurement par le parlement, à sa prochaine session.
- Lorsque l'indisponibilité du budget est juste temporaire, alors, le Président de la République met le budget en œuvre par le 12ème provisoire (le budget de l'année d'avant, divisé par 12, donc une

mensualisation du budget), le temps que le budget de l'année soit adopté.[15]

Au sein de l'UEMOA, si le projet de loi de finances n'a pas pu être voté avant le début de l'année financière, le Gouvernement est autorisé, conformément aux dispositions constitutionnelles en vigueur, à continuer de percevoir les impôts et à reprendre en dépenses le budget de l'année précédente par douzième provisoire.

2.3. Limites du pouvoir budgétaire du Parlement

Pendant longtemps, partout dans le monde, l'autorisation parlementaire était considérée comme la clé de voûte du droit budgétaire. Mais l'avènement des finances publiques modernes a dilué le rôle du parlement, limitant son pouvoir budgétaire au profit du pouvoir économique et financier de l'exécutif. La réforme budgétaire renforce le pouvoir de contrôle du parlement sur l'exécutif en vue d'améliorer la transparence des finances publiques.

2.3.1-/ Déclin du pouvoir budgétaire du parlement

Le pouvoir du législateur en matière de contrôle et de vote du budget est de plus en plus encadré afin de permettre au Gouvernement de conduire efficacement son programme d'activité. Ainsi, les députés ne disposent que d'un temps limite pour voter le budget. Au-delà, le Président de la République est autorisé à prendre une ordonnance pour adopter le budget de l'année.

En outre, les députés ne peuvent pas, en réalité, apporter des modifications de fond au projet de budget puisqu'ils sont astreints dans ce cas, à trouver des ressources compensatrices ou de couverture, ce qui n'est pas évident pour des députés, surtout qu'ils n'ont aucun pouvoir, sur les services compétents de l'administration. En effet, le parlement ne dispose pas, comme le Gouvernement, des informations requises et des compétences nécessaires pour trouver des alternatives budgétaires à ses propositions.

2.3.2-/ Renforcement du pouvoir financier de l'exécutif

La solidarité due à l'appartenance au même parti politique (Gouvernement/parti majoritaire au parlement), constitue la raison déterminante du déclin du pouvoir budgétaire de l'assemblée nationale.

---

[15] Cf. article 60 de la Loi organique relative aux Lois de Finances.

En effet, les députés du parti majoritaire au parlement se croient toujours obligés de soutenir les actions du Gouvernement. De plus, plusieurs dispositions réglementaires et légales permettent au Gouvernement de modifier les dotations budgétaires en fonction de l'intérêt des services. Ainsi, les transferts de crédits, les virements de crédits, les reports de crédits sont autant de procédures légales qui permettent à l'exécutif de bouleverser la physionomie du budget voté. Mieux encore, l'exécutif peut même modifier le montant des dépenses budgétaires sans passer au préalable devant l'Assemblée Nationale, utilisant dans certaines situations précises, la procédure de décrets d'avance. Le décret d'avance est le décret qui autorise le paiement de dépenses de l'État en dépassement de crédits ouverts par la loi de finances de l'année, sous réserve de ratification par la suite ou de prise en compte dans les lois rectificatives.[16]

---

[16] Cf. articles 22, 23, 24, 25, 26 27 et 28 de la Loi organique relative aux Lois de Finances.

CHAPITRE V

EXECUTION DU BUDGET

Le budget de l'État devra entrer en vigueur le 1er Janvier. Aussi, le budget devra-t-il être voté par l'Assemblée Nationale et promulgué par le Président de la République au plus tard le 31 décembre.

Section 1 : Organisation et principes de l'exécution du budget dans les pays de l'UEMOA

1.1 . Acteurs intervenant dans l'exécution du budget

Les opérations d'exécution du budget de l'État incombent aux ordonnateurs, aux contrôleurs financiers et aux Comptables Publics. Les fonctions d'Ordonnateur et celles de comptable public sont incompatibles. Est ordonnateur, toute personne ayant qualité au nom de l'État de prescrire l'exécution des recettes et/ou des dépenses inscrites au budget. Les ordonnateurs prescrivent l'exécution des dépenses et à ce titre émettent les ordres de mouvement affectant les biens et matières de l'État. Ils sont accrédités auprès des comptables publics assignataires des opérations dont ils prescrivent l'exécution.

1.1.1-/ Ordonnateurs principaux et ordonnateurs délégués au plan central

Le Ministre chargé du Budget est **ordonnateur principal unique** des recettes du budget général, des comptes spéciaux du Trésor et de l'ensemble des opérations de trésorerie. Il prescrit l'exécution des recettes, constate les droits de l'État, liquide et émet les titres de créances correspondants. Il est ordonnateur principal des crédits, des programmes et des budgets annexes de son ministère.[17]

Il est responsable de l'exécution de la loi de finances et du respect de l'équilibre budgétaire et financier défini par celle-ci. A ce titre, il dispose

[17] Cf. article 70 de la Loi organique ivoirienne relative aux Lois de Finances.

d'un pouvoir de régulation budgétaire qui lui permet, au cours de l'exécution du budget d'annuler un crédit pour prévenir une détérioration de l'équilibre budgétaire et financier de la loi de finances ou un crédit devenu sans objet, au cours de l'exercice. Il peut, en outre, subordonner l'utilisation des crédits par les ordonnateurs aux disponibilités de trésorerie de l'État.[18]

Les Ministres et les Présidents des Institutions Constitutionnelles sont Ordonnateurs principaux des crédits, des programmes et des budgets annexes de leur ministère ou de leur institution, sous réserve du pouvoir de régulation des crédits budgétaires et de gestion de la trésorerie de l'État et du pouvoir du contrôleur financier. Ils exercent leurs attributions d'ordonnateur par le moyen d'ordonnateurs délégués au niveau des administrations centrales et d'ordonnateurs secondaires au niveau des services déconcentrés de l'État.[19]

Les Directeurs des établissements publics nationaux sont ordonnateurs principaux des recettes et des dépenses de ces établissements. Ils peuvent déléguer leurs pouvoirs dans les conditions prévues par les lois et règlements régissant les établissements publics. Dans le cadre de cette politique de délégation, les ordonnateurs délégués notifient les crédits ouverts en autorisation d'engagement aux administrateurs de crédits délégués, dans un délai fixé par arrêté du Ministre chargé des finances.

En matière d'ordonnancement, l'ordonnateur délégué vérifie :

- *la signature de l'administrateur de crédit délégué, et la certification effective du service fait ;*
- *la conformité de l'objet du mandatement à celui de l'engagement dont il procède ;*
- *le mode de règlement.*
- *L'ordonnateur délégué dispose, pour émettre les mandats de paiements, d'un délai fixé par arrêté du Ministre chargé des finances.*

1.1.2-/ Les administrateurs de crédits et administrateurs de crédits délégués

- *L'administrateur de crédits propose la dépense dans la limite du montant du crédit prévu dans la loi de finances, dans le respect du rythme de communication fixé par l'ordonnateur. A cet égard, l'administrateur juge de l'opportunité de la dépense.*

---

[18] Cf. article 71 de la Loi organique relative aux Lois de Finances.

[19] Cf. article 68 de la Loi organique relative aux Lois de Finances.

- *La mise en œuvre des dépenses des ministères est assurée par des administrateurs de crédits délégués qui sont des chefs d'unités administratives ou de groupes homogènes d'unités administratives (directeurs ou chefs de service). Les administrateurs de crédits délégués sont identifiés dans la nomenclature budgétaire de l'État par la destination administrative pour les dépenses des pouvoirs publics, de l'administration centrale, des services centralisateurs et des projets d'investissement.*

- *Les Directeurs des Affaires Administratives et Financières sont administrateurs de crédits délégués du ministère auprès duquel ils exercent pour les dépenses de transfert au profit de tiers publics ou privés et les délégations de crédits au profit des administrations régionales. Le Directeur de la Dette est administrateur de crédits délégué pour les dépenses relatives au remboursement de la dette, et aux pertes de change qui y sont liées. Le Directeur de la Solde est administrateur de crédit délégué pour les dépenses de personnel et les dépenses centralisées qu'il gère. Les Directeurs Généraux des régies financières sont administrateurs de crédits délégués au titre du remboursement des droits et taxes. Les administrateurs de crédits des dépenses des comptes spéciaux du Trésor sont désignés par arrêté du Ministre chargé des finances.*

- *Les signatures des administrateurs de crédits délégués sont déposées chez l'ordonnateur délégué auprès duquel ils sont accrédités, chez le contrôleur financier compétent et chez le comptable assignataire.*
- ***Les projets d'investissement, financés en tout ou partie sur ressources extérieures,** ne peuvent faire l'objet de demande d'engagement tant que les **financements ne sont pas mobilisés.** Les dépenses engagées non ordonnancées à la fin de l'exercice, font l'objet de demandes de réengagement sur l'exercice suivant, sur autorisation du Ministre chargé des finances, visée du contrôleur financier.*

- *Après réalisation des prestations, les administrateurs de crédits délégués reçoivent les factures définitives, mémoires et décomptes, procèdent à la liquidation de la dépense, certifient le service fait, et mentionnent ou contrôlent le mode de règlement.*

- ***Les administrateurs de crédits délégués sont responsables des certifications données.** Ils transmettent les pièces de dépenses pour ordonnancement à l'ordonnateur délégué auprès duquel ils sont rattachés, dans un délai fixé par arrêté du Ministre chargé des finances.*

1.1.3-/ Les contrôleurs Financiers au plan central

Le contrôle administratif à priori des dépenses du budget général et des comptes spéciaux du Trésor au plan central est exercé par la Direction du contrôle financier. Tous les actes des ordonnateurs portant engagement de dépenses, notamment les marchés publics ou contrats, arrêtés, mesures ou décisions émanant d'un ordonnateur, sont soumis au visa préalable du Contrôleur financier. Le contrôle financier vise, diffère ou rejette les engagements et les ordonnancements dans un délai fixé par arrêté du Ministre chargé des finances.

En matière d'engagement, il contrôle la qualité de l'administrateur de crédits délégué et l'ordonnateur de crédits délégué, le respect de l'exacte imputation des dépenses et la limite des autorisations d'engagement, la conformité aux lois et règlements en vigueur, et donne un avis sur les conséquences que les dépenses proposées peuvent avoir sur les finances publiques.

Pour ce qui concerne les engagements de dépenses des projets d'investissement financés en tout ou partie sur ressources extérieures, le contrôleur financier s'assure de la mobilisation préalable de ces ressources. Il vérifie que les contrats ou marchés en cours, qui s'exécutent d'un exercice à l'autre, font l'objet de réengagement prioritaire sur le nouvel exercice, et que les dépenses engagées non ordonnancées dont la reprise a été autorisée par le Ministre chargé des finances, sont réengagées sur le nouvel exercice.

Si les engagements présentés lui paraissent entachés d'irrégularités, le contrôleur financier diffère ou refuse son visa. Le refus de visa d'un mandat par le contrôleur financier interdit à l'ordonnateur et au comptable assignataire d'en exécuter le paiement. Il reconstitue automatiquement la disponibilité des crédits de l'ordonnateur délégué sur l'engagement concerné en mandatement sur la ligne budgétaire concernée. Le cas échéant, le Ministre chargé des finances peut passer outre le refus de visa.

1.1.4-/ les comptables assignataires au plan central

a) Le r ôle du comptable public

Les comptables assignataires des dépenses du budget général de l'État sont le Payeur Général du Trésor pour les dépenses ordinaires, à l'exception de la dette, le Payeur Général des Armées pour les dépenses des armées, PGIR, PGSP, PGE. Les interventions et programmes gérés en comptes spéciaux du Trésor (comptes d'affectation spéciale) sont assignés sur la caisse de l'Agent Comptable de la Dette Publique. Les autres opérations sur comptes spéciaux du Trésor sont assignées sur la caisse de l'Agent Comptable Central du Trésor.

Les comptables assignataires des dépenses du budget général de l'État et des comptes spéciaux du Trésor procèdent au visa, à la prise en charge et au règlement des mandats visés du contrôleur financier, qu'ils reçoivent des ordonnateurs délégués. Responsables pécuniairement et personnellement des paiements qu'ils effectuent, ils procèdent au contrôle de la qualité de l'ordonnateur délégué, de l'exacte imputation budgétaire, de la disponibilité des crédits, de la régularité des pièces justificatives, de leur conformité aux lois et règlements en vigueur, de la qualité des personnes habilitées à la certification du service fait, du visa du contrôleur financier, du caractère libératoire du règlement et de l'absence d'opposition au paiement.

Si les mandats transmis lui paraissent entachés d'irrégularités, le comptable diffère ou refuse son visa. Le comptable refuse également son visa s'il peut établir que les certifications mentionnées dans les pièces justificatives en sa possession sont inexactes.

En cas de désaccord persistant entre l'ordonnateur et le comptable, le dossier est présenté devant le ministre des finances.

Si malgré ce rejet, le ministre chargé des finances donne ordre au comptable, d'effectuer le paiement, et si le rejet n'est modifié que par l'omission ou l'irrégularité des pièces, le comptable procède au paiement, sans autre délai. En ce cas, un nouveau mandat est établi dans le « SIGFIP » par l'ordonnateur délégué, faisant référence au mandat rejeté et au rejet du comptable. Le comptable ne peut déférer à l'ordre de payer du Ministre dès lors que le refus de visa est motivé par l'absence de crédits disponibles, une imputation budgétaire erronée, l'absence de service fait ou le caractère libératoire du règlement.

Le refus de visa d'un mandat par le comptable assignataire interdit la prise en charge du mandat dans ses écritures et a fortiori, son paiement. Ce refus de visa reconstitue automatiquement la disponibilité des crédits de l'ordonnateur délégué et du contrôleur financier sur l'engagement concerné en mandatement, sur la ligne budgétaire concernée. Hormis les avances aux régisseurs et les dépenses payables sans ordonnancement au préalable, aucune dépense ne peut être payée sans avoir fait l'objet d'émission d'un mandat préalablement pris en charge dans les écritures du comptable assignataire.

b) Catégories de comptables publics selon les directives de l'UEMOA

Est **comptable public** tout agent public régulièrement habilité pour effectuer, à titre exclusif, au nom de l'État ou d'un organisme public, des opérations de recettes, de dépenses ou de maniement de titres, soit au moyen de fonds et valeurs dont il a la garde, soit par virement interne d'écritures, soit par l'intermédiaire d'autres comptables.

Est **comptable de fait**, toute personne qui, sans avoir la qualité de comptable public ou sans agir sous contrôle et pour le compte d'un comptable public, s'immisce dans la gestion de deniers publics.

Les différentes catégories de comptables publics sont :

- les comptables deniers et valeurs ;
- les comptables d'ordre.

Les **comptables deniers et valeurs** sont des personnes habilitées, affectées au maniement et à la conservation des fonds publics, des valeurs qui sont des valeurs de portefeuille, bons, traites, obligations, rentes et actions de société.

Les comptables deniers et valeurs sont :

- les comptables directs du Trésor ;
- les comptables des administrations financières ; et
- les agents comptables des établissements publics.

Les **comptables d'ordre** sont ceux qui centralisent et présentent, dans leurs écritures et leurs comptes, les opérations financières exécutées par d'autres comptables. Toutefois, les fonctions de comptable d'ordre ne sont pas incompatibles avec celles de comptable deniers et valeurs.

Le **comptable supérieur** est le comptable qui a sous son autorité hiérarchique un ou des comptables subordonnés. Le **comptable principal** rend ses comptes à la Cour des comptes. Le **comptable secondaire** est celui dont les opérations sont centralisées par un comptable principal auquel il rend compte.

Le **comptable public** des deniers et valeurs est seul habilité à effectuer les opérations suivantes :

- la prise en charge et le recouvrement des rôles, titres de perception, bulletins de liquidation et ordres de recettes non fiscales qui lui sont remis par un ordonnateur, des créances constatées par un contrat ou un marché public, un titre de propriété ou tout autre titre ou acte dont il assure la conservation ainsi que l'encaissement des droits au comptant et des recettes de toute nature que les administrations publiques sont habilitées à recevoir ;

- le visa, la prise en charge et le règlement des dépenses, soit sur ordre émanant d'un ordonnateur accrédité, soit au vu des titres présentés par les créanciers, soit de sa propre initiative, ainsi que la suite à donner aux oppositions et autres significations ;
- la garde et la conservation des fonds, valeurs, titres et matières appartenant ou confiés à l'État ou aux autres administrations publiques ;
- le maniement des fonds et les mouvements des comptes de disponibilités ;
- la conservation des pièces justificatives des opérations et des documents de comptabilité ;
- la tenue de la comptabilité du poste qu'il dirige.

Sous l'autorité du ministre chargé des finances, les comptables directs du Trésor, principaux ou secondaires, exécutent toutes opérations budgétaires, financières, et de trésorerie de l'État, des budgets annexes et des comptes spéciaux du Trésor.

Les **comptables des administrations financières** des Impôts et des Douanes sont des fonctionnaires ou agents ayant qualité de comptables deniers et valeurs et chargés en particulier du recouvrement d'impôts, de droits, de redevances et de recettes diverses, ainsi que des pénalités fiscales et des frais de poursuites, dans les conditions fixées par le Code général des impôts, le Code des douanes, le Code du domaine de l'État, ainsi que les lois et règlements.

Les comptables publics sont accrédités auprès des ordonnateurs ainsi que, le cas échéant, des autres comptables publics avec lesquels ils sont en relation. Ils peuvent déléguer leurs pouvoirs à un ou plusieurs mandataires ayant qualité pour agir en leur nom et sous leur responsabilité. Sauf dérogation autorisée par le ministre chargé des finances, le mandataire doit être choisi parmi les agents du poste. Le mandataire est accrédité dans les mêmes conditions que le comptable titulaire.

Les comptables publics procèdent à l'arrêté périodique de leurs écritures dans les conditions fixées par la réglementation comptable en vigueur. Au 31 décembre de chaque année, ils procèdent obligatoirement à l'arrêté de toutes les caisses publiques. A cette date, il est établi un procès-verbal constatant et détaillant l'état de l'encaisse et des valeurs ainsi que celui des comptes de dépôts justifiés par un état de rapprochement.

1.1.5-/ Acteurs locaux ou déconcentrés :

Les crédits ouverts au plan central peuvent être délégués aux services déconcentrés de l'État dénommés « administrations générales », aux ambassades, et aux représentations économiques à l'étranger. Les délégations de crédits, sous forme de délégation-engagement ou délégation-ordonnancement sont adressées par l'ordonnateur délégué au plan central à un ordonnateur secondaire.

Les ordonnateurs secondaires sont désignés par les textes en vigueur. Les chefs de projets d'investissement peuvent être désignés ordonnateurs secondaires, par arrêté du Ministre chargé des finances.

Tous les actes de dépenses des ordonnateurs secondaires sont soumis au visa du contrôleur financier local et sont assignés sur la caisse du comptable du Trésor territorialement compétent. Le comptable du Trésor territorialement compétent, y compris à l'étranger, assure la fonction de contrôleur financier en l'absence de contrôleur financier local.

Les administrateurs de crédits délégués, les ordonnateurs délégués et secondaires, les contrôleurs financiers centraux et locaux, et les comptables assignataires tiennent la comptabilité de leurs opérations, selon les règles de la comptabilité publique.

Section 2 : Principes et procédures de l'exécution du budget

2.1. Principe de séparation entre les administrateurs, les ordonnateurs et les comptables

Les opérations d'exécution du budget sont divisées en deux (02) phases distinctes : la phase administrative et la phase comptable. La phase administrative comprend, pour les dépenses, les opérations d'engagement, de liquidation et l'ordonnancement, et pour les recettes, les opérations d'assiette de liquidation et de l'émission de titre de perception. Cette phase est assurée par l'ordonnateur ou le liquidateur. Quant à la phase comptable, elle concerne, pour les dépenses, l'opération de paiement et pour les recettes, celle de recouvrement.

2.1.1-/ Enoncé et justifications du principe

a) Enoncé du principe

L'exécution du budget doit être confiée à deux (2) agents distincts hiérarchiquement indépendants l'un de l'autre et exerçant des compétences différentes mais complémentaires. Ce qui signifie que :

- *les fonctions d'ordonnateur et de comptable public sont incompatibles, contrairement aux fonctions d'administrateur et d'ordonnateur qui peuvent être cumulées*[20] *;*
- *les opérations effectuées par l'administrateur, l'ordonnateur et le comptable public ne sont pas les mêmes ;*
- *les administrateurs constatent et liquident les recettes, proposent l'engagement des dépenses et en préparent la liquidation ;*
- *les ordonnateurs prescrivent l'exécution des recettes, engagent les dépenses, en poursuivent la liquidation et en ordonnent le paiement ;*
- *les comptables publics assurent le recouvrement des recettes et le paiement des dépenses et la conservation des fonds.*

Il y a lieu de noter que les comptables publics sont les seuls, parmi les agents de l'État, à avoir le droit d'effectuer les encaissements et les décaissements, alors que les ordonnateurs qui leur adressent les ordres de paiement et de recouvrement ne peuvent, en aucune manière, manier les deniers publics.

- *Justifications du principe*

Plusieurs raisons fondent ce principe dont :

- *une raison de sécurité dans la gestion des deniers publics : en effet, si à l'occasion de l'exécution du budget, une même personne exécute l'ensemble des opérations relevant des deux phases, administrative et comptable, le risque de malversation n'est pas négligeable. La séparation de l'ordonnateur et du comptable peut être considérée comme une mesure de sécurité pour préserver la bonne gestion des deniers publics contre les mauvaises interventions éventuelles des exécutants.*

- *une raison de contrôle : la distinction entre ceux qui engagent, ceux qui ordonnent le paiement mais surtout ceux qui paient n'est pas fortuite. Elle est liée au développement et au renforcement des contrôles aussi bien pendant qu'après l'exécution du budget. En cas de problème, il faut pouvoir situer les responsabilités. Pour situer les responsabilités, il faut que les rôles des différents acteurs soient bien distincts.*

---

[20] Cf. Article 67 de la Loi organique relative aux Lois de Finances.

2.1.2-/ Exception au principe

Dans certains cas, des « agents de l'ordre administratif » (Régisseur, gestionnaire de fonds d'avances,...) exécutent, à la place des comptables publics, certaines opérations de recettes, de dépenses ou de trésorerie. En conséquence, ces « administrateurs-comptables » sont en fait des agents de l'ordre administratif qui manient les fonds publics, encaissent des recettes et payent des dépenses comme le font habituellement les comptables publics.

Prenons le cas particulier des régies d'avance, qui est d'ailleurs le cas plus courant. Les régies d'avance correspondent, en général aux menues dépenses des services, frais de correspondance, frais de transport (bus, taxi,...), avance sur frais de missions urgentes, etc. La régie d'avance est une caisse rattachée à un service public. Elle est destinée à recevoir des avances permettant à ce service de régler directement un certain nombre de petites dépenses, sans devoir passer par le réseau classique des comptables publics. L'existence des régies d'avance est rendue nécessaire par le fait que l'on trouve, dans les administrations publiques, des dépenses comme celles que nous avons citées plus haut qui se prêtent mal à une procédure d'exécution longue et minutieuse et pour lesquelles il faut aller vite. Pour les dépenses de cette nature, les administrations publiques doivent disposer sur place, des liquidités suffisantes pour pouvoir les régler rapidement.

La régie d'avance ne peut être créée que par arrêté du Ministre en charge du budget à la suite de la demande formulée par un de ses collègues qui sollicite la création d'une régie pour l'un de ses services. L'arrêté du Ministre en charge du budget fixe la nature de la dépense, le montant maximum de l'avance, le délai dans lequel les justifications d'emplois doivent être produites (mensuel, trimestriel), le montant du cautionnement imposé au régisseur et celui de l'indemnité de responsabilité qui lui est alloué. L'ordonnateur et le comptable de rattachement sont également désignés dans cet arrêté ministériel.

Procédures d'exécution du budget

Les opérations d'exécution du budget général de l'État et des comptes spéciaux du Trésor sont soumises aux règles de la comptabilité publique et obéissent à la procédure d'engagement préalable. On distingue deux principales étapes : la phase administrative et la phase comptable. **Tableau 2 : Schéma théorique d'exécution des opérations de dépenses et de recettes**

Phases \ Opérations	DEPENSES	RECETTES		
		FISCALES DIRECTES	FISCALES INDIRECTES	NON FISCALES
ADMINISTRATIVE	ENGAGEMENT • *Proposition* • *Confirmation ou Rejet*	ASSIETTE	ASSIETTE	ASSIETTE
	CONSTATION DU SERVICE FAIT ET LIQUIDATION	LIQUIDATION	LIQUIDATION	LIQUIDATION
	ORDONNANCEMENT	EMISSION DU TITRE DE PERCEPTION	PAS DE TITRE DE PERCEPTION	
COMPTABLE	PAIEMENT	RECOUVREMENT par les comptables directs du Trésor	RECOUVREMENT par les receveurs (comptables à compétence spéciale)	RECOUVREMENT par les régisseurs ou par les receveurs (comptables à compétence spéciale)

Source : De l'auteur.

2.2.1-/ Principes généraux d'exécution des recettes

Il est fait recette au budget général de l'État et des comptes spéciaux du trésor du montant intégral de tous les produits quelle qu'en soit la provenance, et sans contraction entre les recettes et les dépenses, les frais de perception et de règle, et les autres frais accessoires étant portés en dépenses aux dits budgets et comptes spéciaux du trésor (principe de l'universalité). Dans les conditions fixées pour chacune d'elles, les recettes sont constatées et liquidées, ordonnancées avant d'être prises en charge et recouvrées, à l'exception des recettes encaissées au comptant.

La liquidation a pour objet de déterminer le montant de la dette des redevables et doit indiquer les bases sur lesquelles elle est effectuée. Toute créance constatée et liquidée fait l'objet d'un acte formant titre de perception, émis par l'ordonnateur du budget qui en a seul l'initiative. En matière d'impôts directs et taxes assimilées, **les rôles** forment titre de perception. En matière d'impôts indirects et taxes assimilées, **les états de liquidation** forment titres de perception. Les redevances pour services rendus et les autres produits divers et éventuels du budget général de l'État et des comptes spéciaux du Trésor, sont perçus sur ordre de recette formant titres de perception des créances constatées par états de liquidation ou décisions administratives.

Par mesure de simplification, les recettes encaissées sur versement spontané des redevables, sont portées directement en recette budgétaire par les comptables assignataires ou centralisateurs du Trésor. Les actes formant titre de perception sont notifiés aux comptables pour prise en charge. Ils sont notifiés aux redevables par avis les informant de la date d'échéance et des modalités de règlement.

Les ordres de recette émis par l'ordonnateur compétent sont exécutoires de plein droit.

Les comptables ayant accepté la prise en charge des titres de perception sont chargés de leur recouvrement, sous leur responsabilité et dans les conditions fixées par les lois et règlements en vigueur. Les recettes sont prises en compte au titre du budget de l'année au cours de laquelle elles sont encaissées par un comptable public.

Toutes les recettes encaissées ou centralisées par le Receveur Général des Finances, l'Agent Comptable de la Dette Publique ou l'Agent Comptable Central du Trésor doivent être reprises dans le système « SIGFIP », afin d'obtenir les situations d'exécution budgétaire exhaustives en recettes.

2.2.2-/ Principes généraux d'exécution des dépenses [21]

Les dépenses de l'État doivent être autorisées au budget général ou aux comptes spéciaux du Trésor, et être conformes aux lois et règlements. Avant d'être payées, elles sont engagées et ordonnancées.

Toutefois, peuvent faire l'objet de paiements sans ordonnancement préalable, les remboursements de bons du Trésor, les annulations, reversements et restitutions, les dépenses consécutives à des jugements et condamnations non susceptibles de recours, les pertes de change et certains prélèvements d'office effectués sur les comptes de disponibilités du Trésor.

L'engagement est l'acte par lequel l'ordonnateur délégué ou l'ordonnateur secondaire créé ou constate à l'encontre de l'État, une obligation de laquelle résultera une charge. Il est limitatif et ne peut faire l'objet d'une dépense pour un montant supérieur sans un engagement complémentaire. L'engagement doit rester dans la limite des autorisations budgétaires et demeurer subordonné aux autorisations, avis et visas prévus par la réglementation en vigueur, notamment en ce qui concerne les marchés publics.

L'ordonnancement est l'acte par lequel l'ordonnateur donne l'ordre au comptable public de payer la dette de l'État, conformément aux résultats de la liquidation.

La liquidation a pour objet de vérifier la réalité de la dette et de déterminer le montant de la dépense. Elle ne peut être faite qu'au vu des pièces apportant la preuve des droits acquis par les créanciers. Sauf les cas d'avances ou de paiements préalables autorisés par les lois et règlements, les services liquidateurs de l'État ne peuvent arrêter les droits des créanciers, y compris pour ce qui concerne les acomptes sur marchés de travaux et de biens et services, qu'après constatations du service fait.

Le paiement est l'acte par lequel un comptable public se libère de la dette de l'État, par une remise aux créanciers de l'État d'espèces ou de chèque ou par virement. Les dépenses payables après engagement et ordonnancement sont réalisées soit selon la procédure normale, soit selon la procédure simplifiée spécifiée. Celles payées sans ordonnancement préalable, sont régularisées par un engagement et ordonnancement, selon la procédure simplifiée spécifique.

Toutes les dépenses font ainsi l'objet d'engagement et d'ordonnancement.

---

[21] Cf. Article 58 de la Loi organique portant code de transparence dans la gestion des Finances Publiques.

Les dépenses sont prises en compte au titre du budget de l'année au cours de laquelle les mandats sont visés par les comptables assignataires.

Section 3 : Exécution des recettes et des dépenses

3.1. Exécution des recettes

3.1.1-/ Procédures de recouvrement des recettes

a) <u>Enregistrement des émissions d'ordres de recettes</u>

Les émissions d'ordres de recette relatives aux annulations de dépenses des Directeurs des Affaires Administratives et Financières sont saisies dans le « SIGFIP ». Elles sont numérotées dans une série continue annuelle par ordonnateur délégué. Elles sont transmises pour prise en charge au Receveur Général des Finances qui en suit le recouvrement des « SIGFIP ». L'ordre de recette est également notifié au débiteur.

Les émissions d'ordres de recettes du Directeur de la Dette correspondant à des ressources de dons ou de prêts sur financements extérieurs sont saisies dans le « SIGFIP ». Numérotées dans une série continue annuelle, elles constituent l'imputation budgétaire du projet concerné, en destination et la nature de la recette. Elles mouvementent l'exécution budgétaire en engagements financiers des bailleurs de fonds sur le projet concerné, afin de produire les situations d'exécution des projets. Elles sont transmises pour prise en charge à l'Agent Comptable de la Dette Publique qui en suit le recouvrement. L'ordre de recette est également notifié au bailleur de fonds invité à produire les références de cet ordre de recette lorsqu'il mobilisera les fonds.

- *Encaissements sur ordres de recettes*

Les encaissements sur ordre de recette pris en charge dans le « SIGFIP » sont saisis par les comptables du Trésor. Ils font référence à l'ordre de recette initialement pris en charge. Les encaissements émargent les ordres de recettes appelés, enregistrent une recette budgétaire dans le « SIGFIP », et provoquent l'édition de déclarations de recettes nominatives.

Les encaissements relatifs à des ordres de recette ou des titres de perception autres que ceux pris en charge dans le « SIGFIP » doivent faire l'objet de saisies dans le « SIGFIP ». Enregistrés globalement, ils ne font pas référence à un an de recette mais ils enregistrent une recette budgétaire.

Les recettes au comptant encaissées ou centralisées par le Receveur Général des Finances, l'Agent Comptable de la Dette Publique ou l'Agent Comptable Central du Trésor, font l'objet d'enregistrements globaux par journée ou par période comptable, par nature de recette et par comptable assignataire ou mode d'encaissement.

Les opérations de recettes des États de l'UEMOA selon les textes, concernent les produits d'impôts, de taxes, de droits, les dons et les autres produits autorisés par les lois et règlements en vigueur ou résultant de décisions de justice ou de conventions.

Il est fait recette au budget de l'État du montant intégral de tous les produits, quelle qu'en soit la provenance, et sans contraction entre les recettes et les dépenses.

Les débiteurs de l'État ne peuvent pas se prévaloir de leurs créances vis-à-vis de l'État pour s'opposer au paiement de leurs dettes. Par contre, le comptable doit, préalablement à tout paiement, opérer la compensation légale entre les dettes et les créances assignées sur sa caisse.

3.2. Procédures d'exécution des dépenses

3.2.1-/ Ouverture des crédits

Les dépenses de l'État ne peuvent être engagées, ordonnancées et payées que lorsqu'elles ont fait l'objet d'une ouverture de crédits. Les crédits sont ouverts par la loi de finances. Ils sont spécialisés par section, chapitres ou sous chapitres. La mise à disposition des crédits est réalisée tant pour les chapitres, que pour les sous-chapitres, par arrêté du Ministre chargé des Finances, visé du Contrôleur Financier. Elle est conforme à la répartition des crédits figurant dans la loi de finances.

En deçà du niveau de spécialité des crédits, la mise à disposition des crédits est réalisée en deux temps :

- *Jusqu'à l'article inclu, par arrêté pris par le Ministre chargé des Finances/Budget et visé par le contrôleur financier. Cet acte réglementaire est réputé pris du seul fait de la promulgation de la loi de finances, conformément aux chiffres figurant dans l'annexe budgétaire à la loi de finances.*
-
- *A compter du paragraphe, par décision du Directeur Général du Budget, visée du Contrôleur Financier. Cet acte administratif est réputé pris du seul fait de la promulgation de la loi de finances, conformément aux chiffres figurant dans l'annexe budgétaire à la loi de finances ;*

Les crédits sont limitatifs au niveau où ils sont ouverts, c'est-à-dire au niveau de la ligne budgétaire, à défaut au niveau du paragraphe, ou à défaut au niveau de l'article. Cependant, les crédits des chapitres évaluatifs sur lesquels s'imputent la charge de la dette et les pertes de change qui y sont liées, les frais de justice et de séparation civile, les remboursements, dégrèvements et restitutions, peuvent faire l'objet de dépassement, régularisés au plus tard par la loi de règlement. Aucun transfert de crédits ne peut être effectué d'une dotation évaluative au profit d'une dotation limitative.

Les chapitres ouvrant des crédits globaux ne peuvent faire l'objet de consommations directes de dépenses. Pour être consommés, ces crédits doivent, au préalable, être transférés par arrêté du Ministre chargé des Finances/Budget, visé par le contrôleur financier, à destination des chapitres bénéficiaires. Les actes budgétaires ouvrant les crédits ou modifiant leur répartition sont adressés aux ordonnateurs délégués, aux contrôleurs financiers et aux comptables assignataires.

3.2.2-/ Procédure normale d'exécution des dépenses

- *Engagement*

L'administrateur de crédits délégué formule une démarche d'engagement qu'il soumet à l'ordonnateur délégué auprès duquel il est accrédité. La demande d'engagement est appuyée de toutes les pièces nécessaires à la détermination de l'engagement financier de l'État (facture pro forma, contrats ou marchés ayant reçu les différents visas règlementaires, par exemple). Cette demande ne peut venir en dépassement de l'autorisation d'engagement fixée dans le cadre de la régularisation des dépenses de l'État. Le montant des engagements des dépenses publiques est justifié différemment selon que la nature des dépenses concerne les dépenses ordinaires ou les dépenses en capital.

Pour ce qui concerne les dépenses en capital, le montant des demandes d'engagement des dépenses publiques doit correspondre au montant des pièces justificatives jointes, le cas échéant augmenté d'un montant provisionnel destiné à couvrir les dépenses inhérentes aux clauses contractuelles, notamment pour couvrir les variations de change ou des révisions de prix.

Concernant les dépenses ordinaires, le montant des engagements des dépenses publiques doit être limité au montant de dépenses prévisibles pour la période d'autorisation d'engagement ouverte. La limite du montant de l'engagement à la période considérée est explicitée dans l'objet de la dépense.

Au vu de la demande d'engagement qui lui est transmise par l'administrateur de crédits délégué, l'ordonnateur délégué émet un engagement informatisé, numéroté dans une série continue annuelle par ordonnateur délégué. Cet engagement revêt la forme d'un bon de commande ou de notification d'un marché ou d'un contrat, accompagné d'un ordre de service, s'agissant d'un marché ou d'un contrat. L'ordonnateur délégué le transmet, pour visa, au contrôleur financier, à l'appui d'un bordereau de transmission des engagements.

Après avoir obtenu le visa du contrôleur financier, l'ordonnateur délégué enregistre dans le SIGFIP la date de notification de la commande publique, et adresse au fournisseur cet engagement sous forme de bon de commande ou de notification de contrat ou de marché, accompagné d'un bordereau d'envoi de facture ou de décompte à retourner à l'administrateur de crédits délégué. L'État n'est pas engagé tant que le fournisseur, le prestataire de service ou l'entrepreneur n'a pas reçu le bon de commande ou la notification de contrat ou de marchés produit par le « SIGFIP », appuyé dans le cas des marchés de l'ordre de service, ces actes étant signés de l'ordonnateur délégué et visés du contrôleur financier.

- *L iquidation*

Après avoir exécuté ses prestations, le fournisseur adresse ses factures, mémoires ou décomptes à l'administrateur de crédits délégués concerné, à l'appui du bordereau d'envoi de factures, mémoires ou de décomptes. L'administrateur de crédits délégués vérifie les décomptes, et le mode de règlement, et certifie le service fait.

Lorsqu'à la suite d'erreurs ou d'omissions, le montant de la liquidation dépasse l'engagement correspondant, il doit être procédé à un engagement complémentaire.

Le dossier est ensuite transmis à l'ordonnateur délégué pour ordonnancement.

- *Ordonnancement*

L'ordonnateur délégué est seul compétent pour ordonnancer les dépenses. L'ordonnancement fait par un ordonnateur délégué se traduit par l'émission d'un mandat de paiement dans le « SIGFIP », numéroté dans une série continue annuelle par ordonnateur délégué. Celui-ci fait référence à l'engagement qui l'a généré et indique toutes les informations nécessaires à l'exécution du paiement, dont le mode de règlement.

L'ordonnateur délégué adresse le mandat et les pièces justificatives à l'appui d'un bordereau de transmission de mandats au contrôleur financier. Le cas échéant, les mandats sont accompagnés des bons de caisse, émis par l'ordonnateur, les autres titres de règlement étant émis après son visa, par le comptable.

Le contrôleur financier effectue les contrôles requis. Le cas échéant, il diffère le visa du mandat ou le rejette.

Il retourne les mandats à l'ordonnateur délégué, qui enregistre dans le « SIGFIP » la date de transmission au comptable. A la réception des mandats, le comptable assignataire procède aux contrôles nécessaires. Si le comptable relève des irrégularités, il diffère le mandat ou il le rejette par bordereau de rejet numéroté dans une série continue. Un exemplaire du bordereau de rejet est adressé au contrôleur financier. Les mandats comportent l'indication de l'exercice auquel se rattachent la dépense et la date d'émission par l'ordonnateur délégué.

- *Paiement*

Avant de mettre en paiement les mandats de paiement qu'il a pris en charge, le comptable traite dans le « SIGFIP » les oppositions qui lui ont régulièrement été notifiées, et les retenues règlementaires qu'il doit effectuer. Lors de la mise en paiement des mandats, les titres de règlements, les chèques spéciaux du Trésor et les bordereaux de règlement sont édités chez le comptable assignataire par le SIGFIP. Les comptables prennent en charge les mandats de dépenses payables directement par les bailleurs de fonds. Ils demeurent en restes à payer jusqu'à ce que les bailleurs de fonds aient notifié aux comptables, la mobilisation des fonds et le règlement direct des créanciers.

Les chèques spéciaux du Trésor, édités par le SIGFIP, sont remis au créancier bénéficiaire. Les dépenses réglées par chèques spéciaux du Trésor sont prises en charge dans les conditions habituelles par le comptable assignataire ; elles apparaissent en reste à payer dans le compte de suivi des chèques spéciaux du Trésor. Les chèques spéciaux du Trésor ne peuvent servir qu'à régler la TVA ou les droits de douanes .

Les chèques spéciaux du Trésor sont enregistrés par les comptables des régies financières comme un mode d'encaissement spécifique, et sont versés au comptable du Trésor auprès duquel ils sont accrédités. Les dépenses réglées par virement peuvent faire l'objet d'un avis de règlement. Cet avis de règlement est édité par le « SIGFIP » et est transmis directement au créancier bénéficiaire par le comptable assignataire.

- *Délégations de crédits*

Dans le cadre de la procédure normale, les délégations de crédits prennent la forme de délégation-engagement. Elles sont effectuées par les ordonnateurs délégués des différents ministères, et soumises au visa du contrôleur financier. La procédure de délégation-engagement est utilisée au profit des services déconcentrés de l'État dénommés « administrations régionales », dans la nomenclature budgétaire de l'État. Elle est également utilisée au profit des chefs de projet d'investissement.

Des fiches de délégation de crédits permettent d'en suivre la consommation au plan décentralisé. Ces fiches sont éditées par l'ordonnateur délégué au moyen du « SIGFIP » et adressées aux ordonnateurs secondaires, aux contrôleurs financiers et aux comptables assignataires, par l'intermédiaire du réseau du Trésor public. Au plan déconcentré, les ordonnateurs secondaires transmettent, pour paiement, les pièces justificatives de dépenses à l'appui des mandats. Ils sont soumis au visa du contrôleur financier local, avant d'être transmis au comptable assignataire. Ces mandats sont enregistrés sur les fiches de délégations.

Les comptables assignataires visent les mandats, au regard des contrôles requis, et les prennent en charge immédiatement. Ces mandats sont retracés en restes à payer dans leurs écritures avant d'être payés. A la fin de chaque période fixée par instruction du Ministre chargé des Finances/Budget, ils établissent une situation qui retrace, par délégation-engagement, le montant des ordonnancements. Cette situation est transmise au Payeur Général du Trésor, qui enregistre dans le SIGFIP le montant des dépenses ordonnancées, par délégation de crédits.

3.2.3-/ Dépenses selon la procédure simplifiée

*a) **Dépenses soumises à la procédure simplifiée***

Ce sont des dépenses engagées et ordonnancées de façon concomitante relativement aux dépenses ci-après :

- le versement des traitements, les primes et indemnités du personnel, les cotisations sociales, les prestations familiales, les frais de scolarité du personnel des ambassades ;
- les indemnités de formation du personnel, les frais et indemnités de mission du personnel et des autorités politiques, la participation aux abonnements payés aux transporteurs pour le personnel, ainsi que les frais d'hospitalisation d'urgence et les frais d'évacuation sanitaire à l'étranger ;
- les frais d'actes et de contentieux et les frais de justice ;

- les assurances, sauf le contrat initial et ses avenants ;
- les dépenses d'eau, d'électricité, de gaz et d'autres sources d'énergie, à l'exception des branchements et raccordements ;
- les dépenses de communication ;
- les abonnements de presse ;
- les frais de transport et de mission ;
- l'achat de carburant et de lubrifiants centralisé par la Direction des Marchés Publics ;
- les impôts, taxes et versements assimilés ;
- les dépenses sur fonds spéciaux, et les actions et interventions urgentes engagées par les organes de souveraineté ;
- les subventions d'exploitation et les autres transferts courants, dont les bourses et les pécules des stagiaires ;
- l'amortissement et la charge de la dette publique ;
- les charges exceptionnelles énumérées dans la nomenclature budgétaire de l'État à l'exécution des redevances SGS ;
- les prises de participation, placements, cautionnements et souscriptions ;
- les transferts en capital ;
- les prêts et avances aux régisseurs ;
- les ordonnances de délégation au profit des ambassades et des services techniques à l'étranger (le modèle de fiche de délégation à leur transmettre est jointe en annexe 15 au présent décret) ;
- les décisions expresses du Ministre chargé des finances autorisant le recours à la procédure simplifiée ;
- la régularisation des dépenses payées sans ordonnancement préalable ;
- l'enregistrement de dépenses réalisées directement par des bailleurs de fonds lorsque l'État leur en a confié la maîtrise d'ouvrage, dans les conditions fixées à l'article 81 du présent décret.

b) Procédure simplifiée

Dans ces cas, seuls les documents d'ordonnancement sont édités. Les administrateurs de crédits délégués formulent des demandes d'engagement, qu'ils adressent aux ordonnateurs délégués, émettent des mandats qu'ils adressent pour visa au contrôleur financier avant de les transmettre au comptable assignataire pour prise en charge et paiement. Lorsque des dépenses sont générées par des applicatifs particuliers, comme les dépenses relatives au remboursement de la dette ou les dépenses de solde, ces dépenses doivent faire l'objet d'une reprise dans le « SIGFIP », qui doit enregistrer toutes les dépenses de l'État.

Pour verser une avance à un régisseur, l'administrateur de crédits délégué établit sur la ligne budgétaire concernée, une demande d'engagement, au vu de l'arrêté instituant la régie d'avance. Il la transmet à l'ordonnateur délégué, qui émet un ordre de paiement soumis au visa du contrôleur financier avant d'être transmis au comptable assignataire pour paiement. L'émission de l'ordre de paiement fait l'objet dans le SIGFIP d'une réservation de crédits venant diminuer les crédits disponibles sur la ligne budgétaire concernée.

La réservation de crédit effectuée lors de l'émission d'un ordre de paiement pour versement d'avance à un régisseur est apurée, et les crédits disponibles reconstitués, par l'une des deux procédures suivantes :

- *régularisation des dépenses payées lorsque l'avance n'est pas renouvelée ; cette régularisation est effectuée selon une procédure spécifique enregistrant comme mode de paiement initialement émis, et provoquant un jeu d'écritures comptables particulier. Dans le SIGFIP, les crédits initialement réservés par l'émission de l'ordre de paiement, sont automatiquement reconstitués du montant de la régularisation des dépenses ;*

- *reversement, au plus tard en fin d'exercice, des fonds non utilisés. Le comptable assignataire ayant versé l'avance, saisit dans le SIGFIP le montant du reversement du régisseur et l'impute sur l'ordre de paiement initialement payé. Le comptable assignataire édite au moyen du SIGFIP, une déclaration de reversement d'avance, et en communique, pour information, un exemplaire à l'ordonnateur délégué ayant émis l'ordre de paiement. L'enregistrement du reversement de l'avance sur l'ordre de paiement entraîne automatiquement la reconstitution des crédits réservés lors de l'émission de l'ordre de paiement.*

Les dépenses relatives au remboursement de la dette sont exécutées selon la procédure simplifiée. Les mandats sont obligatoirement établis en monnaie locale (FCFA) par le Directeur de la Dette. Pour ce qui concerne les contrats libellés en devises ou en unités de compte, le Directeur de la Dette produit à l'appui du mandat de paiement, un état liquidatif donnant les montants imputables en intérêts et en remboursement de la dette en capital sur la base des données enregistrées en comptabilité, lors de l'encaissement des emprunts, ou sur la base de la dernière réévaluation opérée.

Au règlement effectif, des écarts en gains ou en pertes de change peuvent être constatés, faisant l'objet d'imputations provisoires dans les écritures de l'Agent Comptable de la Dette Publique. Les gains de change sont portés en recettes budgétaires. Les pertes de change doivent être régularisées, chaque mois, avant le 10 du mois suivant, par l'émission de mandats.

3.2.4-/ Procédures relatives aux dépenses des comptes spéciaux du Trésor

Chaque compte spécial du Trésor constitue un compte budgétaire spécifique. Tous les comptes spéciaux du Trésor, à l'exécution des comptes de garanties et d'avals, sont gérés en solde, tout engagement de dépenses étant soumis à la double limite des crédits ouverts dans la loi de finances et du disponible effectif sur ce compte.

Toutefois, un excédent du montant total des dépenses sur le montant total des recettes, égal au maximum au quart des dépenses autorisées pour l'année, peut être enregistré pendant les trois mois de la création d'un compte d'affectation spéciale. Les comptes de garanties et d'avals retracent, en dépenses, des opérations relevant de la catégorie des crédits évaluatifs. Des dépenses peuvent donc être engagées et ordonnancées au-delà des crédits ouverts. Cependant, toute dépense imprévue qui dépasserait le montant de la provision annuelle spécifiquement allouée à cet effet, devrait être couverte au préalable par un transfert à due concurrence, en provenance du budget général.

D'une manière générale, lorsqu'un compte spécial du Trésor bénéficie d'un transfert du budget général, la comptabilisation de la recette est un préalable à tout engagement d'une dépense dans la mesure où, l'enregistrement du montant de cet engagement aurait pour conséquence de générer un découvert sur ledit compte spécial du Trésor. Les dépenses des comptes spéciaux du Trésor gérées au plan central, suivent le même circuit que celles du budget général de l'État.

Les dépenses des comptes spéciaux du Trésor gérées au plan déconcentré sont engagées et ordonnancées selon les mêmes règles que celles du budget général de l'État. Elles sont centralisées par l'Agent Comptable Central du Trésor ou par l'Agent Comptable de la Dette Publique. L'enregistrement des recettes encaissées au compte spécial du Trésor doit être préalable à celui des dépenses. Les sommes mandatées au cours de la période considérée sur le compte spécial concerné mouvementent dans le « SIGFIP » la comptabilité des mandatements et celles des engagements, de façon concomitante.

3.2.5-/ Dépenses de l'État payées sur financements extérieurs

Les dépenses sur financement extérieur sont engagées et ordonnancées selon les procédures de l'État, le bailleur de fonds pouvant être le payeur. Elles s'exécutent suivant la convention de financement en vigueur. Les recettes et les dépenses correspondant à l'exécution de ces conventions sont intégrées dans le SIGFIP. Les fonds mis à disposition par les bailleurs de fonds sur des comptes hors des disponibilités générales de l'État, sont retracés dans des comptes de disponibilités affectées aux projets, tenus par l'Agent Comptable de la Dette Publique. Une recette budgétaire est constatée en contrepartie.

L'engagement et l'ordonnancement de ces dépenses sont réalisés selon les mêmes procédures que les autres dépenses de l'État, le chef de projet étant administrateur de crédits délégué. Lorsque les prestations sont exécutées, le fournisseur produit des décomptes par mode de règlement spécifié dans la convention de financement. Le chef de projet étant administrateur de crédits délégués, vérifie les décomptes et certifie le service fait. Il adresse les demandes d'ordonnancement correspondantes à l'ordonnateur délégué.

A la réception des demandes d'ordonnancement, l'ordonnateur délégué établit un mandat par mode de règlement. Les dépenses payables par bon de caisse ou par virement le sont dans les conditions habituelles. Les dépenses payables directement par les bailleurs de fonds sont prises en charge dans les conditions habituelles et demeurent en restes à payer jusqu'à la notification à l'Agent Comptable de la Dette Publique du montant du décaissement, correspondant à la recette budgétaire et au règlement effectif du fournisseur.

Le cas échéant, l'écart entre le montant ordonnancé et le montant effectivement payé fait l'objet d'une régularisation budgétaire en dépenses. Le respect des clauses des conventions financières de l'État pourra être contrôlé dans des situations éditées par le SIGFIP qui retracent les prévisions et l'exécution des opérations des projets en recettes et en dépenses, en engagement, en ordonnancement, en mobilisation de fonds des recettes affectées et en paiement des dépenses.

La différence entre les recettes affectées et les dépenses donne la situation de l'autofinancement de la Côte d'Ivoire.

Les dépenses dont la maîtrise d'ouvrage a été confiée par convention financière à un bailleur de fonds, et qu'il a réglées directement, doivent être intégrées dans la comptabilité budgétaire de l'État.

A cet effet, le bailleur de fonds doit produire à l'administrateur de crédits ou à l'ordonnateur délégué concerné, une situation faisant apparaître, par trimestre, par projet et par nature de dépenses, les dépenses payées. Elles sont appuyées d'un double des pièces justificatives correspondantes.

CHAPITRE VI

LE CONTROLE DE L'EXECUTION DU BUDGET

En matière de finances publiques, la notion de contrôle a une signification très précise. **Contrôler**, c'est assurer qu'un acte de dépenses ou de recette est conforme à une norme donnée qui sert de référence. Cette norme peut être des textes légaux ou réglementaires (contrôle de conformité ou de régularité) ou simplement des principes de bonne gestion (contrôle de qualité de la gestion).

Il n'est pas facile d'examiner le contrôle des finances publiques dans son ensemble, d'abord parce que son domaine d'application est très vaste, ensuite parce qu'il n'y a pas un mais plusieurs contrôles qui se cumulent.

Le contrôle des finances publiques est une nécessité car il permet de veiller à la bonne utilisation des deniers publics, mais aussi à la transparence du système de gestion des finances publiques. Ils sont effectués par les autorités qui ont le pouvoir de décision pour engager et ordonnancer les dépenses et celles qui les paient c'est-à-dire successivement les administrateurs, les ordonnateurs et les comptables publics.

Mais dans les sections suivantes, il s'agit d'examiner le contrôle effectué par les structures faisant fonction pleine et entière d'organe de contrôle relevant du pouvoir exécutif et qui correspond au contrôle administratif (inspection générale d'État, inspection générale des finances, contrôleurs financiers, contrôleurs budgétaires, inspecteurs du Trésor), du pouvoir juridictionnel (cour des comptes) et du contrôle de représentants du peuple (le contrôle parlementaire).[22]

[22] Cf. Article 77 de la Loi organique relative aux Lois de Finances.

Section 1 : Le contrôle administratif

C'est un contrôle interne de l'administration sur ses agents. Il s'exerce sous la forme d'un contrôle hiérarchique ou organique, par l'intermédiaire de corps de contrôle spécialisés[23]. Il existe sous cet aspect deux principales formes : le contrôle administratif a priori et le contrôle administratif a posteriori.

Le contrôle administratif à priori de la loi de finances

Ce contrôle s'exerce à travers les contrôles du contrôleur financier en administration centrale, du contrôleur budgétaire dans les Établissements Publics Nationaux et celui du comptable public, agissant tous sous l'autorité du ministre chargé des finances.

1.1.1-/ le contrôleur financier et le contrôleur budgétaire

L'intervention du contrôleur financier porte sur les trois premières opérations (l'engagement, la liquidation et l'ordonnancement) pour lesquelles, il appose, diffère ou refuse son visa selon les résultats des contrôles effectués.

Au premier stade d'exécution des dépenses budgétaires de l'État, son rôle est de vérifier si l'interprétation de la dépense est correcte, si l'évaluation de la dépense est exacte, si les crédits sont bien respectés dans leur montant et dans leur nature. Tout acte d'un Ministre ou d'un fonctionnaire de l'Administration ayant pour effet d'engager une dépense est soumis au visa préalable ou à l'avis motivé (en ce qui concerne les projets de loi et/ou de décrets) du contrôleur financier. Le contrôle porte essentiellement sur la qualité de l'administrateur de crédits et de l'ordonnateur (principal, délégué ou secondaire), la disponibilité des crédits, l'utilité et le coût de la dépense et les pièces justificatives de la dépense.

Au stade des opérations de la liquidation et de l'ordonnancement, le Contrôleur Financier, s'assure que les actes de dépenses, notamment le mandat de paiement édité par l'ordonnateur, se rapportent aux actes d'engagement déjà visés par lui, que ceux-ci n'ont subi aucune modification à son insu et que les paiements prescrits sont bel et bien la conséquence des engagements enregistrés et notifiés au fournisseur.

A cet effet, le contrôleur financier effectue son contrôle en deux phases :

---

[23] Cf. Article 78 de la Loi organique relative aux Lois de Finances.

- *Le **contrôle sur pièces de la liquidation de la dépense** qui consiste en un rapprochement entre les éléments constitutifs du mandat de paiement et ceux du bon de commande initialement visé par lui, pour s'assurer de l'exactitude de l'assiette du décompte et de la liquidation de la dépense, la validité des pièces justificatives fournies et la régularité de l'opération du point de vue du respect des lois et règlements ;*

- ***Le contrôle de la réalité du service fait** qui peut être un contrôle concomitant (avec une équipe composée de l'ensemble des partenaires du service bénéficiaire de la dépense ayant réceptionné les travaux ou les articles livrés afin de rendre bien exigible la dette mise à la charge de l'État) ou non concomitant (lorsque le contrôleur financier se rend sur le terrain pour constater le service fait).*

Par ailleurs, le contrôleur financier s'assure de la régularité de la procédure proposée par l'ordonnateur ainsi que de sa bonne exécution. Sans le visa de contrôleur financier, l'ordonnateur ne peut donner l'ordre au Comptable Public de payer.

Les **contrôleurs financiers** exercent leurs activités au niveau de l'administration centrale. Les **contrôleurs budgétaires** exercent exactement les mêmes attributions que les contrôleurs financiers, mais au niveau des Etablissements Publics Nationaux (EPN). Le Contrôleur Budgétaire exerce un contrôle a priori sur l'exécution du budget des établissements publics nationaux et éventuellement sur les dépenses hors-budget. Ce contrôle qui exclut toute appréciation sur l'opportunité des dépenses, est d'une part, d'ordre budgétaire et porte d'autre part, sur la dépense proprement dite.

1.1.2-/ Contrôle du comptable public

Selon l'article 79 de la directive portant loi de finances, « ...les comptables publics sont personnellement et pécuniairement responsables des contrôles qui sont tenus d'assurer en matière de recettes, de dépenses et de patrimoine, dans les conditions prévues par le règlement général de la comptabilité. Sous peine de mettre en jeu ses responsabilités personnelle et pécuniaire, le comptable public est tenu d'exercer le contrôle suivant avant tout paiement :

- la qualité de l'Administration de Crédits Délégués et de l'Ordonnateur Délégué ;
- la disponibilité des crédits ;
- l'exacte imputation des crédits au chapitre concerné ;

- la validité de la créance (justification du service fait, l'exactitude du calcul de liquidation, l'intervention préalable des contrôles réglementaires, production des justificatifs) ;
- la non existence de suspension ou d'opposition ;
- les visas du Contrôleur Financier et de l'Ordonnateur Délégué;
- le caractère libératoire du règlement.

Pour effectuer ce contrôle, les ordonnancements ou mandats de paiement doivent être accompagnés par des pièces justificatives suffisantes et régulières selon la réglementation en vigueur. Il se contentera de la régularité formelle des pièces qui lui sont fournies sans être à mesure de procéder à des vérifications plus profondes au risque de se substituer à l'ordonnateur ou son délégué, obérant ainsi, le bon fonctionnement du circuit de la dépense en place.

Le Contrôle administratif à posteriori de la Loi de finances

Il est mené par des structures de contrôle interne à l'administration, qui exercent leurs activités sur toutes les opérations liées à l'exécution du budget de l'État ainsi que sur celles de tout organisme de droit public ou privé bénéficiant de ressources publiques.[24] Elles interviennent sur pièces et/ou sur place, sur les actes des ordonnateurs et sur ceux des comptables. Ils peuvent, à tout moment, effectuer des contrôles pendant l'exécution desdites opérations.

1.2.1-/ Le contrôle de l'Inspection Générale des finances

- *L'Inspection Générale des Finances*

L'Inspection Générale des Finances est chargée de contrôler toutes les structures sous tutelle du Ministère de l'Économie et des Finances : Directions Générales, Directions, Établissements Publics nationaux, Entreprises publiques, etc.

En fait, l'Inspection Générale de Finances est habilitée à contrôler toute structure qui emploie des ressources publiques. Plus précisément, les inspecteurs des finances sont chargés :

- de s'assurer que les lois, ordonnances, décrets ou autres textes relatifs aux finances de l'État sont correctement appliqués dans les services centraux et extérieurs des Ministères, dans les établissements publics, les sociétés nationales, les sociétés

[24] Cf. Article 81 de la Loi organique relative aux Lois de Finances.

d'économie mixte et les organismes bénéficiant du concours financier de la puissance publique ;

- de proposer des mesures adéquates pour réduire les coûts de fonctionnement, simplifier et améliorer la gestion en vue d'accroître l'efficacité de ces services ainsi que leurs résultats financiers ;
- de vérifier l'utilisation des crédits publics et la régularité des opérations des administrateurs de crédits, des ordonnateurs, des comptables publics, des régisseurs et des billetteurs ;
- de coordonner et de superviser l'action des inspections internes, s'ils existent, dans le Ministère de l'Economie et des Finances ;
- d'assurer le suivi de l'application des directives données par le Président de la République, à l'issue des missions de contrôle effectuées par l'Inspection Générale d'État, sur les aspects financiers ;
- et d'effectuer toutes autres tâches qui leur sont confiées par le Ministre de l'Economie et des Finances.
- Les méthodes de contrôle obéissent à la règle du contrôle à l'improviste et de la règle du suspect.

Le contrôle de l'IGF se fait à l'improviste ou de manière inopinée, le contrôlé n'étant pas prévenu de l'imminence du contrôle, doit à tout moment craindre sa survenance. Ce contrôle a pour intérêt de vérifier la marche normale du service visité. Par contre, la règle du suspect présuppose et met le fonctionnaire contrôlé en posture de suspect qui devrait pouvoir se justifier. L'inspecteur, dès son arrivée dans le service visité, arrête la caisse du comptable, vérifie la concordance entre les écritures et les sommes qu'elle contient. Il consigne, par écrit, ses observations dans un rapport particulier qui est le support de la procédure écrite contradictoire qui permettra à l'agent de répondre à l'inspecteur ou de répliquer et de consigner la réponse du supérieur hiérarchique du contrôlé à qui, il reviendra de donner une suite au contrôle, soit en sanctionnant l'agent, soit en réformant le service.

Dans l'exercice de leurs fonctions, les inspecteurs disposent d'un droit absolu et sans limite d'investigation.

- *Les inspecteurs généraux et vérificateurs du trésor*

Ils sont chargés d'une mission générale d'Inspection et d'audit sur tous les services du Trésor public ainsi que du contrôle des postes comptables et des services. Ils vérifient, a posteriori, les écritures et les situations de caisse et de portefeuille des comptables publics. Leurs contrôles se présentent sous deux formes : les contrôles permanents sur pièces et les contrôles sur place.

Les contrôles permanents sur pièces sont effectués à périodicité régulière. Ils sont opérés après réception des situations mensuelles de caisse envoyées par les comptables publics. Ainsi, sont vérifiées régulièrement les situations comptables.

S'agissant des contrôles sur place et d'après les textes, tous les comptables publics doivent être contrôlés au moins une fois par an.

Les Contrôles sur place ont lieu lors des visites d'inspecteurs et vérificateurs du Trésor dans des postes comptables. Les contrôles s'effectuent toujours à l'improviste, au nom du Directeur Général du Trésor et de la Comptabilité Publique, selon un programme préétabli tenu secret. Il n'y a pas de règle précise quant au nombre de visites effectuées chez un Comptable Public. Un même Comptable public pourra être contrôlé plusieurs fois dans l'année alors que d'autres ne le seront qu'une seule fois dans l'année.

Dès que le vérificateur ou l'inspecteur arrive chez le comptable public inspecté, il fait arrêter immédiatement la situation de caisse pour s'assurer que l'encaisse est conforme aux écritures comptables. Dans la phase suivante, il examine les pièces de dépenses et les documents comptables susceptibles de renseigner sur la régularité des opérations financières effectuées. A la fin du contrôle, il rédige un rapport en consignant ses observations. Ce rapport est soumis au Comptable Public inspecté qui fait part, lui aussi, de ses explications et justifications. Le rapport final est adressé au Directeur Général du Trésor qui l'envoie, à son tour, au Ministre pour une décision à prendre.

1.2.2-/ Le C ontrôle de l'Inspection Générale d'État

L'Inspection Générale d'État est un organe de contrôle très important, placé dans de nombreux pays sous l'autorité directe du Président de la République. En Côte d'Ivoire, il est même élevé au rang de chef d'institution de la République, au même titre que le Conseil constitutionnel, la Cour Suprême, etc.

Le contrôle effectué par l'Inspection Générale d'État est un contrôle d'ordre général sur l'Administration publique et les collectivités publiques, et sur les établissements et les entreprises publics. C'est un contrôle a posteriori et sur place portant à la fois sur la régularité et la légalité des actes et sur l'opportunité de la gestion.

L'Inspection Générale d'État exerce ses missions d'Inspection et de contrôle par l'intermédiaire d'une équipe composée d'Inspecteurs Généraux d'État. Ces fonctionnaires, très expérimentés, sont nommés par décret. Le contrôle s'entend dans le sens le plus large possible puisqu'il s'agit en fait d'un contrôle général : contrôle sur la légalité et la régularité des dépenses et des recettes publiques dans la phase de l'exécution ; contrôle sur l'efficacité et l'opportunité de l'emploi des deniers publics ; contrôle sur la cohérence et les résultats de l'action administrative, financière et comptable, et contrôle sur l'organisation et le fonctionnement des services.

Le contrôle s'exerce sur l'ensemble des services centraux et extérieurs de l'État, sur les collectivités locales et leurs établissements publics, sur les entreprises publiques et sur les organismes bénéficiant du concours financiers de l'État. L'Inspection Générale d'État exerce sa mission de contrôle par la voie des « tournées inopinées » effectuées sur place, par les Inspecteurs Généraux d'État. Le contrôle effectué par l'Inspection Générale d'État se fait chaque année, sur la base d'un calendrier préétabli par l'organe de contrôle lui-même qui doit être approuvé, avant l'exécution, par le Président de la République.

En dehors de ce programme, l'Inspection Générale d'État peut être saisie, à tout moment, par le Président de la République pour effectuer des missions ponctuelles de contrôle ou d'étude. Chaque mission de contrôle ou d'étude donne lieu à l'établissement d'un rapport. Toutefois, lorsque des agents sont mis en cause, ce rapport doit être contradictoire. Ce qui signifie que les intéressés disposent d'un droit de réponse aux accusations formulées dans le rapport.

Section 2 : Le contrôle juridictionnel

Le contrôle juridictionnel qui est un contrôle sur pièce et a posteriori est confié à la Cour des Comptes[25]. En Côte d'Ivoire, la Cour des Comptes créée par la loi organique n°2015-494 du 07 juillet 2015 déterminant les attributions, la composition, l'organisation et le

[25] Cf. article 84 de la Loi organique relative aux Lois de Finances.

fonctionnement de la Cour des Comptes, est devenue opérationnelle en janvier 2018 avec la prestation de serment de son président.

Actuellement, la composition de la Cour des Comptes se présente comme suit : un Président, des conseillers, des auditeurs et des rapporteurs-adjoints. Par manque de juges purement financiers, on a été obligé de faire appel à des fonctionnaires ou magistrats qui ne sont pas familiers avec la comptabilité publique. Il urge à l'avenir de former, des magistrats financiers, spécialisés dans les finances publiques.

La Cour des Comptes exerce un double contrôle : un contrôle sur les comptes des comptables publics, pour aboutir à des jugements et un contrôle sur les administrateurs de crédits et les ordonnateurs, pour aboutir non à des jugements mais à des recommandations, voire à des critiques, en vue d'améliorer la gestion.

Examinons successivement ces deux types de contrôles.

2.1. Le c ontrôle judiciaire des comptes des comptables publics

La Cour des Comptes contrôle l'ensemble des comptes de l'État, des collectivités locales et des établissements publics. N'échappent à son contrôle que les fonds spéciaux. Elle juge les comptes des comptables publics et se prononce sur la qualité de la gestion des ordonnateurs, notamment la bonne exécution de leurs programmes.[26]

2.1.1-/ La compétence

La Cour des Comptes statue sur les comptes mais ne juge pas directement les comptables publics. Cependant, qu'on le veuille ou non, ses arrêts ont des répercussions certaines sur eux parce qu'elle est amenée, dans ses attributions, à apprécier indirectement la conduite des comptables publics et leur manière de tenir les comptes.

La Cour des Comptes exerce une compétence matérielle. Ce qui signifie qu'elle ne s'attache pas au comptable public mais aux comptes. Dès qu'il y a compte, elle est compétente, et ce, quelle que soit la personne qui gère ou qui détient le compte, même si cette personne agit sans titre légal.

C'est ainsi que lorsque la Cour est en présence d'une gestion effectuée par un comptable de fait, elle est quand même compétente pour examiner le compte de celui-ci.

---

[26] Cf. article 84 de la Loi organique relative aux Lois de Finances..

La Cour des Comptes a une compétence d'office. Ce qui veut dire qu'elle est saisie de plein droit par le dépôt obligatoire des comptes de gestion des comptables publics : elle est tenue de les examiner et de se prononcer sur leur régularité. Seuls l'intéressent les comptes et la régularité objective de ces comptes.

2.1.2-/ Les modalités de contrôle

a) La procédure

En principe, tous les comptes de gestion et les pièces justificatives doivent être acheminés au « Juge des Comptes » par l'intermédiaire du Directeur Général du Trésor et de la Comptabilité Publique. Une fois arrivés à la Cour, les comptes sont répartis par le Président de la Cour entre les différents magistrats. Dans l'exercice de leur fonction, ces magistrats de la Cour des Comptes sont aidés, le cas échéant, par d'anciens inspecteurs du Trésor qui font office de rapporteurs et qui, de par leur expérience et leur formation, apportent aux juges de la Cour des Comptes, un précieux concours dans la compréhension de la réglementation financière et comptable.

La vérification aboutit obligatoirement à la rédaction d'un rapport qui est remis au Président de la Cour.

Dès la réception du rapport, le Président de la Cour fixe la date de l'audience à laquelle siègera obligatoirement l'ensemble des membres de la Cour. C'est sur ce rapport que la Cour des comptes se prononcera. Dans tous les cas, l'examen du rapport débouche sur un premier arrêt qui est l'arrêt provisoire.

b) Les jugements

La Cour des Comptes juge les comptes et non les comptables. Mais, compte et comptable ne peuvent être séparés puisque tout compte retrace la gestion d'un comptable et tout comptable est tenu de produire un compte de gestion. Or, à y bien regarder, le comptable est responsable de ce qu'il y a dans son compte, mais le résultat de l'action juridictionnelle de la Cour, c'est de prononcer des condamnations contre les comptables.

D'ailleurs, c'est pour cette raison que les décisions juridictionnelles de la Cour comportent deux arrêts : l'arrêt provisoire prononcé sur le compte et l'arrêt définitif prononcé sur le comptable public. Examinons ces deux types d'arrêts :

1er type : l'arrêt provisoire

Lorsqu'à l'issue de l'audience, la Cour des Comptes estime que le compte qu'elle a examiné est irrégulier, elle peut prononcer d'abord un arrêt provisoire avant de prendre ensuite un arrêt définitif. Le recours à l'arrêt provisoire avant l'arrêt définitif permet d'assurer la contradiction des débats. En effet, cet arrêt a pour unique but d'informer le comptable public des irrégularités de son compte et des charges retenues à son encontre et de lui faire injonction de présenter des observations ou des justifications ou encore d'opérer des reversements.

Le Comptable Public est théoriquement tenu de répondre dans un délai de deux mois à l'injonction de la Cour, sous peine d'amende. Mais, du fait que les charges retenues par l'arrêt provisoire ne sont pas exécutoires, il peut ne pas répondre.

Si le comptable public, d'une manière ou d'une autre, a satisfait aux charges prononcées contre lui, la Cour des comptes devra lever l'injonction, en prenant un arrêt définitif de décharge. Si, au contraire, il n'a pas satisfait à l'injonction, elle met à sa charge le montant de la perte subie par la collectivité publique par un arrêt définitif de débet.

2ème type : l'arrêt définitif

L'arrêt définitif rendu par la Cour des Comptes peut prendre quatre directions différentes, en fonction des conclusions prises par le rapporteur, sur le compte de gestion du comptable public. Ainsi, quatre sortes d'arrêts peuvent être envisagées :

(i) **l'arrêt de décharge** est pris lorsque le compte se révèle exact, c'est-à-dire lorsqu'il est ni déficitaire ni excédentaire,

(ii) **l'arrêt de débet** est prononcé dans le cas où la gestion est jugée entachée d'irrégularités ou lorsque le compte se présente en déficit (ce qui n'implique pas nécessairement un détournement de deniers publics),

(iii) **l'arrêt de quitus** reconnaît également, comme l'arrêt de décharge, que la gestion du Comptable Public est régulière et que le compte examiné est exact mais il n'est en général prononcé que lorsque le comptable public quitte définitivement sa fonction et non son poste pour un autre. Il n'est pris qu'un seul arrêt de quitus par comptable.

La conséquence liée à l'arrêt de quitus est que c'est seulement à la suite de cet arrêt que le comptable peut récupérer son cautionnement et faire lever les privilèges et les hypothèques sur ses biens meubles et immeubles.

(iv) **l'arrêt d'avance** est rendu lorsque la Cour des comptes constate que le compte examiné est excédentaire, soit que le comptable public ait encaissé au-delà de ce qui lui est dû, soit qu'il y ait erreur de calcul.

Ce sont les arrêts de décharge et les arrêts de débet qui sont les plus connus et les plus couramment rendus.

Aucune voie de recours n'est ouverte contre les arrêts provisoires. En revanche, contre les arrêts définitifs, la révision est la seule voie de recours parce que la cour juge en dernier ressort et sans recours. La révision peut être demandée par le comptable public, à la suite de découverte, après l'arrêt définitif, des pièces justificatives qui auraient pu influencer la décision de la Cour, ou ordonnée d'office par la cour des comptes ou requise par le parquet général pour erreur, omission, faux, double emploi, reconnus par la vérification d'autres comptes. Le pourvoi en révision est porté devant la même Cour.

b) Les conséquences du contrôle

Tout contrôle de la Cour des Comptes aboutit à la prise d'une décision juridictionnelle à laquelle la pratique donne le nom « d'arrêt ». Comme toute décision juridictionnelle, les décisions de la cour possèdent l'autorité de la chose jugée et ont un caractère obligatoire. Ce qui veut dire que les points déjà tranchés par le juge des Comptes ne peuvent plus être remis en discussion ou modifiés (sauf à l'occasion d'un recours en révision) et que le Ministre de l'Économie et des Finances/Budget, autorité administrative exécutante, est tenu de s'y conformer.

Or, le Ministre de l'Économie et des Finances/Budget n'exécute pas toujours l'arrêt de débet dans le sens prononcé par la cour des comptes. Il peut légalement le modifier dans le sens contraire, en accordant au comptable public une décharge totale ou partielle. A vrai dire, si la cour des comptes examine les dépenses et les recettes ainsi que la balance du compte et prononce l'arrêt de débet, c'est au Ministre de l'Économie et des Finances qu'il appartient d'apprécier la responsabilité personnelle du comptable public. L'arrêt de débet prononcé par la cour des comptes ne comporte, en réalité, aucune sanction sauf obligation de remboursement.

Le comptable public, déclaré en débet (juridictionnel ou administratif), est seulement tenu de rembourser au Trésor public la somme déclarée manquante. En cas de non-exécution, il est considéré comme défaillant et dans ce cas, il ne peut plus exercer les fonctions de comptable public. Mais il arrive souvent que, malgré l'arrêt de débet qui lui est défavorable, le comptable public parvienne à obtenir du Ministre de l'Économie et des Finances/Budget une décharge totale ou partielle de sa responsabilité. Cette décharge est possible lorsque l'irrégularité constatée dans la gestion du comptable public est due à des cas de force majeure tels que vols par un tiers, perte de fonds dans des circonstances inévitables, paiement sur présentation de fausses pièces, etc. Sur la base de l'un de ces cas, le Ministre de l'Économie et des Finances/Budget peut accorder au comptable public, une décharge totale ou partielle de responsabilité mais il n'est pas tenu de le faire.

Si le comptable public n'a présenté de demande de décharge de responsabilité ou si cette demande a été rejetée, en totalité ou en partie, il peut quand même essayer de recourir à une autre démarche qui consiste à demander au Ministre de l'Économie et des Finances/Budget de lui accorder la remise gracieuse des sommes laissées à sa charge. Contrairement à la décharge de responsabilité, la remise gracieuse est une faveur et non un droit. Les motifs qui figurent dans les demandes de remise gracieuse sont le plus souvent les mêmes partout (charges de famille, disproportion entre montant manquant et faute commise, situation financière du comptable public etc.).

Quoi qu'il en soit, il faut reconnaître que ce double mécanisme de décharge et de remise gracieuse rend en partie inefficace la procédure de mise en jeu de responsabilité des comptables publics devant une juridiction.

Enfin, il faut faire remarquer que la responsabilité pénale des comptables publics pourrait être aussi engagée devant les Tribunaux de droit commun s'il s'avérait que les faits reprochés sont punissables par le code pénal. Pour ces faits punissables (usage de faux, détournement des deniers publics et concussion), des amendes et des peines d'emprisonnement sont prévues.

Selon les directives de l'UEMOA, et la Loi organique ivoirienne relative aux Lois de Finances, la responsabilité pécuniaire des comptables publics se trouve engagée dans les situations suivantes :

- un déficit de caisse ou un manquant en deniers ou en valeurs a été constaté ;
- une recette n'a pas été recouvrée ;

- une dépense a été irrégulièrement payée, en manquement aux obligations de contrôles énumérés ;
- par la faute du comptable public, l'organisme public a dû procéder à l'indemnisation d'un autre organisme public ou d'un tiers.[27]

Les comptables publics ne sont ni personnellement ni pécuniairement responsables des erreurs commises dans l'assiette et la liquidation des produits qu'ils sont chargés de recouvrer. Les gestions irrégulières entraînent, pour leurs auteurs déclarés comptables de fait par la Cour des comptes, les mêmes obligations et responsabilités que les gestions patentes pour les comptables publics selon les modalités procédurales décrites par la loi nationale portant organisation et fonctionnement de ladite Cour.

La responsabilité pécuniaire d'un comptable public est mise en jeu par une décision de débet de nature soit administrative, soit juridictionnelle. Le débet administratif résulte d'un arrêté du ministre en charge des finances. Le débet juridictionnel résulte d'un arrêt de la Cour des comptes.[28] Les arrêtés de débet produisent les mêmes effets et sont soumis aux mêmes règles d'exécution que les décisions juridictionnelles. Ils sont susceptibles de recours.

Tous les contrôles de la cour des comptes ne se terminent pas par des jugements, par des arrêts. D'ailleurs même dans la reddition des comptes de l'État, la pratique montre que la cour des comptes fait plutôt des recommandations au Président de la République plutôt que des arrêts rendus. De même, la Cour des Comptes est souvent amenée à faire le contrôle administratif, au même titre que l'inspection Générale d' État.

2.1.3-/ Le c ontrôle administratif de la Cour des Comptes

La Cour des Comptes ivoirienne est aussi compétente pour contrôler les administrateurs de crédits et les ordonnateurs. A cet effet, elle est chargée d'un contrôle administratif sur tous ceux qui ont pris part à la naissance, à la liquidation et à l'ordonnancement des dépenses publiques à l'occasion :

- de l'examen des comptes des comptables publics ;
- de la déclaration de conformité entre comptes des ordonnateurs et ceux des comptables publics.

---

[27] Cf. article 97 de la Loi organique ivoirienne relative aux Lois de Finances.
[28] Cf. article 95 de la Loi organique relative aux Lois de Finances.

Alors que dans sa fonction de juge des Comptes, la Cour des Comptes rend des arrêts en suggérant éventuellement des sanctions à prendre, dans sa fonction de contrôleur, par contre, elle se borne à informer les autorités de l'État des conclusions de ses contrôles.

En fait, la Cour des Comptes ne statue pas sur la gestion des administrateurs et des ordonnateurs. Elle se contente de donner des avis sur cette gestion et de signaler aux Autorités administratives les irrégularités qu'elle a relevées lors de son contrôle, en leur laissant la responsabilité et l'initiative de la décision.

Pour contrôler, il faut pouvoir s'informer et pour s'informer, il faut pouvoir disposer de larges pouvoirs d'investigation. Dans l'exercice de sa mission, la Cour des Comptes peut réclamer aux administrations tous renseignements utiles. Ce qui signifie qu'elle a la possibilité de se faire communiquer tous documents relatifs à la gestion des administrations soumises à son contrôle ou d'en prendre connaissance sur place.

Ces documents lui permettent de relever d'éventuelles infractions commises par les administrateurs et les ordonnateurs à la législation financière et comptable, de déceler les abus de gestion ou de faire apparaître le mauvais fonctionnement des services.

2.1.4-/ Le pouvoir de la Cour des Comptes

Il est de notoriété publique que les rapports de la Cour des Comptes restent le plus souvent sans suite et pourtant, la Cour dispose des moyens suivants pour conforter ses rapports : le référé, la déclaration de conformité et le rapport annuel. Dans la pratique, on en ajoute une quatrième : la demande d'explication.

- ***La demande d'explication*** *est une simple note écrite envoyée par la Cour des Comptes à un Directeur de Service pour lui faire part des irrégularités mineures constatées dans sa direction lors du contrôle et pour lui demander de fournir des explications tout en lui suggérant des mesures à prendre. Si la demande d'explication reste lettre morte ou si la réponse n'est pas satisfaisante, la Cour des Comptes peut soit renouveler la demande, soit adresser un référé au Ministre dont dépend le Directeur du Service concerné pour lui soumettre la question.*

- ***Le référé*** *est également une note écrite mais d'un caractère plus solennel et d'un rang plus élevé que la précédente. Il est utilisé en cas de faute lourde. Il est adressé par le Président de la Cour des Comptes à un Ministre qui doit répondre dans les trois mois. Le référé signale au Ministre les observations de la Cour concernant la gestion de son ministère, afin de lui permettre de corriger les erreurs, d'adresser aux* *agents en cause, tous avertissements utiles et d'engager, le cas échéant, l'action disciplinaire contre certains d'entre eux. S'il n'est pas donné suite au référé ou si la réponse est jugée non satisfaisante, le Président de la Cour des Comptes peut, s'il le veut, saisir le Président de la République.*

- ***La déclaration de conformité*** *est aussi un acte écrit solennel par lequel la Cour des Comptes affirme que les écritures des comptes de gestion des comptables publics et des comptes administratifs des administrateurs de crédits sont concordantes. Cet acte écrit est destiné au Président de l'Assemblée Nationale, dans la perspective de l'examen de la loi de règlement.*

- ***Le rapport public*** *est un compte rendu retraçant tous les contrôles effectués dans l'année par la Cour des Comptes et faisant part en même temps des irrégularités commises. Ce document présente, à cette occasion, les suggestions de la Cour des Comptes. Ce rapport public est très intéressant. Il est transmis au Président de la République et au Président de l'Assemblée Nationale, publié au Journal Officiel et porté à la connaissance du public. Il faut cependant indiquer que la transmission, la publication et la diffusion des rapports de la Cour des Comptes ne sont pas systématiques. Elles dépendent du Président de la République qui est seul juge de leur opportunité.*

Outre les attributions que nous venons de voir, la Cour des Comptes a également la charge de contrôler la régularité des comptes et l'efficacité de la gestion financière des entreprises publiques.

Section 3 : Le contrôle parlementaire

Le contrôle parlementaire est l'aboutissement normal d'un processus logique. L'Assemblée Nationale qui vote le budget doit avoir un droit de regard sur l'utilisation des crédits, en conformité avec ce qui a été décidé.

Ce contrôle s'effectue en deux étapes : en cours d'exécution et après l'exécution du budget.

3.1. Le contrôle en cours d'exécution

Selon l'Article 88 de la Loi organique relative aux Lois de Finances, ce contrôle est permanent. Il n'a rien de particulier ou d'exceptionnel. Il est fondé sur le pouvoir de regard que détient l'Assemblée Nationale sur toutes les activités du Gouvernement.

Il s'exerce de plusieurs manières :

- Par l'intermédiaire de la Commission des Finances

Cette commission technique permanente est habilitée à se faire communiquer tous les renseignements et documents d'ordre financier ou administratif. Elle peut entendre les ministres et publier les rapports. Mais son rôle s'arrête là.

- Par l'intermédiaire des députés

Les députés peuvent poser aux membres du Gouvernement des questions écrites et orales avec ou sans débat et ceux-ci sont tenus d'y répondre. Mais la portée de ce contrôle est très limitée puisque les questions et les réponses qui leur sont faites ne sont pas suivies de vote. Ce qui enlève tout son intérêt pratique puisque les députés ne peuvent pas sanctionner le Gouvernement en faisant voter une motion de censure.

- Par l'intermédiaire des commissions d'enquête ou de contrôle

En dehors des commissions permanentes, l'Assemblée Nationale peut créer, à la demande des députés, des commissions spéciales et temporaires d'enquête ou de contrôle. La commission d'enquête est destinée à recueillir des éléments, d'informer sur un ou plusieurs points précis et la commission de contrôle examine la gestion administrative, financière et technique de tel service public ou de telle entreprise publique. Ces commissions temporaires constituent un moyen efficace d'information approfondie et de contrôle. Cependant, l'Assemblée Nationale y recourt très rarement.

- A l'occasion du vote de la loi de finances rectificative.

C'est une occasion idéale pour le contrôle. En effet, c'est à cette occasion que l'Assemblée Nationale peut être amenée à critiquer l'exécution administrative et financière du budget initial et demander au Gouvernement des explications sur les dépassements de crédits qui sont à la base du vote de la loi de finances rectificative.

3.2. Le contrôle à posteriori : la loi de règlement

Selon l'Article 90 de la Loi organique relative aux Lois de Finances, ce contrôle est réalisé au cours de l'examen du projet de loi de règlement d'un budget exécuté dont le vote permet de clore de façon définitive les résultats comptables et administratifs. Tout comme le contrôle parlementaire en cours d'exécution, le contrôle parlementaire a posteriori est inefficace.

En effet, les résultats obtenus par ce contrôle sont très décevants puisque depuis l'indépendance, l'Assemblée Nationale n'a rejeté aucun des projets de lois de règlement. La non-ratification est donc un leurre et sa portée purement platonique. L'Assemblée Nationale a toujours agi ainsi en se comportant comme une chambre d'enregistrement qui approuve, sans réserve et sans débat, tout projet de loi de règlement soumis à son vote.

L'inefficacité du contrôle parlementaire à posteriori est due théoriquement à plusieurs causes.

1ère Cause : Technicité des projets de loi de règlement : l'inefficacité du contrôle parlementaire à posteriori peut aussi être liée à l'aspect trop technique des questions examinées lors du vote de la loi de règlement.

Mais cet argument n'est pas entièrement fondé puisque les députés disposent d'un concours très appréciable de la part de la Cour des Comptes qui a effectué, en principe, à leur place toutes les vérifications nécessaires. Cette aide est très précieuse pour eux puisqu'ils ne manquent pas de se référer directement aux travaux de cette Cour pour faire des observations, citer des exemples et poser des questions.

2ème cause : Absence de sanctions

Tout contrôle a pour but de rechercher et de découvrir des irrégularités. Une fois découvertes, il conviendra de les sanctionner. Un contrôle qui ne s'accompagne pas de sanctions et de publication est un contrôle inefficace parce que ne comportant aucune sanction et inutile parce que l'Assemblée Nationale qui relève de la même majorité que le Gouvernement ne cherchera jamais à mettre en jeu publiquement, la responsabilité de l'un de ses membres.

Les seules sanctions que l'Assemblée Nationale puisse, à la rigueur, infliger au Gouvernement, sont d'ordre moral et se présentent sous forme de mises en garde, de suggestions ou de remontrances. Mais même cela, elle ne le fait pas. Elle agit et réagit moins comme un organe de contrôle que comme une chambre préoccupée d'entériner et pressée de clore rapidement les budgets exécutés.

Alors que le vote de la Loi de Règlement aurait pu être l'occasion de suggérer au Gouvernement des réformes à accomplir, de contrôler sa gestion, de le critiquer, voire de le sanctionner, les députés l'expédient rapidement comme si c'était une formalité inutile mais incontournable.

TROISIEME PARTIE

PRELEVEMENTS OBLIGATOIRES ET DEPENSES PUBLIQUES

Le système fiscal aussi connu sous l'appellation de « fiscalité » désigne l'ensemble des impôts et taxes en vigueur dans un pays. Ces impôts et taxes constituent la principale ressource du budget de l'État. C'est en raison de cette importance dans le budget que l'étude de la fiscalité est essentielle à la compréhension des finances publiques.

Georges VEDEL disait que « la fiscalité est une chose qui fait partie de la vie de l'homme »29. E. SELIGMANN dit la même chose en écrivant que : « le doyen de l'État moderne considère l'impôt comme une institution naturelle, si désagréable qu'il soit »30. Et J. SCHUMPETER quant à lui ajoute que « l'histoire fiscale d'un peuple constitue une part essentielle de son histoire tout court ».[31]

Tout ceci revient à dire que l'impôt est un fait social, car il est lié à l'homme, à l'État et à la société. Mais en fait, que recouvre la notion de fiscalité ? Qu'est-ce que l'impôt ? La fiscalité se limite-t-elle seulement à l'impôt ? C'est à ces questions que cette partie du cours tentera de donner des réponses.

---

[29] G. VEDEL, in Revue Française de Finances Publiques, n°9, 1985

[30] E. SELIGMANN, Essai sur l'impôt, Girard et Brière, 1914

[31] J. SCHUMPETER, in La crise de l'État fiscal, Minuit, 1972

CHAPITRE VII

LES PRELEVEMENTS OBLIGATOIRES

Section 1 : La théorie de l'impôt

Qu'est-ce que c'est que l'impôt ?

La définition la plus connue et la plus célèbre est celle donnée par Gaston JEZE qui écrit que l'impôt **est** « une prestation pécuniaire requise des particuliers par voie d'autorité, à titre définitif, et sans contrepartie, en vue de la couverture des charges publiques »[32].

Certains auteurs ajoutent à cette définition la **capacité contributive** du contribuable ainsi que celle de l'impôt en tant **qu'instrument d'intervention** économique, sociale et culturelle. L'impôt est aussi vu comme étant « un prélèvement pécuniaire, obligatoire, effectué par voie d'autorité à titre définitif, sans contrepartie déterminée, en vue d'assurer le financement des charges publiques de l'État et des Collectivités locales ».

En synthétisant toutes ces notions, l'impôt peut se définir comme étant une prestation pécuniaire requise des particuliers (personnes privées, physiques et morales) et exceptionnellement des personnes morales de droit public en fonction de leurs capacités contributives, par voie d'autorité, à titre définitif, sans contrepartie directe, en vue de la couverture des charges publiques, selon l'orientation politique de développement économique, social et culturel de la Nation, décidée par les pouvoirs publics.

Les principales caractéristiques de l'impôt

L'impôt, un prélèvement pécuniaire : dans ses modalités, l'impôt est un prélèvement sous forme pécuniaire. L'impôt est acquitté en

[32] G. JEZE, Cours de finances publiques 1935-1936, Laval, impr. Barnéoud, 1936.

numéraire (monnaie scripturale, fiduciaire ou divisionnaire). Ce qui exclut les compensations en nature comme cela se faisait par le passé.

L'impôt est requis des particuliers (personnes physiques et morales de droit privé, et exceptionnellement des personnes morales de droit public) : l'impôt est prélevé sur les biens des individus ou des collectivités ou encore des entreprises qui sont appelés les contribuables.

L'impôt est requis en fonction des capacités contributives des contribuables : c'est-à-dire en fonction de la richesse, du niveau de revenu ou de la fortune du contribuable. Il respecte le principe de la solidarité sociale nationale.

L'impôt est un prélèvement obligatoire effectué par voie d'autorité : quelles que soient ses modalités de paiement, le prélèvement fiscal a un caractère obligatoire, dès lors qu'il est effectué par voie d'autorité par l'Administration sur le fondement des prérogatives de la puissance publique qui sont les siennes. En conséquence, le contribuable n'a ni le droit de prétendre se soustraire à sa dette, ni celui de vouloir librement fixer ou négocier sa contribution. De plus, l'Administration n'a nul besoin de son accord et s'il s'avérait être récalcitrant, les procédures d'exécution forcées pourraient être utilisées à son encontre.

L'impôt est un prélèvement effectué à titre définitif : c'est-à-dire qu'il est une ressource définitive pour les collectivités publiques qui en bénéficient. Contrairement à l'emprunt, il n'y a ni paiement d'intérêt, ni remboursement à attendre. L'impôt n'est en principe ni restituable, ni remboursable sauf dans les cas de surtaxe ou d'erreur.

L'impôt est un prélèvement sans contrepartie directe : juridiquement, l'impôt ne constitue pas le prix d'un service rendu. Le paiement de l'impôt ne donne pas lieu à une contrepartie ou un avantage direct. On ne peut donc pas exiger un avantage particulier parce qu'on a payé ses impôts. Toutefois, il convient de relever qu'il existe une certaine contrepartie indirecte à savoir l'éclairage public, la sécurité, le nettoyage des voies publiques, la construction d'infrastructures routières, etc. C'est une conception de « l'impôt-prix », prix du service rendu par l'État. C'est dans ce sens que Montesquieu qualifie l'impôt comme « ce que chaque citoyen paye pour sa sécurité… ». J.J. Rousseau (1762) dit la même chose dans son œuvre « le contrat social ». Cependant comme le dit Pascal Salin, ce n'est pas le prix réel que chacun paye, c'est un prix obligatoire, il n'est pas librement discuté, et si c'est un prix, ceux qui l'utilisent le plus (en général les plus démunis qui utilisent le plus les services de l'État - éducation, santé-) devraient payer plus. Or c'est le contraire. C'est finalement un impôt de solidarité nationale

L'impôt sert à couvrir les charges publiques : l'impôt sert à payer les dépenses publiques. Il est la principale ressource du budget de l'État.

L'impôt sert aux pouvoirs publics d'instrument d'intervention économique, social et culturel : l'impôt est un moyen d'exercice du pouvoir politique. Son champ d'action va de l'investissement à la promotion de l'emploi, de l'épargne et à l'aide aux plus démunis. Il sert au remboursement de la dette.

Le rôle de l'impôt

On distingue généralement trois rôles essentiels de l'impôt qui se dégagent des deux dernières caractéristiques de l'impôt, à savoir :

- *le rôle financier et budgétaire (couverture des charges publiques) ;*
- *le rôle économique ou rôle d'instrument d'intervention économique ;*
- *le rôle social.*

1.3.1-/ Le rôle financier et budgétaire

C'est le rôle le plus classique de l'impôt. En effet, l'impôt doit servir à la mobilisation des ressources financières nécessaires à la couverture des dépenses de l'État et des collectivités locales. Il s'agit notamment des frais de fonctionnement des services publics, des salaires des fonctionnaires, des frais liés à l'existence même de l'État et à la protection de la Nation (Police, Santé, Éducation, Défense nationale). Ce rôle classique est prédominant en Côte d'Ivoire.

1.3.2-/ Le rôle économique

Ce rôle s'est développé avec le passage du concept d'État-Gendarme (armée, police, justice et certains travaux d'infrastructure) à celui d'État-providence, censé assurer l'intérêt général. L'État-providence doit, entre autres, assurer une fonction de stabilisation ou de régulation qui sert à lutter contre les déséquilibres économiques (notamment le sous- emploi), qui ne peuvent être corrigés par le marché seul. Dès lors, le prélèvement fiscal est utilisé comme moyen de régulation et de relance économique, notamment la promotion des investissements à travers des incitations fiscales (exonérations et autres facilités fiscales), la subvention des entreprises fournissant des biens et services d'intérêt général, l'orientation de la consommation en surtaxant ou en sous taxant certains produits.

1.3.3-/ Le rôle social

Ce rôle non négligeable, même s'il n'est pas très perceptible, s'est aussi développé avec le passage du concept d'État-Gendarme à l'État-providence. Ce rôle social de l'impôt exige qu'à partir des ressources de l'impôt, l'État procède à une redistribution en direction des couches les plus défavorisées (à travers des bourses, des allocations familiales, des aides sociales, etc.).

La typologie des impôts

La pluralité des impôts institués rend difficile leur classification. Toutefois, l'approche souvent retenue par « la doctrine » est celle fondée sur les classifications technique, administrative, économique et celle fondée sur l'étendue de la matière imposable ou des facultés contributives.

1.4.1-/ La classification technique

Sur une base technique fondée sur la technique de l'aménagement du tarif, on opère les distinctions suivantes :

- *les impôts directs et les impôts indirects ;*
- *les impôts réels et les impôts personnels ;*
- *les impôts fixes, les impôts proportionnels et les impôts progressifs ;*
- *les Impôts spécifiques et les impôts ad valorem ;*

a) Les impôts directs et impôts indirects

Il s'agit de déterminer si l'impôt est bien supporté par celui qui y est assujetti ou si la charge repose sur un tiers. L'impôt direct vise exclusivement la personne qui paye.

Les impôts directs sont personnalisés par la prise en compte des charges familiales et l'utilisation de la progressivité par tranche. Ce qui fait dire que l'impôt direct est « plus juste ». Ils sont plus ressentis par le contribuable car il n' y a pas d'intermédiaire entre celui qui paye et celui qui verse au Trésor Public.

L'impôt indirect tire sa qualification du fait qu'il touche indirectement les facultés contributives. Il est prélevé sur le contribuable à l'occasion des transactions portant sur les biens et services. Celui qui paie n'est généralement pas celui qui verse l'argent au Trésor Public. Ils ont pour inconvénient majeur d'être « aveugle », car on demande la même contribution à des personnes ayant des revenus différents. Les impôts indirects sont très rentables et rapportent beaucoup aux États sous-développés tandis que les impôts directs constituent la principale source de revenu pour les États développés.

b) Les impôts fixes, impôts proportionnels et impôts progressifs

L'impôt fixe ou **forfaitaire** est un droit (montant) forfaitaire fixé à l'avance d'après un caractère précis de la matière imposable. Il ne tient pas compte de la valeur de la matière imposable (opérations, actes, biens, revenu, etc.) ni des facultés contributives du contribuable. On dit alors que l'impôt fixe a un tarif fixe, c'est-à-dire un tarif exprimé par un montant d'impôt à payer fixé à l'avance d'après un caractère précis de la matière imposable.

Exemple : le droit fixe exigé en matière de droits d'enregistrement pour la cession de certains biens (meubles).

L'impôt proportionnel est un impôt dont le montant est obtenu en appliquant un taux, c'est-à-dire un pourcentage fixe et constant, sur la base imposable (partie ou proportion en valeur de la matière imposable, retenue pour imposition).

Exemple : l'impôt sur les bénéfices est un impôt proportionnel dont le taux est égal à 35%

L'impôt progressif est un impôt dont le montant est obtenu en appliquant des taux variables et croissants sur des tranches variables de la base imposable (partie ou proportion en valeur de la matière imposable, retenue pour l'imposition). Le Tableau 3 en donne un exemple.

Tableau 3 : Contribution pour la reconstruction Nationale

Tranches de la base imposable (Revenu Net Imposable mensuel en FCFA)	**TAUX**
De 0 à 100 000	0%
De 100 000 à 600 000	1,0%
De 600 000 à 1 500 000	1,5%
De 1 500 000 à 3 000 000	2,0%
Plus de 3 000 000	2,5%

Source : Code Général des Impôts de Côte d'Ivoire, 2012.

Le tableau ci-dessus présente les taux d'impositions applicables dans le cadre de la contribution pour la reconstruction nationale. Cinq tranches de revenus y sont définies. Notons que la taxe n'est due que lorsque le revenu atteint le seuil de 100 000 FCFA. En outre, pour chaque tranche de revenu, un taux de taxe variant entre 1% et 2.5% est défini de sorte que la part demandée à chaque contribuable soit proportionnelle à la richesse dont il dispose.

c) Les impôts spécifiques et impôts ad valorem

L'impôt ou la taxe spécifique est un impôt dont le montant est obtenu en multipliant une unité de mesure (quantité physique) déterminée (en nombre, ou en poids, ou en volume, ou en superficie, etc...) de la matière imposable par une unité monétaire déterminée. Il frappe certains produits ou biens spécifiques tels que les boissons, les tabacs, les bois de grumes, etc...

Exemples : L'annexe fiscale 2018 a introduit un aménagement des taux des droits d'accises sur les boissons alcoolisées et non alcoolisées. Ainsi, les taux des droits d'accises desdits produits évolueront de :

- 25 % à 40 % en ce qui concerne le champagne ;
- 25 % à 35 % s'agissant des vins ordinaires ;
- 30 % à 40 % pour les vins mousseux, vins AC et assimilés ;
- 15 % à 17 % concernant les bières et cidres ;
- 35 % à 40 % pour les autres boissons alcoolisées titrant moins de 35° d'alcool ;
- 12 % à 14 % pour ce qui est des boissons énergétiques et des autres boissons non alcoolisées.

Les impôts ad valorem[33], sont obtenus par l'application d'un taux ou pourcentage à la « valeur monétaire de la base imposable ».

1.4.2-/ La classification administrative

C'est une classification fondée sur la nature des budgets destinataires ou bénéficiaires. On distingue :

- *les impôts d'état*
- *Exemple : les impôts sur les bénéfices, la taxe sur la valeur ajoutée, etc.*

[33] « Ad valorem » signifie en latin « sur valeur »

- *les impôts locaux (impôts dévolus aux collectivités locales).*
- *Exemple : la taxe forfaitaire sur les petits commerçants et artisans* .

- *les impôts « mixtes ». Il s'agit de certains impôts qui ont une destination mixte, à savoir qu'ils sont à la fois des impôts d'état et des impôts locaux.*

  Exemples :
  - *La contribution des patentes est affectée à hauteur de 60% aux collectivités territoriales, de 25% au Fonds d'Entretien Routier et de 15% à l'État. »*
  - *L'impôt sur le patrimoine foncier est affecté à hauteur de 65% aux collectivités territoriales, de 10% à l'organisme de l'assainissement et du drainage, et de 25% à l'organisme chargé de la gestion des ordures. »*
  - *l'impôt synthétique perçu est affecté à hauteur de 50% aux collectivités territoriales et de 50% à l'Etat. »*

Certains impôts sont perçus au profit d'organismes privés ou étatiques. Il s'agit par exemple des contributions à la charge des employeurs, assises sur les salaires, telles que la taxe d'apprentissage et la taxe de formation professionnelle continue versées au profit du Fonds de Développement de la Formation professionnelle (FDFP).

1.4.3-/ La classification économique

a) La classification tenant aux éléments économiques

- *Les impôts sur les revenus sont les impôts qui frappent les revenus au moment de leur réalisation.*
- *Exemple : les impôts sur les bénéfices.*

- *Les impôts sur la consommation : la consommation c'est l'utilisation du revenu qui a pour conséquence de le réduire ou de le détruire. Les impôts sur la consommation frappent le revenu au moment où il est dépensé.*
- *Exemple : la taxe sur la valeur ajoutée.*

- *Les impôts sur le capital sont les impôts qui frappent le revenu consolidé. L'imposition sur le capital peut s'effectuer en raison de son existence. On a l'exemple de la taxe sur les véhicules à moteur ou l'impôt sur le patrimoine foncier.*

L'imposition sur le capital peut également s'effectuer en raison de sa transmission à titre onéreux ou à titre gratuit, à l'exemple des droits d'enregistrement (droits de cession d'immeubles à titre onéreux = droits de ventes d'immeubles ; droits de succession = droits de mutation à titre gratuit en cas d'héritage).

b)* La *classification tenant aux éléments des secteurs économiques

La fiscalité pétrolière, la fiscalité agricole, la fiscalité minière, la fiscalité financière sont des illustrations d'impôts basés sur des secteurs économiques.

1.4.4-/ La classification fondée sur l'étendue de la matière imposable ou des facultés contributives

Le contribuable dispose en général de plusieurs sources de richesses taxables. Il peut être imposé séparément selon ces types de richesse (ou matière imposable) ; On parle alors d'**impôts analytiques**. Lorsque le contribuable est imposé en prenant en compte les éléments de richesse dans leur ensemble, on parle alors **d'impôt global ou d'impôt synthétique.**

La Côte d'Ivoire a opté pour le cumul des deux méthodes. Ainsi, dans le système fiscal ivoirien, on a à la fois des impôts analytiques cédulaires et des impôts globaux ou synthétiques.

a) Les impôts analytiques

En Côte d'Ivoire, il n'y a pas un impôt unique sur le revenu. Il existe plutôt des impôts analytiques dits impôts cédulaires et un impôt global appelé impôt général sur le revenu (IGR). **L'impôt analytique frappe un seul élément du patrimoine d'un contribuable**. Il frappe par exemple une seule catégorie de revenus d'un contribuable.
La plupart des impôts sont dits analytiques, à l'exception de l'IGR et de l'impôt synthétique des contribuables.

b) Les impôts « cédulaires » sur le revenu

L'impôt « cédulaire » sur le revenu est un impôt « analytique » qui taxe différemment chaque catégorie de revenu, en fonction de son origine. En effet, dans le système d'impôt cédulaire, chaque catégorie de revenu est imposée, en premier lieu, à un impôt spécifique et à un taux particulier. On cherche donc à connaitre les différentes sources de revenus (salaires, dividendes etc.) avant de déterminer le type de taxe à lui appliquer.

Exemple 1 :

- *si le revenu du travail est le salaire, on parlera d'impôt cédulaire sur les salaires ;*
- *dans le cas du revenu des créances (intérêt), on parle des impôts sur les revenus des créances ;*
- *dans le cas du revenu des valeurs mobilières (dividendes etc.), on parle d'impôt sur les revenus des valeurs mobilières ;*
- *dans le cas du Bénéfice Industriel et Commercial (BIC), on parle d'impôt sur les BIC.*

Exemple 2 : Pour une personne qui perçoit des salaires et des dividendes, les salaires perçus seront imposés uniquement à « l'impôt sur les salaires » et les dividendes perçus seront imposés uniquement à « l'impôt sur le revenu des valeurs mobilières ». On dit alors que « l'impôt sur les salaires » et « l'impôt sur le revenu des valeurs mobilières » sont **des impôts « cédulaires » sur le revenu**.

c) L'impôt « synthétique » ou « L'impôt Global »

L'impôt « synthétique » ou « l'impôt Global » frappe l'ensemble des éléments du patrimoine d'un contribuable, soit par exemple l'ensemble des catégories de revenus d'un contribuable.

Exemple 1 : l'impôt synthétique des contribuables au régime de l'impôt synthétique se substitue à la TVA, à la contribution des patentes et à l'impôt sur les bénéfices industriels et commerciaux.

Exemple 2 : l'impôt général sur le revenu est défini par l'article 237 du Code Général des Impôts (CGI) comme un impôt qui frappe le Revenu Net Global Annuel des Personnes physiques. Cette définition s'inscrit dans le schéma selon lequel le contribuable dispose de plusieurs revenus taxables.

Chaque catégorie de revenu est imposée en premier lieu, à un impôt cédulaire et à un taux particulier. Puis la somme totale de ces différents revenus nets est imposée en un deuxième lieu à l'IGR.

Les différents impôts, taxes, et droits

- *La cotisation d'impôt synthétique ou impôt synthétique*

Doivent payer **l'impôt synthétique**, les personnes physiques ou morales qui réalisent, dans l'année, un chiffre d'affaires annuel d'un montant compris entre cinq (05) et cinquante (50) millions de francs CFA, toutes taxes incluses.

- *L'impôt sur les bénéfices industriels et commerciaux (BIC)*

Doivent payer **l'impôt sur les bénéfices industriels et commerciaux**, les entreprises dont le chiffre d'affaires toutes taxes incluses excède cinquante (50) millions de francs.

Il s'agit des contribuables relevant du régime réel normal (chiffre d'affaires supérieur à 150 millions de francs) et du régime du réel simplifié (chiffre d'affaires compris entre 50 et 150 millions de francs).

- *L'impôt sur les bénéfices agricoles*

Doivent payer **l'impôt sur les bénéfices agricoles**, les entreprises qui font de l'agriculture, de l'élevage, la pisciculture etc.

- *L'impôt sur les bénéfices non commerciaux*

Doivent payer **l'impôt sur les bénéfices non commerciaux**, les personnes physiques qui exercent des professions libérales telles que les professions d'avocat, d'huissier, de notaire de médecin privé, d'artiste (musicien, peintre, comédien, etc.) ; ainsi que les sociétés civiles qui ont un objet civil.

- *Les impôts sur les traitements de salaires, pensions et rentes viagères*

Doivent payer « les impôts sur les salaires », les travailleurs qui perçoivent des salaires.

N.B : *Les employeurs qui se versent des salaires, doivent également payer et supporter eux-mêmes, des impôts sur les salaires appelés « contributions à la charge des employeurs.*

Doivent payer **les impôts sur les pensions de retraite**, les travailleurs à la retraite qui perçoivent des pensions de retraite.

- *L'impôt sur les revenus des créances*

Sont assujetties à **l'impôt sur les revenus des créances**, les personnes (particuliers et entreprises), qui perçoivent des intérêts de prêts ou de comptes d'épargne.

- *L'impôt sur les revenus des valeurs mobilières*

L'impôt sur les revenus des valeurs mobilières est applicables aux personnes (particuliers et entreprises), qui perçoivent des dividendes ou autres revenus des actions, des obligations ou de parts sociales.

- *L'impôt foncier sur le revenu des propriétés bâties et non bâties*

Doivent payer l'**impôt sur le revenu** , les personnes (particuliers et entreprises), qui perçoivent des loyers ou autres revenus des bâtiments et terrains mis en location.

- *L'impôt sur le patrimoine foncier sur des propriétés bâties*

Doivent **s'**acquitter de cet impôt, les personnes (particuliers et entreprises) qui sont propriétaires de bâtiments (maisons d'habitation, usines, magasins, ateliers, bureaux, etc.) qui ne sont pas mis en location.

- *L'impôt foncier sur le patrimoine foncier des propriétés non bâties*

Doivent payer l'impôt sur le patrimoine foncier des propriétés non bâties qui ne sont pas mis en location, les personnes (particuliers et entreprises) qui sont propriétaires de terrains nus.

- *L'impôt général sur le revenu*

Doivent payer **l'impôt général sur le revenu**, les personnes physiques, qui perçoivent des revenus de toute nature : des loyers, des bénéfices, des salaires, des pensions de retraite, des intérêts ou revenus de créances, des revenus des valeurs mobilières (dividendes et autres produits d'actions et d'obligations et de parts sociales).

- *La taxe sur les véhicules à moteur ou « la vignette »*

Doivent payer **la Taxe sur les véhicules à moteur** ou « la vignette», les personnes (particuliers et entreprises) qui sont propriétaires de véhicules à moteur destinés au transport de personnes ou de marchandises immatriculées en Côte d'Ivoire.

- *La patente de véhicule de transport public de personnes ou/et de marchandises.*

Doivent payer **la Patente de véhicule de transport public de personnes ou de marchandises**, les personnes (particuliers et entreprises) qui sont propriétaires de véhicules de transport public de personnes et de marchandises.

- *La patente professionnelle (la contribution des patentes)*

Doivent payer la Patente professionnelle, les entreprises (personnes physiques et les sociétés) qui exercent une activité professionnelle c'est-à-dire un commerce, une industrie ou une autre profession non exemptée.

- *La TVA ou la Taxe sur la Valeur Ajoutée*

Doivent payer la Taxe sur la Valeur Ajoutée (TVA), les personnes physiques et les sociétés qui exercent une activité professionnelle (un commerce, une industrie et toute autre profession non exemptée).

N.B : La TVA est un impôt ou une taxe sur les ventes de biens et de services.

En effet, les vendeurs de biens et de services, doivent ajouter à leurs prix de vente, le montant de l'impôt TVA. Ainsi, tous les clients ou consommateurs, en payant le prix de la marchandise ou du service, payent et supportent la TVA qui est comprise dans le prix d'achat.

Par conséquent, les personnes physiques et les sociétés qui vendent des biens et des services collectent la TVA qu'ils doivent reverser, par la suite, à la Direction Générale des Impôts.

- *Les t axes spécifiques ou droit d'assises*

Il y a d'autres taxes sur les ventes de certains produits. Ce sont :

- *la taxe spécifique sur les boissons ;*
- *la taxe spécifique sur les cartouches ;*
- *la Taxe spécifique sur les tabacs ;*
- *la taxe spécifique sur les bois ; etc.*

Doivent payer les taxes spécifiques, les personnes physiques et les sociétés qui vendent ces produits.

En effet, les vendeurs de boissons, de cartouches, de tabacs, de bois, etc., doivent ajouter à leurs prix de vente, le montant de la taxe spécifique.

Ainsi, tous les clients ou consommateurs, en payant le prix des boissons, de cartouches, de tabacs, de bois, etc., payent et supportent la taxe spécifique qui est comprise dans le prix d'achat.

Par conséquent, les personnes physiques et les sociétés qui vendent des boissons, des cartouches, des tabacs, des bois, etc., collectent les taxes spécifiques qu'ils doivent reverser, par la suite, à la Direction Générale des Impôts.

Comme précisé dans les chapitres précédents, l'impôt est aussi un instrument de politique sociale. Supposons par exemple que les taux de décès liés aux accidents de la route causés par l'ivresse au volant sont en forte progression depuis cinq ans. Une décision de l'État peut être d'accroitre les taux de la taxe sur les boissons alcooliques de sorte à décourager la consommation excessive d'alcool. Cependant, le décideur public doit garder en esprit que de telles taxes, si elles sont trop élevées peuvent aussi conduire à un découragement de l'industriel qui voit ses marges bénéficiaires baisser. Ceci peut conduire à un dépôt de bilan de l'entreprise mais aussi à des comportements de «passagers clandestins» puisqu'on peut supposer que les consommateurs iront s'approvisionner dans des contrées voisines où le coût de la marchandise est inférieur à celui de leur pays.

- *Les d roits d'enregistrement et du timbre*

Ils sont dus par les personnes (particuliers et entreprises) qui louent, vendent et achètent des immeubles (bâtiments, maisons, usines, commerces, entreprises etc.).

N.B : Les contrats de location, d'achat et de vente d'immeubles doivent être signalés et enregistrés à la Direction Générale des Impôts.

Section 2 : Le système fiscal

Comme précisé ci-dessus, le système fiscal désigne l'ensemble des impôts et taxes en vigueur dans un pays. C'est la combinaison des législations relatives aux différents impôts qui composent le prélèvement public et dont l'objectif est d'atteindre un optimum économique et social[34]. En d'autres termes, il s'agit pour l'État, de mobiliser des recettes

[34] G. CHAMBAS, in Transition fiscale et développement, CERDI 2012.

publiques sans compromettre la croissance économique, tout en assurant le bien-être social des populations.

Les principes fondamentaux de la fiscalité

Pour atteindre ces objectifs d'optimalité économique et social, la matière fiscale exige le respect de principes importants parmi lesquels on peut citer :

- *la nécessité de l'impôt ;*
- *la légalité de l'impôt ;*
- *l'égalité devant l'impôt et la non-discrimination ;*
- *l'autonomie du droit fiscal ;*
- *l'annualité ;*
- *l'universalité.*

1.1.1-/ principe de la nécessité

La déclaration des Droits de l'Homme et du Citoyen de 1789 imposent à tout citoyen la nécessité de contribuer à l'entretien de la force publique et à participer aux dépenses de l'Administration. Le principe de nécessité de l'impôt préconise que pour l'entretien de la force publique et pour les dépenses de l'Administration, une contribution commune est indispensable Ce caractère indispensable et nécessaire fonde la légitimité du contrôle fiscal et de la répression de la fraude.

1.1.2-/ Le p rincipe de la légalité de l'impôt

Selon l'Article 14 de la déclaration des Droits de l'Homme et du Citoyen de 1789 « Tous les citoyens ont le droit de constater, par eux-mêmes ou par leurs représentants, la nécessité de la contribution publique, de la consentir librement, d'en suivre l'emploi, et d'en déterminer la quotité, l'assiette, le recouvrement et la durée ».

Le principe de légalité de l'impôt tire son origine du principe de consentement à l'impôt qui indique que l'institution de l'impôt relève de la compétence d'une assemblée représentative des citoyens. En Côte d'Ivoire, l'article 61 de la Constitution dispose que « le Parlement vote la loi et consent l'impôt ». Par ailleurs, l'article 71, indique que c'est la loi (l'Assemblée Nationale) qui détermine l'assiette, le taux et les modalités du recouvrement des impositions de toute nature.

Cependant, en raison de la technicité et de la complexité de la fiscalité, les initiatives en matière fiscale sont très souvent d'origine Gouvernementale.

1.1.3-/ Le principe de l'égalité devant l'impôt et de non-discrimination

Le principe de l'égalité devant l'impôt trouve son fondement dans le principe d'égalité devant la loi consacré par la Déclaration Universelle des Droits de l'Homme (article 6) à laquelle fait référence le préambule de la Constitution de la République de Côte d'Ivoire.

Ce principe rapporté à la matière fiscale devient celui de l'égalité devant l'impôt et est défini par Jean SCHMIDT comme suit : « Tout contribuable se trouvant dans la même situation de droit ou de fait qu'un autre contribuable doit être soumis à une imposition identique».[35]

1.1.4-/ L'autonomie du droit fiscal

La fiscalité comprend un certain nombre de principes particuliers et de règles spécifiques

L'une des spécificités les plus fameuses de la fiscalité est le fait par exemple qu'elle appréhende une activité sans se préoccuper de son caractère licite ou illicite, de sa moralité ou de son immoralité, alors qu'elle découle et est basée sur le droit, sur la légalité.

1.1.5-/ Le principe de l'annualité de l'impôt

Le principe d'annualité de l'impôt procède de deux autres principes: celui du consentement à l'impôt et celui de l'annualité budgétaire. Il signifie que la perception des impôts doit être autorisée pour une année, l'année civile, par la loi des finances. Cependant, ce principe n'interdit pas le recouvrement de l'impôt au-delà de l'année.

1.1.6-/ Le principe de l'universalité

Le principe de l'universalité relève du fait que toute personne doit s'acquitter de son impôt et qu'il n'y a pas d'exception à ce devoir.

Les régimes d'imposition

Le dispositif fiscal de la Côte d'Ivoire comporte quatre régimes d'imposition qui sont :

- *le régime de la taxe forfaitaire des petits commerçants et artisans ;*
- *le régime de l'impôt synthétique ;*
- *le régime du réel simplifié d'imposition (RRSI) ;*
- *le régime du réel normal d'imposition (RRNI).*

---

[35] SCHMIDT (Jean) : Les principes fondamentaux du droit fiscal, Dalloz, 1992 p. 69

Les contribuables qui réalisent des activités commerciales, industrielles et artisanales, sont classés et imposables dans des régimes distincts d'imposition, en fonction du niveau du chiffre d'affaire .

La détermination de ces régimes d'imposition intervient au moment de la déclaration de l'activité aux services de la Direction Générale des Impôts (DGI), c'est-à-dire au moment de l'établissement de la déclaration fiscale d'existence (DFE).

1.2.1-/ Le régime de la taxe forfaitaire des petits commerçants et artisans

Le régime de la taxe forfaitaire des petits commerçants et artisans est le régime applicable aux vendeurs ambulants, vendeurs à l'étalage, cordonniers, vulcanisateurs, réparateurs de véhicules à deux roues, blanchisseurs (sans ouvriers et utilisant un petit outillage à main), boulangers n'utilisant pas de procédés mécaniques de fabrication, exploitants de moulins à maïs, ou à arachides, photographes sans local, réparateurs de montres sans employé, vendeurs de journaux et de café exerçant dans des installations sommaires, tailleurs ne possédant qu'une machine à coudre, etc36. Les personnes bénéficiant de ce régime sont forfaits de toutes taxes dues (patentes et des licences, des taxes communales, impôt sur les traitements et salaires, etc.). Le tarif est fonction des zones d'implantation des commerçants. L'annexe fiscale 2018 a défini trois zones. Il s'agit des communes de moins de 20 000 habitants, des communes de 20 000 à 200 000 habitants et des communes de plus de 200 000 habitants, ainsi que dans toutes les communes composant le district d'Abidjan.

1.2.2-/ Le régime de l'impôt synthétique

a) La présentation du régime

Les personnes physiques ou morales exerçant des activités dont le chiffre d'affaires (CA) annuel TTC est compris entre 5 millions et 50 millions de francs sont soumises au régime de l'impôt synthétique[37]. Il s'agit notamment des personnes physiques ou morales dont l'activité principale est de vendre des marchandises, de fournir le logement, les exploitants agricoles, les planteurs et éleveurs, et les prestataires de service. Les contribuables relevant du régime l'impôt synthétique peuvent opter, avant le 1er février de chaque année, pour le régime du bénéfice réel simplifié d'imposition. L'option prend effet à compter du 1er janvier de l'année au cours de laquelle elle est exercée.

---

[36] Ordonnance n° 61-123 du 14 avril 1961.

[37] Article 72 et suivants du CGI

b) La détermination et paiement de l'impôt synthétique

Le montant de l'impôt synthétique dû par chaque exploitant est arrêté forfaitairement chaque année. Lorsqu'un contribuable exploite simultanément, plusieurs établissements, boutiques, magasins, ateliers, chantiers, chacun d'entre eux est considéré comme une exploitation et imposé séparément, dès lors le chiffre d'affaires total réalisé au titre de l'ensemble des activités exercées ne place pas de plein droit le contribuable sous le régime du réel simplifié ou du réel normal. Aucune imputation au titre de l'acompte sur le revenu du secteur informel (ARSI) sur l'impôt synthétique n'est faite. Par contre, cette imputation est admise pour la retenue à la source de 10% sur les sommes mises en paiement par le trésor public. Les contribuables sont tenus d'effectuer spontanément à la recette des impôts du lieu d'exercice de leur activité, avant le 10 du mois, un versement égal au douzième du montant de leur impôt annuel exigible.

c) Les obligations comptables

Selon les dispositions de l'article 82 du Code Général des Impôts, « les contribuables soumis au régime de l'impôt synthétique sont tenus de présenter leur résultat financier de fin d'exercice, selon le système minimal de trésorerie prévu par le droit comptable OHADA. Ils doivent également tenir les deux registres suivants :

- *le registre chronologique consignant toutes les factures des achats et des dépenses ;*
- *le registre chronologique consignant selon l'ordre numérique les factures des ventes ou des prestations réalisées.*

Tableau 4 : L'impôt synthétique

Chiffre d'affaires (FCFA)	Montant de l'impôt exigible (FCFA)
Jusqu'à 5.000.000	Néant
De 5.000.001 à 6.000.000	491.400
De 6.000.001 à 7.000.000	573.300
De 7.000.001 à 8.000.000	655.200
De 8.000.001 à 9.000.000	737.100
De 9.000.001 à 10.000.000	819.000
De 10.000.001 à 11.000.000	900.000
De 11.000.001 à 12.000.000	982.000
De 12.000.001 à 13.000.000	1.064.000
De 13.000.001 à 14.000.000	1.146.600
De 14.000.001 à 15.000.000	1.228.500
De 15.000.001 à 16.000.000	1.310.000
De 16.000.001 à 17.000.000	1.392.000
De 17.000.001 à 18.000.000	1.474.200
De 18.000.001 à 19.000.000	1.556.100
De 19.000.001 à 20.000.000	1.638.000
De 20.000.001 à 21.000.000	1.719.900
De 21.000.001 à 22.000.000	1.801.800
De 22.000.001 à 23.000.000	1.883.700
De 23.000.001 à 24.000.000	1.965.600
De 24.000.001 à 25.000.000	2.047.500
De 25.000.001 à 26.000.000	2.129.400
De 26.000.001 à 27.000.000	2.211.300
De 27.000.001 à 28.000.000	2.293.200
De 28.000.001 à 29.000.000	2.375.100
De 29.000.001 à 30.000.000	2.457.000
De 30.000.001 à 32.000.000	2.480.000
De 32.000.001 à 34.000.000	2.640.000
De 34.000.001 à 36.000.000	2.800.000
De 36.000.001 à 38.000.000	2.960.000
De 38.000.001 à 40.000.000	3.120.000
De 40.000.001 à 42.000.000	3.280.000
De 42.000.001 à 44.000.000	3.400.000
De 44.000.001 à 46.000.000	3.600.000
De 46.000.001 à 48.000.000	3.760.000
De 48.000.001 à 50.000.000	3.920.000

Source : Code Général des Impôts de Côte d'Ivoire, 2012.

1.2.3-/ Le régime du réel simplifié d'imposition

Sont obligatoirement soumis au régime du bénéfice réel simplifié[38], les personnes physiques ou morales dont le chiffre d'affaires annuel, toutes taxes incluses, est compris entre 50 et 150 millions.

Les entreprises (exploitants individuels et personnes morales) qui remplissent les conditions pour être imposés sous le régime du réel simplifié d'imposition peuvent **opter**, avant le 1er février de chaque année, pour le régime du réel normal d'imposition.

Cette option n'est révocable qu'après trois ans et sur autorisation expresse des services de la Direction générale des Impôts. Elle prend effet à compter du 1er janvier de l'année au cours de laquelle elle est exercée.

1.2.4-/ Le régime du réel normal d'imposition

- *Sont inscrits au régime du réel normal d'imposition[39], les entreprises (exploitants individuels et personnes morales) dont le chiffre d'affaires toutes taxes comprises excède 150 millions de francs.*
- *Les entreprises (exploitants individuels et personnes morales, quelle que soit leur forme Juridique, y compris les sociétés de fait, les indivisions et les associations en participation) qui remplissent les conditions pour être imposées sous le régime du bénéfice réel simplifié peuvent opter, avant le 1er février de chaque année, pour le régime du réel normal d'imposition.*

Tableau 5 : Récapitulatif des régimes d'imposition

Régimes d'imposition	Conditions de chiffres d'affaires)
Impôt synthétique	$5\ M < CA\ TTC \leq 50\ M$
Réel simplifié	$50\ M < CA\ TTC \leq 150\ M$
Réel normal	$CA\ TTC > 150\ M$

Source : Code Général des Impôts de côte d'Ivoire, 2018.

[38] Article 45 du Code Général des Impôts.

[39] Article 34 du Code Général des Impôts

1.2.5-/ Les régimes spéciaux et les conventions fiscales internationales

a) Les régimes spéciaux

La Côte d'Ivoire s'est dotée d'une législation fiscale qui vise à encourager les investisseurs, en leur octroyant des avantages fiscaux. Ces mesures sont issues d'une part, du Code Général des Impôts et, d'autre part, de textes particuliers.

b) Les régimes spéciaux issus du code général des impôts

Ces régimes concernent essentiellement :

- *la réduction d'impôt sur les bénéfices au profit des entreprises individuelles et des sociétés qui décident d'investir leurs bénéfices en Côte d'Ivoire (art. 110 du CGI) ;*
- *la réduction d'impôt général sur le revenu au profit des personnes non passibles de l'impôt sur les bénéfices, mais dont le revenu est imposable à l'IGR et qui investissent tout ou partie de leur revenu global imposable sur le territoire ivoirien (art. 263 du CGI) ;*
- *l'exonération d'impôt sur les bénéfices au profit d'entreprises créées pour reprendre une entreprise industrielle en difficulté quelle que soit le secteur.*

c) Les régimes spéciaux issus de textes particuliers

Ce sont notamment ceux issus du Code des Investissements, du Code minier, du Code pétrolier et du régime fiscal des constructions de logements économiques et sociaux.

Les exonérations accordées dans les cas susmentionnés permettent, notamment d'aider à l'implantation des entreprises (exonérations des droits de douane, de la taxe sur la valeur ajoutée) qu'à les soutenir en période d'exploitation (contributions des patente, impôt sur les bénéfices, contribution foncière…).

d) Les conventions fiscales internationales

Les conventions fiscales ont pour objectif principal d'éviter la double imposition entre les Pays. Accessoirement, elles visent à promouvoir la coopération dans le domaine d'échange d'informations fiscales, dans le cadre de la lutte contre la fraude et l'évasion fiscales internationales et à assurer une égalité de traitement fiscal entre les citoyens des États.

1.3. Les prélèvements obligatoires autres que l'impôt

a) La redevance

A la différence de l'impôt qui ne comporte pas de contrepartie directe, la redevance est perçue à l'occasion d'un service rendu. La redevance s'apparente donc au prix du service public devant être supporté par l'usager. Elle est facultative dans la mesure où seuls les citoyens qui utilisent les services sont soumis à son paiement.

Exemple : le péage des autoroutes, la redevance pour l'occupation du domaine public.

b) t axes fiscales

Les taxes, à l'instar des redevances, se caractérisent par leur perception à l'occasion d'un service. A ce titre, elles se différencient aussi de l'impôt. Les taxes se distinguent des redevances sur le fait qu'elles peuvent être exigées des usagers effectifs, mais également des usagers potentiels (tel est le cas par exemple de la taxe d'enlèvement des ordures ménagères).[40]

c) t axes parafiscales

Les taxes parafiscales sont des prélèvements perçus dans un intérêt économique ou social au profit d'une personne morale de droit public ou privé autre que l'État, les collectivités territoriales et leurs établissements publics administratifs.

d) Les cotisations sociales

Les cotisations sociales devraient, en principe, figurer dans la catégorie des taxes parafiscales dans la mesure où il s'agit de prélèvements obligatoires perçus par des organismes de droit public ou privé dans un intérêt social. Cependant, elles sont exclues du champ parafiscal. Ces prélèvements obligatoires ne sont pas qualifiés d'impôts parce qu'ils comportent une contrepartie.

NB : L'impôt peut être désigné par des noms tels qu'Impôt (Impôt sur les salaires ; Impôt sur les bénéfices ; Impôts fonciers), ***Contribution*** (Contribution foncière des propriétés bâties ; Contribution des patentes), ***Taxe*** (taxe sur la valeur ajoutée, taxe d'habitation) ou ***Droit*** (droit de douane).

[40] BOUVIER (Michel) OP CIT, P. 19

CHAPITRE VIII

LES MECANISMES D'IMPOSITION

Les mécanismes d'imposition ou technique fiscale comporte quatre (04) étapes essentielles : (i) la détermination de l'assiette ; (ii) la liquidation de l'impôt ; (iii) le recouvrement de l'impôt ; (iv) le contrôle précédé d'une étape préliminaire (le champ d'application).

Section 1 : Les é tapes de l'imposition

Le champ d'application

Définir le champ d'application revient à préciser les personnes imposables, les opérations imposables et les règles de territorialité.

1.1.1-/ Les personnes ou entreprises imposables

Ce sont celles qui sont désignées comme contribuables. Une personne ou une entreprise est imposable en fonction des opérations qu'elle réalise. C'est le cas des commerçants qui, par nature, réalisent des actes de commerce imposables. Dans le cadre de la fiscalité des entreprises, il peut s'agir d'une personne physique ou morale.

1.1.2-/ Les opérations imposables

Ce sont les événements ou actes relatifs au revenu, à la dépense ou au capital devant être soumis à l'impôt. Selon les impôts et taxes concernés, certaines opérations sont imposables par nature, d'autres par option et d'autres par disposition expresse de la loi et d'autres enfin sont exonérées.

1.1.3-/ Les règles de territorialité

Les règles de territorialité précisent les limites du territoire auquel s'applique la législation fiscale ivoirienne, ainsi que les règles applicables en cas d'opération mettant en jeu des personnes hors du pays.

L'assiette de l'impôt

Asseoir l'impôt est une étape essentielle du prélèvement fiscal. L'opération comporte la détermination de la matière imposable et le fait générateur.

1.2.1-/ La matière imposable

La définition de la matière imposable est du ressort de l'Administration. Cette phase implique une double opération. Il faut, dans un premier temps, que soient qualifiés les éléments susceptibles d'entrer dans la base d'imposition. Il faut ensuite qu'ils soient évalués. C'est l'indicateur de la ressource ou de l'opération économique à atteindre, à savoir, le revenu ou bénéfice, la dépense, le capital ou opération sur le capital.

1.2.2-/ Le f ait générateur

C'est la situation, l'événement ou l'acte qui créé les conditions d'existence de la dette fiscale, dont il fixe le régime juridique. Il est constitué par l'écoulement d'une année d'exploitation ou la clôture d'un exercice pour le BIC, le franchissement du cordon douanier, pour les droits de douane, la livraison de la marchandise ou l'accomplissement du service pour la TVA.

Le fait générateur doit être distingué de l'exigibilité qui est le droit pour le Trésor Public de réclamer, à partir d'une certaine date, le paiement de l'impôt. Ces deux notions peuvent cependant, coïncider dans le temps comme les droits de douane et d'enregistrements.

1.2.3-/ L'évaluation de la matière imposable

Il s'agit de définir la base imposable et de l'évaluer. La législation fiscale définit les modalités de détermination de la base imposable et les procédés retenus pour son évaluation, avec une extrême précision. On rencontre trois méthodes d'évaluation.

1.2.4-/ L'évaluation réelle ou directe

Elle vise à connaître le montant réel de la base imposable ; ce qui suppose la tenue d'une comptabilité détaillée. Le plus souvent, l'Administration fiscale se contente de la déclaration du contribuable, mais cette confiance a pour contrepartie le droit de contrôle et de vérification que se réservent les services fiscaux. C'est le mode d'évaluation le plus utilisé et qui semble avoir les faveurs de l'Administration fiscale.

1.2.5-/ L' évaluation approchée ou forfaitaire

Elle revient à renoncer à l'évaluation réelle parce que douteuse ou peu sûre. La base est déterminée de façon approximative par l'Administration, à partir d'éléments jugés significatifs de l'activité du contribuable ou de sa capacité contributive. C'est le cas, en particulier, en matière de bénéfices pour certaines petites entreprises, dans la détermination du forfait. Ici, c'est l'Administration qui fixe le forfait.

1.2.6-/ L'évaluation indiciaire

Cette dernière est encore plus approximative et se fonde sur des critères extérieurs à la base imposable elle-même. Il s'agit par exemple ,de l'évaluation des valeurs locatives des bâtiments en matière d'impôts locaux ou d'impôt sur les revenus fonciers fondée sur le classement des immeubles en catégories présentant des caractéristiques de confort ou de qualité communes.

Une fois l'impôt assis, c'est-à-dire la base d'imposition déterminée, il va falloir le liquider.

La liquidation de l'impôt

La liquidation intervient après que la base d'imposition ait été déterminée. Elle consiste à appliquer à la base d'imposition, un ensemble de règles qui forment le tarif de l'impôt. En pratique, il s'agit le plus souvent d'appliquer un taux ou un barème (impôt sur le revenu) ou un tarif (taxe de résidence).

Elle est effectuée soit par le contribuable lui-même (TVA, impôt sur BIC) ou par l'Administration (Patente, Taxe de résidence). En plus du taux, la liquidation peut faire intervenir des éléments complémentaires tels que les abattements, les exonérations et déductions.

Le recouvrement

Recouvrer l'impôt, c'est le percevoir. Cette opération est conduite par un comptable public relevant de la Direction générale du Trésor et de la Comptabilité publique (impôts locaux) ou de la Direction générale des Impôts (TVA, droits d'enregistrement), ou encore de la Direction générale des Douanes (droits de douane). Il consiste à faire entrer le montant de l'impôt dans les caisses publiques. Cette opération est essentielle. C'est le but de la fiscalité. C'est également elle qui entraîne le plus de problèmes entre l'Administration fiscale et les contribuables.

1.4.1-/ Le paiement ordonné

C'est le système applicable aux impôts directs faisant l'objet d'avis d'imposition. Il se caractérise par le fait qu'il y a un temps qui sépare le fait générateur de l'exigibilité. C'est le cas par exemple de la patente.

1.4.2-/ Le paiement spontané

Il y a paiement spontané lorsque l'impôt est dû dès que survient le fait générateur ou dès qu'il est liquidé. C'est le cas des droits de douane, d'enregistrement et de timbre.

1.4.3-/ Le t iers payeur ou retenue à la source

C'est un système applicable en matière d'impôt sur le revenu. Avec ce système, un tiers, le payeur, qui détient le revenu, va défalquer le montant de l'impôt au profit de l'Administration fiscale. Le bénéficiaire reçoit un montant net d'impôt. C'est le cas de l'IGR et de l'IRVM.

Lorsque le contribuable ne paye pas sa dette fiscale dans les délais légaux, l'Administration fiscale peut recourir à d'autres modes de recouvrement. Le recouvrement peut être forcé.

Les procédures de recouvrement forcé et les notifications d'un commandement de payer sont prévus par les articles 101 à 115 du Livre des Procédures Fiscales (LPF). Le schéma de recouvrement forcé se présente comme suit :

Figure 1 : Les procédures de recouvrement forcé

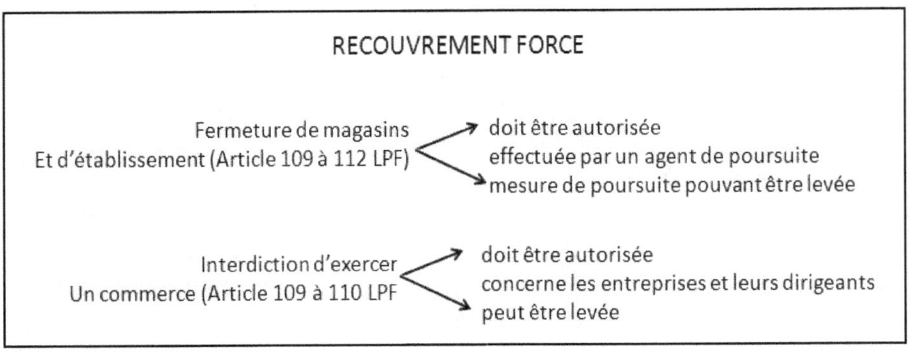

Source : De l'auteur

1.4.4/ Le tarif de l'impôt

Le tarif se définit comme l'ensemble des règles qui déterminent les opérations à effectuer, sur la matière imposable, pour obtenir le montant de l'impôt. Le tarif est exprimé soit par un ou des taux (pourcentage) d'imposition (c'est généralement le cas) ; soit par une ou des formules de calcul ; soit par un barème.

On distingue aussi les différents tarifs suivants :

Le tarif proportionnel : c'est l'exemple des impôts qui ont un tarif proportionnel exprimé par un taux ou pourcentage fixe et constant qui s'applique à la base imposable.

Le tarif progressif : c'est le cas des impôts qui ont un tarif progressif exprimé soit par des taux ou pourcentages variables et croissants, soit par des formules de calculs qui s'appliquent sur des tranches variables de la base imposable.

Le tarif fixe : c'est l'exemple des impôts qui ont un tarif fixe exprimé par un barème fixe comportant un ou des montants fixés à l'avance d'après un caractère précis de la matière imposable.

Le tarif spécifique : c'est le cas des taxes qui ont un tarif spécifique exprimé par une unité monétaire déterminée d'après une caractéristique de la matière imposable qui s'applique à une unité de mesure (ou de quantité) de la matière imposable.

1.4.5-/ Les modes d'extinction de la dette fiscale

En dehors du paiement effectif de la dette fiscale qui se caractérise par la remise d'un titre de paiement, les différents modes d'extinction de la dette fiscale sont :

- *l'imputation de crédits ou acomptes d'impôts ;*
- *la compensation avec les créances des contribuables constatées dans les écritures d'un comptable public (article 108 du Livre des Procédures Fiscales – LPF) ;*
- *l'admission en non-valeur : lorsque le recouvrement ne peut être effectué, pour cause de disparition, d'insolvabilité ou d'indigence des contribuables ;*
- *la prescription de l'action en recouvrement (article156 du LPF) ;*
- *le « dégrèvement » qui consiste à annuler totalement ou partiellement une imposition déjà établie. Les raisons d'un dégrèvement peuvent être, soit une erreur d'assiette, de taux, ayant entraîné une surimposition ; soit une erreur sur la personne ou sur les propriétés imposables ; soit un cas de remises gracieuses ou d'atténuations d'impôts ou de pénalités prévues légalement par les articles 197 et suivants du LPF ; soit un cas de prescription de l'action en recouvrement, de compensation, d'admission en non-valeur, etc.*

Section 2 : Le contrôle fiscal et les sanctions

L'Administration fiscale est chargée de vérifier l'exactitude des informations fournies par le contribuable et du montant de l'impôt dû (système déclaratif). Ainsi, l'Administration fiscale est amenée à :

- *vérifier l'exactitude des déclarations effectuées par le contribuable et de l'impôt dû ;*
- *appréhender les défauts et insuffisances de déclaration ;*
- *réclamer les compléments d'impôt dû ou les impôts éludés ;*
- *appliquer les sanctions.*

Le contrôle fiscal se présente sous différentes formes.

2.1-/ Les différentes formes de contrôle

- ***Le contrôle formel** : il consiste à faire rectifier, par le contribuable, les erreurs matérielles sur les déclarations fiscales (nom, NCC, etc.). Il consiste donc en un examen de la qualité formelle des éléments déclarés, en vue notamment de leur exploitation par les services de gestion ou par les moyens informatiques. C'est d'ailleurs une phase préparatoire au contrôle sur pièces.*
- ***Le contrôle sur pièces** qui analyse en profondeur les déclarations déposées par le contribuable. Il se fait à partir du bureau, à l'aide de renseignements tirés du dossier ou d'informations complémentaires obtenues de tiers dans le cadre de l'exercice de droit de communication. Il permet la détection des contribuables défaillants, la réparation et la prévention des erreurs et la sélection des dossiers susceptibles de contrôle externe.*
- ***Le contrôle externe** qui se fait sur place dans l'entreprise. C'est la vérification de la comptabilité, qui peut être générale, ponctuelle, limitée à des opérations déterminée ou particulières.*
- ***La vérification approfondie de la situation fiscale d'ensemble des personnels physiques** porte uniquement sur l'IGR et se fait au bureau à partir des éléments contenus dans le dossier du contribuable et des informations, documents et pièces fournis par celui-ci à la demande du vérificateur.*

2.2-/ La prescription

Le délai de prescription représente la période dont l'écoulement empêche qu'une imposition s'établisse, qu'un contrôle soit effectué ou qu'un recouvrement soit opéré.

Le délai de prescription d'assiette est de trois ans tandis que le délai de prescription de recouvrement est de dix ans.

2.3-/ Les infractions fiscales

Les infractions fiscales sont tous les manquements aux obligations contributives et déclaratives prévues par les dispositions fiscales. On distingue:

- *les infractions relatives au paiement de l'impôt (le retard, le défaut et l'insuffisance de paiement) ;*
- *les infractions en relation avec la déclaration (le retard, le défaut et l'insuffisance de déclaration) ;*
- *la fraude fiscale (actes ou attitudes volontaires fondés sur la mauvaise foi dans l'optique de violer la loi et de se soustraire au paiement de l'impôt dû). La dissimulation de chiffre d'affaires en est un exemple ;*
- *l'évasion fiscale (utilisation de moyens légaux pour éviter le paiement de l'impôt). Le transfert de revenus dans un paradis fiscal en est un exemple. L'évasion fiscale n'est pas une infraction fiscale, au sens strict du terme.*

2.4-/ Les sanctions en matière d'infractions fiscales

Elles sont la conséquence des infractions fiscales commises par les contribuables. Prévues par le Livre des Procédures Fiscales et le Code Général des Impôts, elles se subdivisent en sanctions fiscales et en sanctions pénales.

Les sanctions fiscales sont des sanctions pécuniaires prononcées par l'Administration et constituées par :

- *les intérêts de retard qui sont la réparation du préjudice financier lié au non-paiement de l'impôt dans le délai légal ;*
- *les majorations de droits ;*
- *les amendes fiscales pour retard ou défaut de déclaration, pour infractions au droit de communication.*

Les sanctions pénales répriment particulièrement la fraude fiscale et la résistance à l'impôt. Elles consistent en des peines correctionnelles prononcées par les tribunaux telles que les amendes et les emprisonnements.

CHAPITRE IX : LA GESTION DES DEPENSES PUBLIQUES

La gestion des finances publiques (GFP) est depuis quelques années au cœur la réforme des finances publiques dans les pays en développement. L'importance de la GFP dérive du rôle central que jouent les finances publiques dans les programmes de lutte contre la pauvreté et les politiques de développement. Un système de GFP transparent et participatif contribue au respect des droits fondamentaux, à la responsabilisation des acteurs budgétaires ainsi qu'à l'efficacité des politiques publiques. Il permet en effet aux citoyens d'influencer et d'adapter les institutions politiques de sorte qu'elles servent, au mieux, l'intérêt général, c'est-à-dire l'amélioration du bien-être collectif.

Les dépenses publiques sont les dépenses réalisées par les Administrations publiques et collectivités décentralisées, en vue de la satisfaction de l'intérêt général (production des biens publics, internalisation des externalités ou fonctionnement efficace du marché).

Elles sont financées par les prélèvements obligatoires (impôts, droits et taxes), par les ressources propres de l'État (dividendes issus des sociétés publiques, amendes etc.), mais aussi par les emprunts et les dons contractés/reçus des partenaires internationaux. De ce fait, il est nécessaire de mettre en place des systèmes de gestion des dépenses publiques qui satisfont l'objectif d'utilisation rationnelle de l'argent public.

Par ailleurs, il est essentiel de souligner que la gestion des ressources qui tient compte des contraintes nationales et internationales, représente un impératif majeur pour les sociétés contemporaines, quel que soit leur degré de développement et quel que soit le lieu géographique, en raison des interdépendances économiques des systèmes nationaux. Cet impératif concerne tous ceux qui sont chargés d'administrer et de piloter le développement.

L'objectif de ce chapitre est d'aborder la question des défis liés à la gestion des dépenses publiques.

Section 1 : La théorie des dépenses publiques

Les dépenses publiques sont constituées de l'ensemble des sommes engagées par l'administration publique (État, collectivité territoriales, organismes de sécurité sociale). Elles servent à la fourniture des biens et services publics (la santé, l'éducation, la sécurité), à l'investissement (construction d'infrastructures routières, hôpitaux etc.) mais aussi au financement des dépenses de fonctionnement.

La théorie des dépenses publiques analyse principalement :

- la masse, la composition et l'évolution des dépenses publiques ;
- les conséquences économiques, sociales et politiques des dépenses publiques.

Sur le plan économique, on distingue 3 catégories de dépenses :

- **les dépenses de fonctionnement** : ce sont les dépenses de personnel et de fonctionnement courant de l'administration. Elles représentent 60 à 70% des dépenses totales des pays africains contre 20 à 30% dans les pays développés.
- **les dépenses d'investissement** ou les dépenses en capital
- **les dépenses de transfert** : elles correspondent au rôle distributif de l'État et sont destinées aux ménages, aux entreprises et aux collectivités territoriales.

1.1. Les déterminants des dépenses publiques

A court terme, la conjoncture économique influence sensiblement plus le niveau des recettes publiques que celui des dépenses. Les bases sur lesquelles sont assises les recettes sont en effet étroitement corrélés au niveau de l'activité. Les dépenses sont, pour l'essentiel, liées aux montants votés. Certaines dépenses sont néanmoins sensibles aux évolutions conjoncturelles. Les dépenses de soutien au secteur privé et les dépenses de solidarité augmentent en cas de dégradation de l'activité.

La conjoncture économique a aussi une influence sur les dépenses via l'évolution des prix. Les dépenses sont en effet fixées en francs courants, dans la loi de finances. Si, in fine, l'inflation est plus forte que celle prévue dans la loi et que le niveau de dépense voté est respecté, la consommation publique sera plus faible qu'anticipé.

A court terme, l'augmentation des dépenses publiques se fait par à-coup. Des sauts se manifestent en période de crise (guerre, catastrophe naturelle ou dépression économique) comme on peut l'observer sur la figure ci-dessous.

Figure 2 : La croissance par à-coup des dépenses publiques

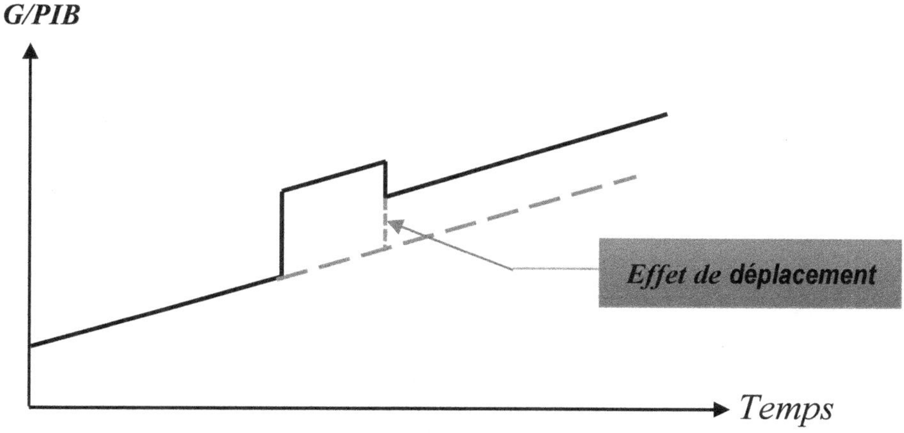

Source : De l'auteur.

Dans ces périodes, l'action publique est accrue et pour financer ces nouvelles tâches, la ponction fiscale augmente. Cette hausse des prélèvements fiscaux sera plus facilement acceptée par les contribuables, en raison des circonstances exceptionnelles. A moyen terme, on observe que l'évolution des dépenses publiques a tendance à suivre celle de l'activité et des prix, et donc le PIB nominal. Des comparaisons dans le temps et dans l'espace, comprenant divers pays montrent que l'activité publique connait une croissance plus rapide que celle du PIB. Ce fait stylisé, connu sous le nom de **loi de Wagner,** stipule que l'augmentation en pourcentage des dépenses publiques est supérieure à la croissance du PIB. En d'autres termes, l'élasticité des dépenses publiques par rapport au PIB est supérieure à 1.

$E_{G/PIB} = (\Delta G/G)/(\Delta PIB/PIB) > 1$

L'importance relative de l'État croît au fur et à mesure qu'un pays se développe. Ainsi un nombre toujours croissant de besoins des populations, en particulier les biens publics sont satisfaits et le sont de mieux en mieux par l'État et les administrations publiques. On peut citer l'exemple de la Côte d'Ivoire où la décentralisation a entrainé une augmentation nette des dépenses publiques. De nos jours, la loi de

Wagner est essentiellement justifiée en Afrique, du fait de l'explosion des dépenses de transfert plutôt qu'à l'achat des biens et services.

A plus long terme, les dépenses publiques sont influencées par des facteurs structurels. L'évolution des structures économiques, et surtout démographiques, a un effet positif sur le niveau des dépenses et sur leur composition.

L'efficacité des dépenses publiques

Selon Keynes, l'équilibre de sous-emploi (équilibre du marché des biens et chômage sur le marché du travail) requiert ainsi l'intervention de l'État. Il revient alors à la politique économique de réguler la conjoncture en relançant la demande en période de récession et en la diminuant en période de surchauffe. Si on représente l'économie fermée par les quatre équations suivantes :

$Y = C + I + G$; $C = cY + C_o$; $I = S$; $S = tY$

où Y est la production ou le revenu distribué ; C la consommation ; I l'investissement ; G les dépenses publiques ; c propension à consommer, t taux d'imposition ; C_o la consommation incompressible ; S : l'épargne.

Le rapport (1/(1 – c(1-t)) détermine l'effet multiplicateur d'une hausse de la consommation (*C*), d'une hausse de l'investissement (I) et d'une hausse des dépenses publiques (G) sur la production des biens et services. La régulation de la conjoncture peut s'effectuer au moyen de la politique budgétaire ou de la politique fiscale. On peut noter que la relance fiscale est moins efficace que la relance budgétaire (en effet, 1/ 1- c(1- t) < 1/(1-c)). Ceci provient du fait qu'une baisse des impôts se traduit par une augmentation du revenu disponible, laquelle n'est pas intégralement consommée (l'épargne est une fuite).

Face à cet optimisme, la pensée économique néoclassique depuis ses origines, prône l'idée que la dépense publique est un poids pour l'économie tant par les prélèvements qu'elle implique, que par sa faible productivité comparativement à la consommation privée.

Pour combler son besoin de financement, l'État a recours à 3 moyens principaux : l'augmentation des impôts, la création monétaire indirecte par l'émission de bons du trésor et l'emprunt public. Ces différentes possibilités de financement budgétaire engendrent des effets d'éviction :

- un effet d'éviction des consommations des ménages ;
- un effet d'éviction de l'investissement des entreprises.

En outre, la relance budgétaire se traduit généralement par une augmentation des taux d'intérêt et donc de l'inflation.

Prenant en compte tous ces inconvénients, les modèles de croissance endogène sont parvenus à montrer la contribution potentielle des dépenses publiques à la croissance économique. En pratique cependant, cette relation fait l'objet de plusieurs controverses dans les PED. Ces dernières années, les Gouvernements sont confrontés à des restrictions budgétaires qui les contraignent à améliorer l'efficacité des dépenses publiques. Pour tirer le maximum des financements, le décideur doit mener une analyse coût-efficacité qui consiste à comparer le coût de son intervention et les bénéfices escomptés. La comparaison des ratios coût-efficacité des politiques alternatives permet de retenir la politique la plus productive.

L'évolution des dépenses publiques en Côte d'Ivoire

La Figure 3 ci-dessus montre une croissance continue des dépenses publiques de la Côte d'Ivoire depuis la période des indépendances.

Figure 3 : Évolution des recettes et des dépenses publiques en Côte d'Ivoire

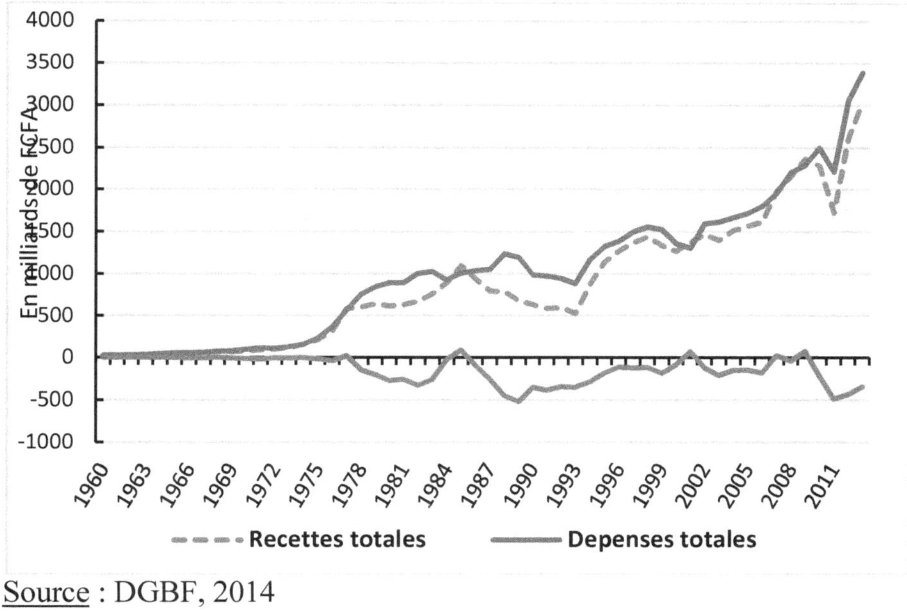

Source : DGBF, 2014

Dès la fin des années 1970, on constate une forte augmentation des recettes mais aussi des dépenses publiques en termes de pourcentage. On note cependant une progression des dépenses publiques plus rapide que celle des recettes. Ce qui conduit à une situation de déséquilibre des finances publiques et se traduit par un solde global déficitaire. Cette situation s'explique par l'entrée de l'économie Ivoirienne dans une période de crise se traduisant par une baisse du Produit Intérieur Brut (PIB). Comme le précise Ngaladjo et *al.* , *le PIB de 1991, à prix constant serait inférieur à celui de 1951.*

A partir des années 1996, on assiste à une résorption du déficit budgétaire ; le solde global semble de nouveau s'approcher de l'équilibre. Cette amélioration budgétaire d'après 1990 est la résultante d'une amélioration de la gestion des actions financières de l'État que sont la politique fiscale et la politique de gestion des dépenses publiques.

Section 2 : Les modes de gestion et objectifs de la dépense publique

« La Gestion des dépenses publiques est l'ensemble des procédures et systèmes qui permettent la formulation, l'exécution, le contrôle, le suivi, l'audit et l'évaluation de la politique des dépenses publiques ». Elle a pour but d'assurer une allocation optimale des ressources publiques, à travers les administrations publiques sans entraver la stabilité financière du pays. La gestion des dépenses publiques a beaucoup évolué au cours du XIXe siècle où la gestion traditionnelle a fait place à une gestion dite moderne et axée sur les résultats (Tommasi, 2010)[41].

2.1. La gestion traditionnelle des dépenses publiques

Elle se compose de la gestion axée sur les intrants et de la gestion axée sur les produits. La gestion axée sur les intrants consiste à évaluer la performance d'une administration publique en fonction du montant des ressources et des moyens qui lui sont affectés. Dans la gestion axée sur les produits, l'objectif est de mesurer la nature et la quantité des biens publics fournis. A chacun de ces modes de gestion est associé un type de contrôle: le contrôle interne de la dépense par les ministères; le contrôle externe de la dépense par le centre ou le contrôle du compte rendu de gestion. Ces trois formes de contrôle diffèrent à la fois par les coûts engendrés pour les ministères, les incitations à l'efficience mais aussi la nature des informations et des procédures. Le troisième type de contrôle est celui de la gestion axée sur les résultats , présentée plus en détail dans

[41] Daniel Tommasi , Gestion des dépenses publiques dans les pays en développement, 2010.

le paragraphe suivant- qui s'attache aux résultats de l'action publique, en termes d'effet sur le bien-être des populations mais aussi sur les progrès économiques et sociaux.

2.1.1-/ Le contrôle interne de la dépense

Il est effectué par le ministère de tutelle qui doit s'assurer non seulement de la conformité de la dépense avec le budget mais aussi de la régularité de la dépense. C'est un contrôle effectué sur les intrants. *Il augmente l'efficience opérationnelle en réduisant le coût du respect des règles et en donnant plus de liberté aux gestionnaires dans leur gestion*[42]. Il a lieu en fin de période et est exercé sur les gestionnaires puisque ceux-ci ont la responsabilité des dépenses effectuées, puisqu'ils n'ont pas à obtenir l'aval externe avant de réaliser les dépenses. Ce type de contrôle présente néanmoins des défauts. Il applique les mêmes règles quelles que soientt les types de dépenses , il peut ne pas différer du contrôle exercé par le Ministère des finances publiques. Il n'est pas orienté vers l'efficience opérationnelle.

2.1.2-/ Le contrôle externe

Comme le précédent, il ne s'exerce que sur les dépenses. Toutefois l'organisme en charge du contrôle (le ministère des finances) diffère de celui qui est en charge de la dépense. De façon générale, ce contrôle est effectué avant la dépense et est basé sur un respect stricte des réglementations et non sur la recherche de l'efficacité voir même de l'efficience des dépenses effectuées. L'information circule donc du bas vers le sommet de l'État. L'une des principales limites de ce contrôle est qu'il ne peut être effectué dans des État de grandes tailles à la fois pour des questions de coûts liés à l'ampleur de la tache mais aussi de lourdeurs des procédures.

2.1.3-/ Le compte rendu de gestion

Ici le contrôle se fait à la fois sur les résultats des unités opérationnelles et les dépenses engagées. Les gestionnaires ont une plus grande responsabilité opérationnelle. Ils disposent de budgets globaux et peuvent choisir la combinaison optimale de dépenses à effectuer pour l'ensemble des programmes existants. Ils sont tenus responsables des coûts et des produits.

---

[42] Mathis (2012)

De façon générale, les reproches suivants sont faits aux modes de gestion traditionnels des dépenses publiques.

- *Une absence de stratégie publique;*
- *Une absence d'objectifs généraux et d'objectifs spécifiques;*
- *Une absence de visibilité de l'action publique;*
- *Une absence d'indicateurs de mesure de la performance;*
- *Une absence de transparence;*
- *Une absence de l'efficience dans la dépense publique;*
- *Une absence de la culture de reddition des comptes;*
- *Une absence de définition des responsabilités.*

2.2. La gestion axée sur les résultats

La gestion axée sur les résultats s'intéresse à la finalité des programmes réalisés par les entités opérationnelles. Elle permet d'évaluer l'efficacité de l'action publique en posant des questions suivantes : Pourquoi faut-il engager des dépenses publiques? Dans quels buts sont-elles engagées? Ces dépenses permettent elles d'atteindre les résultats attendus de façon efficiente ?

Son objectif est de renforcer l'efficacité de la dépense publique, en ***orientant le budget vers les résultats***. Contrairement aux modes traditionnels de gestion de la dépense publique, elle présente divers avantages[43] parmi lesquels on peut citer :

- *L'octroi de plus de liberté et de responsabilités aux gestionnaires des services publics,*
- *L'allégement et la facilitation des procédures de la dépense publique,*
- *La clarification des choix stratégiques par le renforcement de la programmation budgétaire pluriannuelle;*
- *Le maintien de la stabilité macro-économique et*
- *La libéralisation de l'économie ainsi que l'ouverture son secteur public.*

Les o bjectifs de la gestion des dépenses publiques

Les trois objectifs de performances des finances publiques sont aussi appliqués en matière de gestion des dépenses publiques. Pour rappel, ces objectifs sont :

- ***la discipline budgétaire globale** : elle consiste en une maitrise des équilibres budgétaires qui doivent être définis conformément aux*

[43] M. Haddad, Avantages et Opportunités de l'utilisation de la gestion axée sur les résultats, 2011.

objectifs macroéconomiques et ce de façon viable, du moins à moyen terme ;

- ***une allocation des ressources en conformité avec les objectifs de politique publique** : elle se traduit par une programmation des dépenses en fonction de leur priorité (efficacité du programme, adéquation avec la politique publique). Cette priorisation doit permettre, si besoin, de réallouer les ressources des programmes les moins efficaces vers ceux qui sont plus efficaces ;*

- ***une prestation efficiente des services publics** : Cet objectif signifie que l'administration publique doit veiller à minimiser les coûts de production pour fournir des services publiques de qualité et en adéquation avec les objectifs opérationnelles qui leur ont été attribués.*

Pour parvenir à la réalisation de ces objectifs, les systèmes de gestion des dépenses publiques doivent tenir compte des facteurs externes et les intégrer dans la procédure budgétaire. Au nombre de ces facteurs externes, on peut citer la dimension sociétale qui, avec ses multiples aspects, complètent ou spécifient les trois objectifs de performances.

Section 3 : La réforme de la gestion des dépenses publiques dans les pays en développement

La réforme de la gestion des dépenses publiques vise à renforcer la capacité des systèmes de gestion budgétaire à réaliser les objectifs de la Gestion des Dépenses Publiques (GDP[44]).

3.1. Les objectifs des reformes des dépenses publiques

La réforme des dépenses publiques, comme celle de la fiscalité, doit être effectuée pour assurer la viabilité des finances publiques. Cependant, la réforme de la gestion des dépenses publiques est essentielle, car elle permet d'améliorer la fourniture des biens et services publics par lesquels le contribuable peut juger de l'utilisation qui est faite de l'argent public. Cette perception est fondamentale puisqu'elle influence le civisme fiscal et donc l'acceptation de l'impôt.

[44] Daniel Tommasi , Gestion des dépenses publiques dans les pays en développement, 2010.

Selon le moniteur des finances publiques du FMI, les éléments essentiels à une réforme des dépenses publiques sont de:

- ***Garantir la viabilité des dépenses sociales et de la masse salariale du secteur public.*** *Pour le FMI, ces deux postes constituent les plus grosses dépenses dans la majorité des budgets nationaux. Par conséquent, une bonne gestion des dépenses publiques doit s'atteler à rendre l'allocation des ressources à ces composantes du budget efficiente. Il est par exemple possible de remplacer la politique de gel général des salaires et des recrutements par des réformes structurelles plus profondes, porteuses de gains d'efficacité et soutenues par le dialogue social ;*

- ***Obtenir des gains d'efficacité tout en respectant l'exigence d'équité.*** *Dans la mise en œuvre des politiques publiques, les Etats doivent s'assurer de l'efficacité des dépenses mais aussi de la répartition équitable des produits entre les populations. A titre d'exemple, une politique de réduction des dépenses de santé publique pourrait consister à favoriser la compétitivité par la facilitation de l'entrée dans le secteur de la santé de nouveaux acteurs pour favoriser la réduction des coûts, l'élargissement de l'offre des soins et des prestations, tout en établissant une réglementation stricte visant à prévenir les dérapages ;*

- ***Mettre en place des institutions qui favorisent le contrôle des dépenses.*** *Le FMI recommande de définir des règles budgétaires qui visent à limiter les dépenses et à assurer leur décentralisation.*

3.2. Un exemple de reformes des dépenses publiques : le cadre de dépenses à moyens termes (CDMT)

3.2.1-/ Définition, objectif et étapes du CDMT

Selon le manuel de gestion des dépenses publiques de la Banque Mondiale, « Un CDMT comprend une enveloppe financière globale fixée au sommet par les services centraux, des discussions à la base pour l'estimation des coûts présents et à moyen terme des options de politique publique et, enfin, un processus d'ajustement des coûts et des ressources disponibles.» (Banque Mondiale, 1998). C'est un instrument de programmation pluriannuelle (3 à 5 ans) des dépenses avec pour but la maitrise des dépenses budgétaire. Il est applicable sur l'ensemble des dépenses quelles que soient leur nature et leurs sources de financement.

- *Les o bjectifs des CDMT*

Les CDMT ont été conçus pour :

- Fournir la prévisibilité nécessaire pour la gestion efficiente des programmes ;
- Effectuer la programmation intra-sectorielle des dépenses ;
- Améliorer la discipline budgétaire ;
- Faire le suivi des programmes pluriannuels et de leur performance ;
- Offrir un cadre commun aux définitions des politiques de planification et de budgétisation au niveau central et sectoriel ;
- Rendre les dépenses publiques plus efficientes et plus efficaces.

- *Les é tapes des CDMT*

L'élaboration des CDMT se fait généralement de la manière suivante :

Etape 1 : La mise à jour du cadrage macroéconomique et l'établissement de montants indicatifs de ressources et de dépenses. Au cours de cette étape, les autorités centrales définissent les politiques macroéconomiques et leurs objectifs. Celles-ci sont généralement liées aux objectifs du millénaire pour le développement (OMD), aux objectifs pour le développement durable après 2015 ou aux stratégies décrites dans les Documents Stratégique de Réduction de la Pauvreté (DSRP). Ils déterminent aussi les ressources disponibles pour leurs réalisations.

Étape 2 : La revue des programmes sectoriels et la définition des priorités. C'est l'étape d'ajustement, d'accordement des ressources disponibles avec les politiques définies lors du cadrage macroéconomique. Elle permet de définir les programmes prioritaires, sous la contrainte des ressources.

Étape 3 : La préparation des cadres de dépenses sectoriels à moyen terme (CDSMT). Elle permet de définir la politique et les programmes sectoriels ; d'estimer les coûts de ces programmes et de définir l'enveloppe globale à attribuer pour la réalisation des objectifs.

Étape 4 : La préparation du CDMT global. Elle consiste à regrouper les CDSMT sectoriels dans un document unique et s'assurer que les objectifs, activités et ressources définies dans chacun des CDSMT correspondent aux objectifs stratégiques du cadrage macro-économique et au budget global.

Le CDMT est en résumé, un outil de politique économique qui révèle clairement et distinctement les priorités de l'État ainsi que les moyens mis en œuvre pour les matérialiser. Il veille à ce que les allocations financières sectorielles ou centrales soient cohérentes avec l'ensemble des objectifs du cadrage macroéconomique et traduisent une plus grande efficacité des dépenses publiques.

3.2.2-/ Le cadre de Dépenses à Moyen Termes en Côte d'ivoire

Deux raisons justifient l'introduction des CDMT en Côte d'ivoire : l'initiative des pays pauvres très endettées lancée en 1996 par le FMI et la Banque mondiale afin d'assurer qu'aucun pays ne soit confronté à une charge d'endettement qu'il ne peut gérer (Cf. partie 6); et la mutation du cadre juridique des finances publiques de la zone UEMOA pour tenir compte des normes budgétaires internationales[45].

C'est fort de ces deux obligations que l'État de Côte d'Ivoire a choisi dès 2011, d'introduire de façon progressive le processus du CDMT. Deux secteurs pilotes ont été choisis à cet effet, l'Education et la Santé.

Les enjeux de la mise en en œuvre des CDMT en Côte d'Ivoire sont les suivants :

- ***Encourager la culture de la performance au sein du secteur public,*** *en veillant à la qualité et à l'efficacité dudit secteur. Pour cela, les défis de lutte contre la corruption, de gestion efficace des ressources de l'État ou encore l'instauration d'une culture de redevabilité (accountability) doivent être relevés.*
- *Construire un système de gestion des finances publiques satisfaisant pour l'ensemble des parties prenantes au niveau national et international. Ceci se traduirait par un assainissement des bases du système de gestion des finances publiques.*
- ***Disposer d'un système de données fiables*** *permettant la mise en œuvre des CDMT mais aussi le suivi et l'évaluation de leurs impacts sur le bien-être des populations. Pour cela, il est nécessaire de renforcer les systèmes de production et de gestion des données ; d'assurer leur diffusion large auprès des acteurs économiques et garder la traçabilité des informations financières des partenaires internationaux dans le budget de l'État.*

3.3. Quelques pièges à éviter en matière de réforme de la gestion des dépenses publiques

- *Ignorer d'examiner de manière approfondie le système budgétaire en place avant de se lancer dans un processus de réforme généralisée ;*

---

[45] Adopté en 2009, elle prévoit *: (i) la transposition des directives au niveau des cadres juridiques nationaux, au plus tard le 31 décembre 2011 ; (ii) l'application intégrale de l'ensemble des mesures promues par ces Directives au plus tard le 1er janvier 2017 ; avec une période supplémentaire de deux (2) ans pour les États qui le souhaitent, en ce qui concerne l'application des règles et procédures découlant des principes des droits constatés.* Hubert (2010), Processus de mise en œuvre des cadres de dépenses à moyens termes.

- *Ne pas concevoir un système de réformes rigides abjurant toute flexibilité, annihilant toute possibilité d'adaptation à l'environnement institutionnel et macroéconomique ;*
- *Faire une réforme sans chercher à corriger la qualité et la disponibilité des données financières, économiques et relatives aux résultats ;*
- **réduction générale des dépenses**. C'est une solution inefficace car elle peut stopper, à long terme, le progrès économique et social du pays ;
- Le remplacement, de façon brusque, d'un système existant par les éléments d'un nouveau système ;
- La mise en œuvre de technique et outils les plus modernes, sans tenir compte des contraintes et des défis qu'ils impliquent en même temps notamment en matière de prise de décisions ;
- Ne pas penser qu'un processus de réformes est un processus dont les résultats doivent être perçus à court terme ;
- Dernier point, et ce n'est pas le moindre, les réformes des dépenses ont plus de chance de réussir et d'être durables si elles s'appuient sur un large consensus politique. Une vaste campagne de communication est particulièrement importante, car les incertitudes politiques et les pressions sociales peuvent aisément faire dérailler les réformes.

QUATRIEME PARTIE

COMPTABILITE PUBLIQUE

CHAPITRE X

TENUE ET FONCTIONNEMENT DES COMPTES DE L'ÉTAT

Les comptes de l'État sont destinés à retracer l'exécution du budget. La LOLF de 2014 distingue deux types de comptabilité : une comptabilité budgétaire et une comptabilité générale. La comptabilité budgétaire a pour objectif de retracer, pour l'exercice concerné, les opérations d'exécution du budget de l'État en recettes et en dépenses, conformément à la nomenclature de présentation et de vote du budget.

La comptabilité générale de l'État a pour objet de décrire le patrimoine de l'État, c'est-à-dire l'ensemble de ce qu'il possède (terrains, immeubles, créances) et de ce qu'il doit (emprunts, dettes), et son évolution. Elle doit être sincère et refléter une image fidèle de la situation financière de l'État.

Elle est fondée sur le principe de la constatation des droits et obligation. Les opérations sont prises en compte, au titre de l'exercice auquel elles se rattachent indépendamment, de leur date de paiement ou d'encaissement.

En outre, l'État tient une comptabilité des matières et une comptabilité analytique destinée à analyser les coûts, les différentes actions engagées dans le cadre des programmes et des dotations (Article 74 de la LOLF de 2014).
Ce chapitre traite de la tenue des comptes et de la comptabilisation des opérations de l'État.

Section 1 : Nomenclature et fonctionnement des comptes

Une nomenclature peut se définir comme un répertoire de rubriques ou comptes ayant un aspect contraignant pour les comptables publics. Le compte est la plus petite unité retenue pour le classement et l'enregistrement des flux (mouvements) financiers (dépenses, recettes, achats, ventes, etc.). Il peut se présenter sous forme de tableau de nombres à deux colonnes (compte en T). Par exemple le compte « caisse » permet de connaître, à tout moment, le montant disponible des espèces.

La nomenclature des comptes est constituée par la liste des comptes classés, numérotés selon un principe de décimalisation propre au plan comptable général et définis par une terminologie et des règles de fonctionnement. On distingue les comptes principaux à deux chiffres des comptes divisionnaires à trois chiffres qui sont subdivisés en sous comptes jusqu'au niveau élémentaire utile.

Classes de comptes

Les comptes sont regroupés par catégories homogènes appelées classes de comptes. Selon l'annexe au décret n^0 2014-418 du 9 Juillet 2014 portant Plan Comptable de l'État, le cadre comptable de l'État comprend huit (08) classes de comptes suivantes :

Classe 1 : comptes de « ressources à moyen et long terme »
Classe 2 : comptes «d'immobilisations»
Classe 3 : comptes de « stocks, en-cours et comptes internes»
Classe 4 : comptes de « tiers»
Classe 5 : comptes de « trésorerie»
Classe 6 : compte de «charges»
Classe 7 : compte de «produits»
Classe 8 : Engagements hors bilan

1.1.1-/ Classes de comptes du bilan

Classe 1 : Compte de ressources à moyen et long terme

Exemples :

10 – «Comptes d'intégration ou de contrepartie des immobilisations » qui comporte les comptes divisionnaires suivants :

101 – « Comptes d'intégration des immobilisations incorporelles »
101.1 – « Comptes d'intégration des brevets, marques de fabrique, droits d'auteur »

11 – « Report à nouveau »

111 – « Résultat de l'exercice reporté-budget général »
112 – « Résultat de l'exercice reporté-comptes spéciaux Gouvernement »

13 – « Résultat de l'exercice »
131 – « Résultats de l'exercice-budget général »
132 – « Résultats de l'exercice-comptes spéciaux »

14 – « Bons du Trésor à plus d'un an»
141 – « Bons du Trésor sur formule à plus d'un an »
144 – « Bons du Trésor en compte courant à plus d'un an »

Classe 2 : Immobilisations

Les comptes d'immobilisations retracent de façon générale les opérations d'investissement de l'État. **Ils sont servis par l'ACCT, en fin d'année par réflexion**.

Exemples

21 – « Immobilisations incorporelles »
211 – « Frais de recherche et de développement »
212 – « Brevets, marques de fabrique, droits d'auteur »

22 – « Acquisitions et aménagement des sols et sous – sols »
221 – « Terrains »
222 – « Sous - sols, gisements et carrières »

23 – « Acquisitions, constructions et grosses réparations des Immeubles »
231 – « Bâtiments administratifs à usage de bureau »
232 – « Bâtiments administratifs à usage de logement »

24 – « Acquisitions et grosses réparations du matériel et mobilier »
241 – « Mobiliers et matériel de logement et de bureau »
242 – « Matériel informatique de bureau »
246 – « Collections, œuvres d'art »

25 – « Équipement militaire »
251 – « Bâtiments militaires »
252 – « Ouvrages et infrastructures militaires »
253 – « Mobiliers, matériels militaires et équipements »
etc.

Classe 3 : Comptes de stocks, en-cours et comptes internes

Cette classe comprend deux types de comptes :

- *des comptes de stocks et en-cours.*
  - 31 - « marchandises »
  - 32 - « matières premières »
  - 33 - « autres approvisionnements »
  - 34- « produits et services en cours »
  - 35- « produits finis »
- *des comptes internes*
  - 36 - « services non personnalisés de l'Etat »
  - 37 - « relations avec les budgets annexes »
  - 38- « provisions pour dépréciation des stocks »
  - 39-« comptes de liaison interne »

Classe 4 : Comptes de tiers

La classe 4 enregistre les créances et les dettes de l'État liées à des opérations non exclusivement financières et faites généralement à court terme : Dettes exigibles constituées par les dépôts des correspondants du Trésor, créances exigibles sur les redevables des produits budgétaires.

Elle comprend également les comptes d'imputation provisoire des recettes et des dépenses et les comptes de régularisation qui assurent la liaison entre les exercices comptables. Ces comptes sont mouvementés, en cours d'année, par tous les comptables.

Exemples :

40 - « Fournisseurs et comptes rattachés»

401 - « fournisseurs, dettes en compte»

401.1 - «Fournisseurs, dettes en comptes – achats de biens ou de prestations de services »

401.2 - « Fournisseurs, dettes en comptes – subventions et transferts à verser »

402 - « Fournisseurs d'investissements»

403 - « Fournisseurs, effets à payer»

408 - « Fournisseurs, factures non parvenues »

41 - « Clients, Redevables et comptes rattachés»

411 - «Clients »

411.1- «Ventes de biens ou de prestations de services, année courante »

411.2- « Ventes de biens ou de prestation de service, année précédente »

421 - « Rémunération du personnel »
421.1 - « Rémunération du personnel, exercice courant»
421.2 - «Rémunération du personnel, exercices antérieurs »

43 - « État, Sécurité sociale et autres organismes rattachés »
431 - «État, sécurité sociale »
431.1 - « cotisations pensions de retraite des agents de l'État affiliés à la caisse»

44 - « Correspondants et comptes rattachés »
441 - « collectivités territoriales»
441.1 - « Régions»

441.2-« Départements »

441.3-« Communes »

46 - « Débiteurs et créditeurs divers»
461 - « Tiers débiteurs divers»
461.1 - « Tiers débiteurs divers – soldes débiteurs engageant la responsabilité des comptables »
461.2- « Tiers débiteurs divers – Déficits des comptables avant la prise d'un arrêté de débet ou d'un arrêt de débet »
461.3 - « Tiers débiteurs divers – débets des comptables après la prise en charge d'un arrêté de débet ou d'un de débet »

47 - « Comptes transitoires et d'attente»
470 - «Imputation provisoire de dépenses à régulariser chez les comptables principaux »
471 - « Imputation provisoire de dépenses chez les comptables secondaires centralisateurs»

472 - « Imputation provisoire de dépenses chez les comptables secondaires non centralisateurs »

473 - « Imputation provisoire de dépenses chez les Receveurs des administrations financières »

474 - « Imputation provisoire de crédits délégués»

475 - « Imputation provisoire de recettes à régulariser chez les comptables principaux»

476 - « Imputation provisoire de recettes chez les comptables secondaires centralisateurs »

477 - « Imputation provisoire de recettes chez les comptables non centralisateurs »

etc.

Classe 5 : « Comptes de trésorerie »

Exemples :

50 - «Titres de placement »

51- « Banques, Établissements financiers et assimilés »

53- « Caisse »

53 - « Caisse »

531.1 - « Numéraire chez les comptables centralisateurs»

531.2 - « Numéraire chez les comptables non centralisateurs

- *- « Numéraire chez les comptables des Impôts»*

531.3 - « Numéraire chez les comptables des Douanes»

Classe 6 – Comptes de « Charges »

Elle regroupe les comptes qui enregistrent, par nature, les charges qui concernent toutes les opérations budgétaires de l'année. La classe 6 est servie par réflexion en fin de gestion par l'ACCT.

Exemple :

60 - « Achats de biens »

61 - « Acquisitions de services»

Etc..

Classe 7 - « Produits»

Elle enregistre, par nature, les produits qui concernent toutes les opérations budgétaires de l'année. La classe 7 est servie par réflexion en fin de gestion par l'ACCT.

Exemple :

70 – « Ventes de produits et services »
71 - « Recettes fiscales »

- *- « Recettes non fiscales»*
- *– « Transferts reçus d'autres budgets »*
- *Etc…*

Classe 8 – Engagements hors-bilan

Exemples :

80 - «Engagements obtenus ou accordés par l'État »
81 – « Contrepartie des engagements de l'État »

Section 2 : Mode de fonctionnement des comptes

2.1. Notions de débit, de crédit et de solde

Comme défini plus haut, le compte permet de retracer les flux financiers découlant des activités d'une entité économique. Par respect du principe de la partie double, le compte se présente sous la forme d'un tableau à deux colonnes dont celle de gauche représente les emplois et celle de droite les ressources.

Tableau 6 ***: Les emplois sont les débits et les ressources les crédits***

EMPLOIS ⟵	⟶ RESSOURCES
DEBITS ⟵	⟶ CREDITS
DEPENSES ⟵	⟶ RECETTES
Solde : Excédentaire (+)	Solde : déficitaire (-)

Source : De l'auteur

Ainsi, lorsque dans une opération comptable, le compte décrit un emploi, il est servi au débit. S'il décrit par contre une ressource, il est servi au crédit. Autrement dit, débiter un compte, c'est inscrire un montant à son débit. Le créditer c'est inscrire un montant à son crédit.

Le solde d'un compte représente la valeur de l'élément à la date de calcul de ladite valeur. Celle-ci est déterminée par la différence entre le total des sommes au débit et celui des sommes au crédit. Lorsque le total du débit est supérieur au total du crédit, on dit que le solde est **débiteur**. Lorsque le total du crédit est supérieur au total du débit, on dit que le solde est **créditeur**. Lorsque le total du débit est égal au total du crédit, on dit que le solde est **nul**.

2.2 . Caractéristiques des ressources et des emplois

- ***Au niveau des ressources on en distingue deux catégories : (i) les ressources internes****, générées par l'activité de l'entreprise et qui sont définitivement acquises. Elles représentent un enrichissement pour l'entreprise et constituent donc les produits (exemple : Ventes, prestations de service) qui figurent dans les produits du compte de résultat ;* ***(ii) les ressources externes****, obtenues auprès de personnes extérieures à l'entreprise et qui devront être remboursées à plus ou moins longue échéance. Elles constituent les passifs (figurent au passif du bilan).*
- ***En ce qui concerne les emplois, il en existe également deux catégories : (i) les emplois non récupérables****, qui sont définitivement consommés. Ils représentent un appauvrissement pour l'entreprise et constituent les charges qui figurent au niveau du compte de résultat (exemple : salaires versés) ;* ***(ii) les emplois récupérables*** *qui constituent les biens mobiliers ou immobiliers (figurent à l'actif du bilan).*

2.3 : Différents types d'opérations

Au regard des caractéristiques des ressources et des emplois, l'on peut distinguer les opérations de patrimoine et les opérations d'activité.

Les opérations de patrimoine ne mettent en jeu que des ressources externes et des emplois récupérables. Elles n'ont pas d'impact sur le résultat de l'exercice et constituent l'essentiel des rubriques figurant au bilan. Les ressources externes sont au Passif du bilan, tandis que les emplois récupérables sont à l'Actif.

Les opérations d'activité (d'exploitation, de fonctionnement) ne mettent en jeu que des ressources internes et des emplois non récupérables, ayant par conséquent un impact sur le résultat de l'exercice. Elles figurent au **compte de résultat** et permettent de déterminer le résultat, par la différence entre les ressources internes (les produits) et les emplois non récupérables (les charges).

Section 3 : Comptabilisation des opérations de l'État

La principale vocation de la comptabilité de l'État est de décrire l'exécution du budget. Cependant, la comptabilité prend en compte les autres types d'opérations qui pourraient découler ou non du budget. Aussi, cette opération va-t-elle consister à décrire les procédures de comptabilisation des recettes et des dépenses du budget de l'État ainsi que des autres types d'opérations.

3.1. Comptabilisation des Recettes budgétaires

3.1.1-/ Natures des recettes

On distingue deux grandes catégories de recettes :

a) R ecettes fiscales

Il s'agit de l'impôt au sens strict du terme. C'est la plus grosse part de recettes publiques qui alimentent le budget de l'État. Sous l'angle administratif et au regard des organismes bénéficiaires, on distingue:

- *les impôts d'État qui alimentent directement le budget de l'État ;*
- *les impôts locaux, c'est-à-dire ceux qui alimentent les budgets des collectivités territoriales ;*
- *les taxes parafiscales perçues au profit d'autres personnes morales publiques autre que l'État.*

b) Recettes non fiscales

Les recettes non fiscales sont définies par « défaut » comme le souligne leur intitulé. On distingue plusieurs types, notamment :

- *les revenus du patrimoine (dividendes, revenus du domaine, résultats d'opérations de trésorerie, etc.) ;*
- *les revenus des activités industrielles, commerciales et des rémunérations pour services rendus (recettes des services en général) ;*
- *les ressources diverses (amendes et condamnations pécuniaires, dons et legs, etc.)*

3.1.2-/ Modalités d'exécution

L'exécution du budget en recettes consiste en deux phases d'opérations : la phase administrative et la phase comptable.

a) P hase administrative

La phase administrative donne lieu à l'établissement des titres exécutoires des recettes, notamment les titres de recettes. En principe, toutes les recettes du budget font l'objet d'émission de titres exécutoires. Cependant, certaines recettes ne font pas l'objet d'émission préalable de titres de recettes. On peut, dès lors, procéder à une classification des recettes au regard de ce critère, en distinguant les recettes après émission de titre de recette et les recettes au comptant.

- *Recettes après émission de titre de recette*

Les **rôles d'impôts** sont émis par la DGI et rendent exécutoire le recouvrement de certains impôts (seuls l'impôt foncier et l'IGR font l'objet d'émissions de rôles).

En ce qui concerne les **ordres de recettes**, ils sont émis par les ordonnateurs compétents. Ils concernent généralement les redevances pour services rendus et les autres produits divers et éventuels du budget général (exemple : dette, créances contentieuses, débet comptable, etc.). En tout état de cause, les titres de recettes émis par les ordonnateurs compétents sont notifiés au comptable assignataire et aux redevables.

- *Recettes au comptant*

Il s'agit des recettes dont le recouvrement ne fait pas l'objet d'émission préalable d'un titre de perception. Elles sont recouvrées au comptant dès leur constatation et après liquidation par l'ordonnateur compétent. Elles font l'objet, à la fin de la gestion, d'émission d'un ordre de recette de régularisation (cf. Décret SIGFIP). Les recettes au comptant sont de diverses natures. Il s'agit des :

- *recettes fiscales (impôts non enrôlés, vignettes, timbres et papiers timbrés, etc.) ;*
- *recettes non fiscales (les amendes judiciaires et Forfaitaires, etc.) ;*
- *recettes de services (actes de santé, droits et taxes diverses, etc.).*

b) P hase comptable

Elle consiste en deux types d'opérations qui sont exécutées par le Comptable Public, notamment la prise en charge. Après constatation, liquidation et ordonnancement, l'ordonnateur le notifie au comptable assignataire pour prise en charge.

Au niveau des rôles d'impôts, la prise en charge des émissions est effectuée par un comptable unique, à savoir le Receveur Général des Finances (RGF) quel que soit le comptable assignataire du rôle. Après la prise en charge, le RGF transmet les rôles aux comptables assignataires (Receveurs des Impôts, Trésoriers, etc.) pour recouvrement.

En ce qui concerne les ordres de recettes, les prises en charge sont effectuées par les comptables compétents, c'est-à-dire ceux qui ont été désignés par les textes législatifs ou règlementaires.

Exemple : *Au niveau des recettes de la dette, la prise en charge des ordres de recettes est effectuée par l'ACDP. Certaines recettes non fiscales comme les créances contentieuses faisant l'objet d'émission d'ordre de recette, sont prises en charge par l'ACCC.*

- *Prise en charge*

En tout état de cause, les prises en charge des rôles et des ordres de recette de façon générale sont assurées, en l'état actuel des choses, par les comptables généraux, notamment le RGF, l'ACCC, l'ACDP, l'ACCT. Elle a pour conséquence d'engager la responsabilité du comptable. En d'autres termes, le comptable accepte d'assurer, sous sa responsabilité et dans les conditions fixées par les lois et règlements, le recouvrement des recettes qu'il a pris en charge. Aussi, le Comptable doit-il s'assurer de la régularité des émissions avant de les prendre en charge. Par exemple, il vérifie la qualité de l'ordonnateur, l'exactitude des calculs de liquidation, etc.

- *Recouvrement*

Le recouvrement est l'encaissement effectif de la recette par le comptable. Le recouvrement d'une recette peut être effectué par tout comptable. En effet, le redevable d'une taxe peut s'en acquitter auprès de n'importe quel comptable, même si ce dernier n'en est pas assignataire (assignataire du rôle ou assignataire de l'exécution dans les comptes budgétaires de la classe 9).

Le recouvrement peut se faire en numéraire, par chèque ou virement ou par opération d'ordre (transfert comptable, compensation, etc.).

- *Comptabilisation*

Les recettes recouvrées après émission de titres de recettes font l'objet d'une double comptabilisation : une comptabilisation des droits constatés (prise en charge) et une comptabilisation des encaissements.

3.2. Comptabilisation de dépenses budgétaires

3.2.1-/ Natures des dépenses

Il s'agit, de façon générale, de toutes les dépenses telles que prévues par le Budget général et autorisées par la Loi de Finances. Leurs natures se déclinent, conformément aux différents titres du budget en :

- *Dépenses de la dette (titre I)*
- *Dépenses de fonctionnement (titre II)*
- *Dépenses d'investissement (titre III)*
- *Dépenses des comptes spéciaux (titre IV)*

3.2.2-/ Natures des dépenses et Modalités d'exécution

Les dépenses de l'État sont exécutées suivant deux procédures :

- *la procédure normale ; et*
- *la procédure simplifiée.*

La procédure normale comprend les quatre étapes successives d'exécution de la dépense qui se regroupent en deux principales phases, à savoir : **(i)** la phase administrative qui distingue l'engagement, la liquidation et l'ordonnancement ; et **(ii)** la phase comptable qui consiste en deux opérations : la prise en charge et le règlement.

3.2.3-/ Comptabilisation

La phase comptable est la dernière étape du processus d'exécution des dépenses publiques. Elle fait intervenir le Comptable Public et donne lieu à des écritures qui diffèrent, selon qu'il s'agit d'un poste Comptable Général ou d'un poste comptable déconcentré. Pour les comptables généraux, il s'agit du PGT, de l'ACDP, de l'ACCT et du PGFDS. Après avoir reçu les mandats accompagnés des pièces justificatives de dépenses et procédé aux contrôles relevant de ses compétences de payeur, le comptable public procède aux différents visas dans le SIGFiP, puis dans le PEC.

La validation des comptes de tiers de prise en charge proposés par l'application PEC enrichit automatiquement la CAD et génère automatiquement l'écriture de prise en charge comptable dans ASTER. Après la prise en charge, suit le règlement qui a pour objectif de libérer l'État de sa dette. Il peut s'effectuer suivant différentes modalités : par chèque, virement ou en numéraire. Le comptable passe ensuite les écritures au JOD (informatisées), après avoir fait la mise en règlement dans l'application MER.

3.3 . Autres types d'opérations

3.3.1-/ Opérations des régies

L'institution des Régies répond au besoin de rendre souple la gestion des deniers publics. En effet, elles relèvent de procédures exceptionnelles de règlements de menues dépenses et de recouvrement de certaines natures de recettes. Les régies sont tenues par des régisseurs qui dépendent toujours d'un comptable assignataire à qui ils rendent compte de clerc à maître. Elles constituent ainsi un prolongement de la caisse du comptable public auquel elles sont rattachées.

Les régisseurs tiennent une comptabilité dite de caisse. Ils enregistrent les mouvements de fonds (entrées et sortie de fonds) liées à leurs activités respectives. Leurs opérations comptables sont ensuite intégrées dans la comptabilité de leur comptable public assignataire respectif.

*a) **Régies de recettes***

Les régies de recettes sont chargées du recouvrement de certaines natures de recettes. Les textes règlementaires excluent de leur champ de compétence les impôts, taxes et redevances prévus au Code Général des Impôts, au Code des Douanes et au Code du Domaine de l'État[46].

Lorsqu'il encaisse une recette, le Régisseur de recettes retrace l'opération dans son livre journal. En fin de période, il procède à l'arrêté de ses opérations et établit un certain nombre de documents qui seront joints à l'appui du versement des recettes à la caisse du comptable assignataire.

A la réception des fonds, le Comptable Assignataire délivre un reçu au régisseur et passe les écritures aux comptes de recettes appropriés.

Exemples : *Cas des régies des actes de santé, cas des régies de justice (frais de justice), etc.*

*b) **Régies d'avances***

Au niveau des régies d'avances, leurs opérations se limitent, conformément aux dispositions de l'article 9 du Décret 2002-345, à quelques dépenses :

- *les petites dépenses de matériels ;*
- *la rémunération des personnels payés sur une base horaire ou à la vacation ;*
- *les secours urgents et exceptionnels ;*

[46] cf. art 6 du Décret 2002-345

- *les frais de mission ou les avances sur frais de mission (les missions à l'extérieur du pays) ;*
- *le traitement ou le salaire des personnels contractuels qui entrent au service de l'Administration ou la quittent en cours de mois ;*
- *les dépenses de certains services ou établissements publics spécialement autorisés par décret à recourir à cette procédure ;*
- *les frais de transport urbains ;*
- *etc.*

Le régisseur retrace les opérations d'approvisionnement et de règlement des dépenses dans ses livres.

3.3.2-/ Opérations des Collectivités territoriales

a) Nature des opérations

La prise en compte des opérations des Collectivités territoriales dans la comptabilité de l'État, répond au respect du principe de l'unité de trésorerie. En effet, la nécessité de centraliser tous les fonds des organismes publics au niveau du Trésor, impose de retracer dans des comptes de la nomenclature comptable de l'État les opérations d'encaissement et de décaissement effectuées par les comptables publics pour le compte desdites collectivités (Communes, Conseils régionaux). Autrement dit, toutes les recettes budgétaires encaissées ou non encaissées ou toutes les dépenses payées pour le compte des collectivités sont retracées dans la comptabilité de l'État avant de l'être dans la comptabilité propre à ces collectivités.

Il s'agit donc d'opérations de trésorerie, c'est-à-dire des encaissements et décaissements faits pour le compte de ces collectivités.

b) Comptabilisation

Les opérations d'encaissements ou de décaissements effectuées pour le compte des collectivités sont comptabilisées dans le compte 43 « Correspondants Collectivités et Etablissements Publics locaux ». Ce compte est subdivisé en sous-comptes, au regard du type de collectivités.

433 : « Communes»
432 : « Départements»
431 : « Régions»
434 : « Districts autonomes»
435 : « Villes»

Les opérations d'encaissements sont portées au crédit du compte 43. Quant aux opérations de décaissements, elles sont enregistrées au débit de ce compte.

- *Comptabilisation des recettes*

CL 5	
x	

43x	
	x

- *Comptabilisation des dépenses*

43x	
X	

CL 5	
	X

NB : *Des fiches de liaison sont établies pour passer en comptabilité des collectivités (CT 100 pour les dépenses et CT 101 pour les recettes).*

Section 4 : Documents comptables

Les documents comptables sont les supports qui permettent d'assurer l'enregistrement des opérations dans les comptes et/ou d'en faire les restitutions conformes aux besoins d'information. Ainsi on distingue les journaux divisionnaires, les journaux récapitulatifs et les autres documents.

4.1. Journaux divisionnaires

Ce sont les journaux de premières écritures. Ils sont servis au jour le jour au moment de la constatation des opérations. Ils sont repartis par nature d'opérations.

Exemples de journaux divisionnaires de recettes :

- ***Les Journaux à souches T351*** *servent à retracer les recettes d'impôts enrôlés donnant également lieu à délivrance de quittances. On distingue le T351N pour les recettes en numéraires du T351B pour les recettes par chèques.*

- ***Les Journaux à souches T321S*** *servent à retracer les recettes d'impôts synthétiques donnant lieu également à délivrance de quittances. On distingue le T321SN pour les recettes d'impôts synthétiques perçues en numéraires et le T321SB pour les recettes d'impôts synthétiques perçues par chèques.*

Exemple de journaux divisionnaires de dépenses :

- ***Le Journal T21D*** *sert à retracer toutes les dépenses payées en numéraires.*
- ***Le Journal T29*** *sert à retracer toutes les dépenses payées par chèques ou virements.*

NB : ***Cas particulier des Comptables Généraux***

Tous les journaux divisionnaires décrits ci-dessus sont servis exclusivement par les comptables déconcentrés. En ce qui concerne les comptables généraux, ils utilisent comme journal divisionnaire le **Journal des Opérations Diverses** (JOD). En pratique, les écritures sont d'abord transcrites sur des fiches d'écritures avant d'être saisies dans ASTER dans le JOD.

4.2. Journaux récapitulatifs

Vu la diversité des journaux divisionnaires et leur nombre important, il est nécessaire d'en faire un récapitulatif pour avoir une vue d'ensemble des opérations ou d'en faire un développement à des fins statistiques. Aussi, deux types de journaux assurent-ils ces fonctions :

- ***Le Journal grand livre ou T10*** *est le journal centralisateur qui récapitule, en fin de journée, tous les Journaux divisionnaires servis, et tirent les grandes masses ;*

- ***Les Journaux auxiliaires*** *servent à développer certaines opérations, d'autant plus que le T10 ne fait apparaître que des montants globaux sur les masses desdits comptes. Autrement dit, les journaux auxiliaires assurent le détail des opérations telles que retracées dans les journaux divisionnaires et récapitulées sur le T10. Il en existe une diversité, à savoir : le T40 recettes ; le T40 dépenses ; le T45 spécial ; etc.*

NB : ***Cas particulier des Comptables Généraux***

Tous les journaux récapitulatifs décrits ci-dessus sont servis exclusivement par les comptables déconcentrés. En ce qui concerne les

Comptables Généraux, ils utilisent comme journal récapitulatif le **Grand livre centralisateur**. En réalité, le grand livre centralisateur est un document informatisé. Il n'est pas manuel, il est servi automatiquement dans ASTER, après validation des saisies.

Par ailleurs, au niveau des livres auxiliaires, les Comptables Généraux disposent de la Comptabilité Auxiliaire De Dépenses (CAD) et de la Comptabilité Auxiliaire de Recettes (CAR). Ce sont des modules d'ASTER qui permettent de produire les états de développement des dépenses (CAO) et des recettes (CAR) budgétaires.

4.3. Autres documents

Les autres documents servent à présenter des situations extracomptables ou à justifier certaines opérations comptables. On distingue les **états mensuels**, les **états annuels** et les **documents divers**.

CHAPITRE XI

CONTRÔLE ET FINALISATION DES OPERATIONS COMPTABLES

Le contrôle interne est l'ensemble des dispositifs formalisés et permanents qui vise la maîtrise des risques afférents à la poursuite des objectifs de qualité des opérations de l'État et des établissements publics, depuis le fait générateur d'une opération jusqu'à son dénouement comptable. Il est ainsi, le vecteur d'atteinte de l'objectif de qualité des comptes de l'État fixé par la loi organique relative aux lois de finances. Son périmètre ne concerne pas uniquement les comptables, mais l'ensemble des acteurs qui interviennent en amont de l'enregistrement comptable dans la mesure où leurs opérations ont vocation à être retracées dans les comptes de l'État et des établissements publics nationaux.

En effet, la fonction comptable est partagée entre les ordonnateurs qui initient les opérations financières et les comptables qui, en tant que garants de la qualité des comptes et des procédures comptables, les valident et en assurent le dénouement financier. Ainsi, l'ensemble des acteurs de la fonction comptable concourent donc à l'élaboration des comptes de l'État et en assurent la qualité. En conséquence, le dispositif de contrôle interne et son pilotage doivent embrasser l'ensemble de ces acteurs, qui relèvent à la fois des services des ordonnateurs et des services des comptables publics, mais également l'ensemble des systèmes d'information.

Par ailleurs, les impératifs budgétaires induisent la mise en place de techniques particulières de tenue et de présentation des comptes de l'État. En d'autres termes, la vocation principale de la comptabilité de l'État étant de décrire l'exécution du budget, celle-ci déploie des mécanismes qui dérogent aux règles de droit commun, afin de retracer les recettes et les dépenses budgétaires qui ont été exécutées.

De façon concrète, chaque service chargé d'exécuter un type d'opération doit en produire la situation comptable. Au demeurant, il doit tenir un livre comptable. L'ensemble des situations ou documents comptables produits par chaque service est « centralisé » par le service comptabilité qui tient la balance du poste.

Ce chapitre décrit le processus de contrôle et les procédures de finalisation des opérations comptables.

Section 1 : Contrôle des opérations

Présentation de la balance des comptes

1.1.1-/ Définition

La balance des comptes ou balance comptable est un état d'une période, établi à partir de tous les comptes au cours de ladite période, et regroupant tous les totaux (ou masses) en débits et crédits de ces comptes et par différence, tous les soldes débiteurs et créditeurs.

La balance est établie chaque mois et en fin de gestion. On parle de balance provisoire et de balance définitive. La balance montre l'état de chaque compte pour la période (mois). En fin d'exercice, elle est une synthèse du bilan.

1.1.2-/ Contexture

Au total, la balance comptable apparaît comme un tableau de synthèse qui permet le contrôle adéquat des opérations passées en comptabilité et de la cohérence des comptes. Ce tableau comporte au moins 4 groupes de colonnes :

- *le premier groupe concerne les numéros des comptes et leur libellé ;*
- *le deuxième groupe décrit les balances d'entrée de la gestion ;*
- *le troisième groupe fait apparaître les flux de la gestion ;*
- *le quatrième groupe présente les soldes de gestion.*

Chaque groupe est subdivisé en deux sous-colonnes représentant le débit et le crédit de chaque compte. Au regard du principe de la partie double, les colonnes sont équilibrées deux à deux.

Processus de contrôle

1.2.1-/ Arrêtés comptables

Les arrêtés comptables ou arrêtés des comptes sont des occasions pour présenter des situations comptables. Ils se définissent comme l'extraction, à la fin d'une période comptable déterminée, des soldes des comptes afin d'en dresser la balance comptable.

a) Périodes comptables

Les périodes comptables sont des exercices comptables ou tout autre période comptable au terme de laquelle le comptable est tenu de présenter des situations comptables.

Au niveau de la comptabilité de l'État, six (06) types de périodes comptables ont été déterminées, notamment la journée, la décade, la quinzaine, le mois et l'année.

b) Modalités d'arrêtés

Les arrêtés comptables consistent, en pratique, à un ensemble de tâches et d'opérations successives :

- ***L'arrêté des journaux divisionnaires*** *a lieu tous les jours et à la fin de la journée. Il consiste à déterminer, dans chacun des journaux, le montant total des sommes inscrites au débit et au crédit des comptes mouvementés, pour retracer les opérations de recettes et de dépenses. L'arrêté est effectué par l'agent qui tient le journal. Une fois arrêtés, les journaux divisionnaires sont transmis au chef de service dont dépend l'agent, accompagnés des pièces justificatives de recettes et de dépenses.*
- ***Le contrôle des écritures*** *est effectué par le chef de service direct de l'agent qui assure la tenue du journal. L'objectif est de s'assurer de la régularité et de la réalité des écritures enregistrées dans le journal. En pratique, le contrôle consiste en un pointage (rapprochement) entre les écritures enregistrées dans le livre et les pièces justificatives de recettes et de dépenses produites. En cas d'irrégularité, les corrections nécessaires sont portées.*
- ***La centralisation des écritures dans le journal grand livre et les journaux auxiliaires*** *est effectuée par le service en charge de la comptabilité du poste (Service comptabilité). Elle vise à récapituler toutes les écritures passées par les autres services dans les journaux divisionnaires dans un seul livre. C'est-à-dire, avoir un seul agrégat des opérations de la journée. Ainsi, les comptes débités et les comptes crédités au cours d'une journée sont reportés de façon globale, pour les montants correspondants dans le journal grand livre. En outre, les mêmes écritures sont récapitulées, par rubriques (comptes) et de façon plus détaillée, dans les livres auxiliaires. Cette double récapitulation se justifie par le fait que le journal grand livre présente de façon globale la situation des comptes servis alors que les livres auxiliaires en présentent le détail.*

1.2.2-/ Établissement de la balance et technique de contrôle

a) __Établissement__

L'établissement de la balance consiste à regrouper, pour chaque compte, toutes les opérations imputées à son débit et à son crédit, au cours de la période concernée. C'est une opération d'agrégation de chiffres, de calculs des masses et de détermination des soldes de chaque compte au regard des balances d'entrée.

b) __Technique de contrôle__

Une fois établie, la balance des comptes devient un véritable outil ou instrument de contrôle de la régularité et de la sincérité de la comptabilité.

- ***Le contrôle de forme*** *consiste à vérifier l'équilibre des colonnes débit et crédit de chaque rubrique et la conformité et exhaustivité des rubriques et mentions obligatoires.*

Quant au **contrôle de fond,** il consiste à vérifier le sens du solde des comptes, la sincérité des masses, la justification des soldes et la cohérence entre les comptes servis contradictoirement.

c) __Corrections et rectifications comptables__

Les corrections se distinguent des rectifications. En effet, il y a correction lorsque l'écriture erronée n'est pas encore intégrée dans la balance. Quant à la rectification, elle intervient lorsque les erreurs constatées ont déjà été intégrées dans la balance.

Section 2 : Opérations de fin de gestion

Le but finaliste de la comptabilité de l'État est la production de la Balance Générale des Comptes du Trésor (BGT) et du Compte Général de l'Administration des Finances (CGAF).

2.1. Balance Générale des comptes du Trésor

La Balance générale des comptes du Trésor est un document de synthèse qui agrège les opérations de l'ensemble des comptables de l'État. En d'autres termes, la balance générale des comptes du trésor regroupe, de façon synoptique, l'ensemble des écritures passées par les comptables de l'État sur une période.

On distingue, d'une part, la balance générale et, d'autre part, la balance générale de fin de gestion et d'inventaire. La distinction tient du fait que la dernière intègre les différents résultats de l'exécution du budget, notamment le résultat d'exécution du budget général et le résultat patrimonial.

- *Dans la Balance générale on a les comptes suivants :*
- *compte 90 non soldé ;*
- *compte 91 non soldé ;*
- *opérations budgétaires déjà ventilées dans les comptes 1, 2, 6 et 7 dits comptes patrimoniaux.*
- *Dans la balance générale de fin de gestion et d'inventaire on a les comptes suivants :*
- *compte 90 soldé et transféré au compte 98 ;*
- *compte 91 soldé et transféré au compte 98 ;*
- *lecture directe du résultat budgétaire à travers le solde du compte 98 ;*
- *compte 117 permettant de lire directement le résultat patrimonial à travers le solde ;*
- *compte de classes 7 et 6 soldés pour permettre le calcul du résultat patrimonial.*

2.2 . Compte Général de l'Administration des Finances

Le Compte Général de l'Administration des Finances (CGAF) est un document de synthèse des comptes de l'État pour une année donnée. Il est soumis à l'examen du Juge des comptes, puis présenté au Parlement à l'appui du Projet de Loi de règlement. Le CGAF est produit par l'Agent Comptable Central du Trésor sur la base des instructions du Directeur Général du Trésor et de la Comptabilité Publique (DGTCP) depuis 2003. Il est toujours accompagné d'un Rapport de Présentation.

La production du CGAF répond aux exigences des textes suivants :

- *la Directive N° 07/2009/CM/UEMOA portant règlement général sur la comptabilité publique ;*
- *la Directive N° 06/2009/CM/UEMOA portant Lois de Finances (articles 4, 36, 37 et 44) ;*
- la Loi organique n° 2014-336 du 05 juin 2014 portant Lois de Finances

C'est de ce document de base que sont tirées la plupart des statistiques des finances publiques (TOFE, Tableau de bord, etc.) . Le CGAF est un document de synthèse qui résume l'ensemble des comptes de gestion des comptables principaux. Il est produit à partir de la balance générale et est constitué des documents suivants :

- ***la Balance Générale des Comptes du Trésor :*** *ce document de synthèse agrège tous les flux de tous les Postes Comptables ;*
- ***la Balance Générale de Fin de Gestion et d'Inventaire :*** *cette balance se distingue de la balance générale des comptes du Trésor par le fait qu'elle intègre les différents résultats de l'exécution du Budget Général*

à savoir, le résultat d'exécution du budget général et le résultat patrimonial ;

- ***le développement des dépenses budgétaires par Titre, par Ministère et par Nature Économique :*** *il fait apparaître, par Titre, par Ministère et par Chapitre, le montant des dépenses ordinaires et des dépenses en capital des services civils et des services militaires (Budget Général et Comptes Spéciaux) ;*
- ***le développement des recettes budgétaires :*** *cet état est édité à partir d'ASTER et présente par ligne budgétaire, les recettes comptabilisées au cours d'une gestion ;*
- ***le développement des comptes de résultat :*** *le CGAF fait ressortir trois types de résultats comptables que sont le résultat d'exécution des Lois de Finances de l'année, le résultat de type patrimonial et le découvert du Trésor ;*
- ***le bilan :*** *il décrit, à un instant donné, le patrimoine sous les deux aspects que sont la nature et la valeur de ses biens (l'Actif) et la manière dont ces biens ont été financés (le Passif). Le CGAF présente deux types de bilans :* ***(i)*** *le bilan agrégé qui se limite aux comptes divisionnaires (3 chiffres) ;* ***(ii)*** *le bilan détaillé qui intègre les subdivisions de ces comptes (4 chiffres). Les données présentées concernent l'année courante et l'année précédente ;*
- ***la variation des éléments de l'Actif et du Passif :*** *le CGAF présente deux types de variations à savoir, la variation des éléments agrégés qui se limite aux comptes divisionnaires (3 chiffres) ; la variation des éléments détaillés qui intègre les subdivisions de ces comptes (4 chiffres). Les données présentées concernent l'année courante et l'année précédente, la différence constitue une variation ;*
- ***le compte de résultat :*** *le compte de résultat présente les charges et les produits de la gestion. Il est égal à la différence entre les produits encaissés dans l'année (classe 7) et les charges ordonnancées, visées et prises en charge dans l'année (classe 6).*
- ***le tableau de synthèse de l'exécution des Lois de Finances de l'année :*** *il présente en ressources et en charges le Budget Général et les Comptes Spéciaux du Trésor par Titre. Il dégage le solde d'exécution de la Loi de Finance tel qu'il apparaît au compte 98 dans la Balance Générale ;*
- ***le solde à transporter au découvert du Trésor :*** *il est composé des éléments suivants : (i) le déficit ou l'excédent résultant de la différence entre les recettes et les dépenses du Budget Général ; (ii) les profits et les pertes constatés dans l'exécution des comptes spéciaux conformément aux dispositions réglementaires ; (iii) les profits et les pertes résultant éventuellement de la gestion des opérations de trésorerie dans les conditions prévues par la Directive portant*

Règlement sur la comptabilité publique.

La production du CGAF relève de la compétence de la Direction de la Comptabilité Publique (DCP). En réalité, le processus est conduit par le Comité balance; ce qui implique l'ensemble des comptables, notamment les comptables généraux et certains comptables déconcentrés (TGAN, TGAS).

Etapes de la mise en œuvre

2.4.1-/ Balance générale

Elle rassemble tous les comptes servis par l'ensemble des comptables de l'État et les présentent en un seul agrégat. Dès lors, elle permet de communiquer, d'un seul point de vue, des informations exhaustives, fiables et actuelles sur les activités financières de l'État, comme le CGAF. La BGT est finalement le document qui sert de base à la production de statistiques de finances publiques, notamment le TOFE, le Tableau de bord, etc.

En tout état de cause, la Balance générale représente un enjeu important pour la DGTCP dont les autorités, qui l'ont si bien perçu, ont mis en place un Comité pour coordonner le processus de son élaboration : le Comité balance qui se compose de l'ensemble des comptables principaux de l'État. La balance générale est produite en fin de gestion. Toutefois, pour des besoins d'information elle peut être produite en cours de gestion. En effet, depuis quelques années, la production de la balance générale est mensuelle. En principe, c'est l'ACCT qui est compétent, en sa qualité de centralisateur de plus haut niveau pour produire la balance générale. En pratique, un Comité balance a été créé pour coordonner l'élaboration de ce document. Ce comité supervisé par l'un des DGA conduit ainsi tout le processus de production de la BGT.

a) Arrêtés et intégration de toutes les opérations

Chaque poste procède, au regard du chronogramme, à l'intégration des dernières opérations de la période et à l'arrêté de ses écritures. L'enjeu est de garantir l'exhaustivité de l'information financière et comptable.

b) Edition et contrôle des balances des postes

Chaque poste édite sa balance et procède aux différents contrôles de forme et de fond. L'objectif visé est de s'assurer de la régularité et de la sincérité de chaque balance afin de garantir la fiabilité des chiffres qui seront intégrés dans la balance générale.

c) Réflexion comptable

La réflexion est un reclassement des opérations budgétaires apparaissant dans les comptes 90 (dépenses) et 91 (recettes), vers les comptes patrimoniaux (classe 1, 2, 6 et 7), par le biais du compte de réflexion (compte 99).

d) Edition de la balance générale provisoire

Une fois toutes les opérations intégrées dans la balance générale et les reclassements effectués, il est procédé à l'édition d'une balance dite provisoire. En effet, cette balance fera l'objet de contrôles avant d'être validée et éditée de façon définitive.

e) Edition de la balance générale définitive

C'est l'étape finale du processus. En principe la balance définitive est exhaustive, fiable et sincère. En fin de gestion, on édite la balance générale de fin de gestion et d'inventaire qui se distingue de la balance générale par la détermination des différents résultats (budgétaire, compte 98 et patrimonial, compte 117).

2.4.2-/ Compte Général de l'Administration des Finances

La production du Compte Général de l'Administration des Finances intervient en fin de gestion, après la clôture de la gestion budgétaire. Certains des éléments constitutifs du CGAF sont donc tirés directement de ASTER, notamment la balance générale des comptes du Trésor, la balance générale de fin de gestion et d'inventaire, le développement des dépenses budgétaires et le développement des recettes budgétaires. Les autres éléments sont produits à partir du retraitement des informations contenues dans la balance générale, notamment le développement des comptes de résultat et les documents financiers qui concernent essentiellement le bilan et le compte de résultat.

Lorsqu'il est établi, le CGAF est certifié par le DGTCP et approuvé par le MEF qui appose respectivement leur visa sur la dernière page du document. Le CGAF est accompagné d'un rapport de présentation qui fait le commentaire et l'analyse des données produites. Ce rapport est également certifié par le DGTCP et approuvé par le MEF.

Conclusion

La comptabilité de l'État se définit comme l'ensemble des principes et règles spécifiques qui régissent la tenue et la présentation des comptes de l'État. Les règles juridiques et techniques qui la régissent tirent leur fondement du Plan comptable général SYSCOHADA. Ainsi, l'État est soumis aux mêmes obligations et principes de gestion comptable applicables aux entreprises privées.

Cependant, des spécificités subsistent du fait des particularités de l'État, En effet, l'organisation de l'État, et de ses activités financières repose sur le système de la centralisation avec comme modalité la déconcentration. Ce qui imprègne fortement le dispositif comptable qui se présente sous une forme stratifiée, avec différents niveaux de regroupement des postes et des opérations comptables qui, en définitive, retrouvent leur unité.

En somme, la comptabilité de l'État, apparaît comme un véritable système d'évaluation qui se démarque des autres systèmes et qui permet de produire la Balance Générale des comptes du Trésor (**BGT**), au terme de tout-un processus qui part des postes déconcentrés à l'ACCT, en passant par les comptables généraux et les centralisateurs de 1er niveau. La BGT est un document de synthèse qui réalise l'unité de la comptabilité de l'État.

CHAPITRE XII

ANALYSE DU TOFE ET DES COMPTES DE L'ÉTAT

Il est nécessaire de consacrer une étude spéciale sur le Tableau des Opérations Financières de l'État (TOFE) parce qu'il est la meilleure synthèse des activités financières de l'État dans l'économie. Or, dans les pays en développement, les pouvoirs publics jouent un rôle extrêmement important dans l'économie. –Les opérations financières de l'État, dans un cadre bien organisé, permet de faciliter l'analyse des activités des administrations publiques et de leurs influences sur l'ensemble de l'économie ou sur des secteurs particuliers, bien que ces statistiques doivent tenir compte des institutions et des pratiques propres à chaque pays.

Les statistiques de finances publiques se distinguent des deux autres systèmes de données d'une part, la Comptabilité Publique, tenue par des agents d'exécution des administrations publiques à des fins de contrôle et de responsabilité financière, et, d'autre part, la Comptabilité Nationale, qui reprend les données relatives à l'activité des administrations sous une forme commune à tous les secteurs de façon à mesurer la production, le revenu, la consommation, l'accumulation de capital et les opérations de financement de chacun d'eux, à les agréger et à retracer les opérations intersectorielles. Chacun de ces trois systèmes de données répond à des besoins différents. Chaque système est organisé en fonction de son objet : le contrôle administratif pour la Comptabilité Publique, l'analyse économique des opérations des administrations publiques pour les statistiques de finances publiques, et l'analyse intégrée de l'économie dans son ensemble pour la Comptabilité Nationale. Ces systèmes sont d'ailleurs interdépendants : les statistiques de finances publiques se fondent sur la Comptabilité Publique et fournissent souvent les données nécessaires à l'établissement des données sur les administrations publiques, dans les comptes nationaux.

Pour établir des statistiques de finances publiques de manière à faciliter l'analyse économique, on doit répondre à trois questions :

- Comment détermine-t-on les unités, les institutions ou les opérations à retenir, autrement dit, comment définit-on les administrations publiques ? Le problème posé est celui du champ couvert par les données.
- Quelles données doit-on retenir pour les administrations publiques ? Doivent-elles être exprimées sur une base brute ou nette ? Sur quelle période doivent-elles porter ? Doivent-elles être consolidées ou non ? En d'autres termes, il s'agit de savoir quelle est la base d'établissement des données.
- Comment organiser et classer ces données ? La question posée est celle du cadre d'analyse.

On examine ci-après successivement ces trois questions.

Section 1 : Présentation du Tableau des Opérations Financière de l'État (TOFE)

Définition d'une administration publique

La fonction principale des administrations publiques est de mettre en œuvre les politiques en produisant les services non marchands destinés principalement à la consommation collective et en effectuant des transferts de revenus, ces activités étant essentiellement financées par les prélèvements obligatoires sur les unités d'autres secteurs. Le premier rôle des administrations publiques est donc de fournir certains biens et services publics et de réaliser certains objectifs publics à des fins qui ne sont ni commerciales ni financières ; s'il leur arrive de s'engager dans les activités commerciales ou financières, les administrations publiques ne le font que sur une faible échelle ou sans que leur objectif principal soit la recherche du profit.

Le type de définition retenu dans les statistiques de finances publiques du FMI est une définition fonctionnelle, par opposition à la définition institutionnelle adoptée en comptabilité nationale. La comptabilité nationale définit des unités institutionnelles qu'elle regroupe en secteurs institutionnels, alors que les statistiques des finances publiques regroupent ces unités par catégories fonctionnelles et excluent, par exemple, les opérations relatives à des activités marchandes ou financières. L'intérêt de retenir une définition fonctionnelle est de rendre des données comparables entre pays, et de tracer une ligne séparant clairement le financement des opérations de l'État (par exemple, en excluant les dépôts des Comptes Chèques Postaux). A contrario, retenir une définition institutionnelle présente des avantages notamment pour la collecte des données.

Distinction entre les Administrations Publiques et les autres Institutions

1.2.1-/ Distinction entre les Administrations Publiques et les Entreprises Publiques non financières : traitement des activités marchandes

Bien que les administrations publiques aient pour principale fonction la prestation de services non marchands à des fins de consommation collective, il leur arrive souvent de fournir des biens et services marchands. Il convient donc de déterminer si ces activités de vente de biens et services marchands (activités marchandes) doivent être imputées au secteur des administrations publiques ou à un autre secteur.

Le critère de distinction est le suivant : toutes les activités industrielles ou commerciales des administrations – sauf si elles sont le fait d'unités non constituées en sociétés, si elles sont destinées à d'autres unités des administrations publiques, si elles sont de faible ampleur – sont classées dans le secteur des entreprises publiques non financières, et non dans celui des administrations publiques.

Ainsi, on va classer en dehors du secteur administrations publiques, toutes les activités industrielles et commerciales qui sont le fait d'unités constituées en sociétés, et celles qui sont le fait d'unités (non constituées en sociétés) appartenant aux administrations publiques mais qui vendent des biens et services à la collectivité sur une grande échelle.

Les activités commerciales ou industrielles qui restent classées dans les administrations publiques sont attribuées aux unités de production marchande de l'administration publique. On entend par unités de production marchande des administrations publiques, les unités industrielles ou commerciales qui :

- ne sont pas constituées en sociétés ;
- sont étroitement intégrées à un ministère ou à un service des administrations publiques ;
- détiennent normalement des fonds de roulement de faible montant et ont pour activité essentielle (i) soit de fournir des biens et services aux autres unités administratives (en tant qu'unités auxiliaires), (ii) soit de vendre les biens et services au public mais sur faible échelle.

1.2.2-/ Distinction entre les Administrations Publiques et les Institutions Financières : Traitement des activités financières

Etant donné que les opérations entre les administrations publiques et les institutions financières jouent un rôle primordial dans le domaine de la politique budgétaire, il est extrêmement important d'établir une distinction nette entre ces deux secteurs. Cette distinction fondamentale repose sur le principe suivant : les fonctions propres au secteur des institutions financières ne s'exercent pas dans le secteur des administrations publiques.

Toutes les fonctions des autorités monétaires, quelles que soient les institutions qui les assument, sont traitées comme des activités incombant au sous-secteur des autorités monétaires et non au secteur les administrations publiques. Ce traitement diffère de celui préconisé par le Système de Comptabilité National (SCN) qui rattache au secteur les Administrations Publiques les fonctions des autorités monétaires que celui-ci exerce directement.

Toutes les activités du sous-secteur des banques créatrices de monnaie – qui comprend les institutions dont les engagements sont essentiellement constitués par des dépôts monétaires appartenant à la collectivité – y compris celles des systèmes de Comptes Chèques Postaux, sont considérées comme étant en dehors du secteur des administrations publiques.

En ce qui concerne les régimes de sécurité sociale, ils sont classés parmi les administrations publiques. Les caisses de retraite de fonctionnaires et assimilés dont les ressources sont entièrement placées auprès de l'administration employeur, sont également à classer dans le secteur des administrations publiques (et non dans le sous-secteur des caisses de retraite). Par contre, les autres compagnies d'assurances et caisses de retraite, régimes organisés de façon autonome, ne font pas partie du secteur des Administrations Publiques.

Parmi les autres institutions financières, on ne classe dans les administrations publiques que les organismes de prêts dont les ressources proviennent exclusivement des administrations publiques et les établissements d'épargne dont les fonds sont automatiquement transférés aux administrations publiques et dont les engagements envers la collectivité ne revêtent pas la forme de dépôts à terme ou d'épargne. Par exemple, sont classés dans les administrations publiques les caisses de prêts au logement dont toutes les ressources proviennent des administrations publiques, et les plans d'épargne dans le cadre desquels des obligations sont émises et dont toutes les recettes sont automatiquement versées aux administrations. Par contre, des organismes comme les banques de développement, qui peuvent contracter des engagements envers des entités autres que les administrations publiques, font partie du sous-secteur des autres institutions financières.

1.2.3-/ Distinction entre les administrations publiques et les organismes privés à but non lucratif

La distinction entre les institutions privées à but non lucratif au service des ménages et l'ensemble des administrations publiques est établie essentiellement en fonction du mode de financement et de contrôle. Les organismes à but non lucratif compris dans le secteur des administrations publiques sont ceux qui rendent principalement des services aux ménages et aux unités marchandes, et qui sont en totalité ou en majeure partie financés et contrôlés par les pouvoirs publics. Le financement public peut prendre la forme de transferts ou de mesures autorisant ces organismes à percevoir des droits d'adhésion et à réclamer, pour leurs services, un prix qui ne couvre pas entièrement les coûts de fonctionnement, tandis que le contrôle des pouvoirs publics peut s'exercer par la fixation des politiques, des programmes et des activités, ainsi que des règles de fonctionnement des organismes. Les hôpitaux, les universités et les organismes d'actions sociales sont les principaux types d'institutions pour lesquels ces questions risquent de se poser.

Composition du secteur des administrations publiques et définition des sous-secteurs

Les administrations publiques regroupent donc par définition :

- les branches essentiellement non marchandes de leurs diverses sections, services ou organes d'exécution ;
- les régimes de sécurité sociale qui concernent une fraction importante de la collectivité et qui sont imposés, contrôlés ou financés par les administrations publiques ;
- les caisses de retraite des fonctionnaires et assimilés dont les réserves sont entièrement placées auprès de l'administration employeur ;
- une gamme limitée d'activités industrielles ou commerciales, exercées par des unités non constituées en sociétés, et comprenant des fonctions auxiliaires qui permettent de satisfaire les besoins

propres des administrations publiques ou les fonctions d'unités n'effectuant des ventes au public que sur une faible échelle ;

- un ensemble limité d'organes financiers comprenant les organismes de prêts dont la totalité des fonds provient des administrations publiques et les organismes d'épargne dont les ressources sont automatiquement encaissées par les administrations publiques ;
- Les autres institutions à but non lucratif au service des ménages ou au service des entreprises industrielles et commerciales, entièrement ou en majeure partie financées et contrôlées par les pouvoirs publics, ou qui ont pour fonction essentielle de rendre des services aux administrations publiques ;
- Les opérations intérieures de toutes les autorités supranationales ayant le pouvoir de lever des impôts sur le territoire de plus d'un seul pays.

C'est donc en fonction de la nature de leurs opérations que les unités qui exercent ces activités sont classées parmi les administrations publiques, et non en raison du traitement qui leur est accordé dans les comptes budgétaires et comptables ou administratives de leurs pays respectifs. Les méthodes budgétaires et comptables visent à répondre à une multitude de fins juridiques, politiques et administratives et ne peuvent servir à déterminer si telle ou telle activité doit être incluse dans le secteur des administrations publiques ou dans un autre secteur. Qu'elles soient budgétaires, extrabudgétaires, constituées sous forme de fonds spéciaux, comptes spéciaux comptes d'avances, ou qu'elles fassent l'objet de toute autre disposition institutionnelle ou comptable, toutes les unités administratives doivent satisfaire aux mêmes critères fondamentaux pour être incluses dans le secteur des administrations publiques. Aux opérations et activités énumérées ci-dessus, peuvent également s'ajouter les activités quasi budgétaires d'institutions financières publiques.

Le secteur des Administrations Publiques se divise en un certain nombre de sous-secteurs :

- l'administration publique centrale ;
- les administrations provinciales ou régionales ;
- les administrations locales, qui comprennent les communes, etc.

On notera que les opérations de sécurité sociale sont classées au niveau de l'administration auquel elles s'exercent (central, régional, ou local) contrairement au SCN, qui distingue un sous-secteur des administrations de sécurité sociale.

Champ couvert par le TOFE-UEMOA

Le champ couvert par le TOFE UEMOA est le secteur des Administrations Publiques composé de toutes les unités institutionnelles résidentes des administrations publiques, ainsi que des Institutions sans but lucratif (ISBL) qui répondent aux caractéristiques d'administrations publiques.

Quatre (04) types d'unités d'administrations publiques sont distingués à savoir :

- *les unités budgétaires ;*
- *les unités de sécurité sociale ;*
- *les Institutions sans but lucratif non marchandes ;*
- *les unités extrabudgétaires.*

Ces unités sont regroupées en trois (03) sous-secteurs à savoir :

- *le sous-secteur de l'administration centrale y compris ses ISBL et unités extrabudgétaires ;*
- *le sous-secteur de l'administration locale y compris ses ISBL et unités extrabudgétaires ;*
- *le sous-secteur de la sécurité sociale.*

Les transactions financières des administrations publiques comprennent les recettes, les charges, et les opérations sur actifs non financiers, financiers et sur passifs, qu'elles soient en espèces ou en nature.

Les transactions sur les recettes et les charges affectent la valeur nette des administrations publiques définie comme étant la différence entre le total des actifs et celui des passifs.

Les recettes sont constituées de toutes les transactions qui augmentent la valeur nette. Elles sont classées selon les catégories suivantes en espèce ou en nature :

- *les recettes fiscales ;*
- *les cotisations sociales ;*
- *les dons reçus ;*
- *les autres recettes.*

Les charges sont constituées des transactions qui diminuent la valeur nette et classées selon leur nature. Elles comprennent les catégories suivantes en espèces ou en nature :

- *la rémunération des salariés ;*
- *l'utilisation de biens et services ;*
- *la consommation de capital fixe ;*
- *les intérêts ;*
- *les subventions ;*
- *les dons versés ;*
- *les prestations sociales ;*
- *les autres charges.*

Les actifs non financiers sont des actifs économiques autres que les actifs financiers. Les transactions sur actifs non financiers sont destinées à l'acquisition ou les cessions de biens de capital fixe, de stocks, d'objets de valeur, et d'actifs non produits tels que les terrains, gisements et actifs incorporels. Elles sont classées en quatre catégories :

- *les actifs fixes ;*
- *les stocks ;*
- *les objets de valeur ;*
- *les actifs non produits.*

Les actifs financiers sont des créances financières détenues par les administrations publiques sur le reste de l'économie. Les transactions sur actifs financiers concernent les acquisitions et les cessions et sont classées selon l'instrument financier et la résidence. Les catégories d'actifs financiers sont les suivantes :

- *le numéraire et les dépôts ;*
- *les titres autres que les actions ;*
- *les crédits ;*
- *les actions et autres participations ;*
- *les réserves techniques d'assurance ;*
- *les produits financiers dérivés ;*
- *les autres comptes à recevoir.*

Ces actifs sont ventilés en actifs intérieurs et extérieurs. Ils peuvent être ventilés selon les secteurs de contrepartie à l'instrument financier et la résidence.

Les passifs représentent les dettes envers le reste de l'économie ou encore les créances de celui-ci sur les administrations publiques. Les transactions sur passifs comprennent les augmentations et les diminutions de passifs. Les passifs sont classés de la même manière que les actifs.

Base d'établissement des données du TOFE

1.5.1-/ Opérations brutes

Afin de rendre compte de toutes les recettes perçues par les administrations publiques et de toutes leurs dépenses, on adopte le principe général selon lequel les recettes et les paiements d'origine non marchande et non remboursable sont exprimés en termes bruts.

Les principales exceptions au principe d'enregistrement sur une base brute sont donc :

- les opérations relatives aux activités marchandes dont les coûts sont identifiables (qui sont donc traitées nettes et dont seul le solde courant excédentaire ou déficitaire est retracé) ;
- les trop-perçus d'impôts (portés en déduction des recettes) et le trop-payé par les administrations publiques (portés en déduction des dépenses) ;
- les opérations remboursables.

1.5.2-/ Période ou date d'enregistrement

Les opérations doivent être enregistrées au cours de la période pendant laquelle elles ont été effectivement réalisées, par exemple entre le 1er janvier et le 31 décembre, et non au cours de l'exercice budgétaire au titre duquel elles ont été autorisées. Ainsi, par exemple, les opérations des administrations publiques effectuées après le 31 décembre de l'année n, doivent être enregistrées en n+1 en statistiques de finances publiques, bien qu'elles se réfèrent du point de vue budgétaire à l'exercice n.

Plus généralement, selon les systèmes comptables et budgétaires, les opérations peuvent être enregistrées pendant la période au cours de laquelle elles ont été autorisées, ou avant, ou après cette période. On peut illustrer ceci à l'aide de l'exemple suivant où :

A : Opérations effectuées par anticipation en n-1, au titre de l'exercice n.

B : Opérations effectuées en n, au titre de l'exercice n.

C : Période complémentaire de l'exercice n (opérations effectuées en n+1 au titre de l'exercice n).

D : Période complémentaire de l'exercice n-1 (opérations effectuées en n au titre de l'exercice n-1).

E : Opérations effectuées par anticipation en n, au titre de l'exercice n+1.

Si les opérations sont retracées dans les comptes d'après l'exercice, on effectuera des ajustements pour présenter, en statistiques de finances publiques, les opérations de la gestion.

On notera que dans un tiers environ de l'ensemble des pays, on autorise la reconduction des perceptions et des paiements non entièrement effectués, dans le cadre de l'année budgétaire. Mais cette reconduction est limitée à une période complémentaire ou de liquidation de durée réduite (en général de un à trois mois). Le recours à des périodes complémentaires se rencontre dans la moitié environ de tous les pays d'Amérique latine et des pays s'inspirant du système budgétaire français, et dans environ un sixième des pays qui suivent les pratiques budgétaires anglo-saxonnes. Dans les pays qui s'inspirent des systèmes budgétaires français, le système budgétaire s'est modifié au fil des ans et est passé d'un budget fondé sur le système de l'exercice permettant de régler les engagements de dépenses et de percevoir les recettes dues sur une longue période complémentaire, à un budget de gestion prolongée dont la période complémentaire pour les paiements a été ramenée à trois mois maximum.

Le TOFE UEMOA est établi sur une base mensuelle, trimestrielle et annuelle. La situation des actifs financiers et des passifs est élaborée sur la base trimestrielle.

1.5.3-/ Base caisse ou base engagements

Jusqu'à récemment les statistiques se rapportant aux recettes et dépenses des administrations publiques, devraient de préférence être établies sur la base caisse, car cette base permet de mieux mesurer l'incidence globale des administrations publiques sur les comptes monétaires et sur le reste de l'économie.

Cependant, depuis peu, il est envisagé de réviser ce principe et de recommander que les données soient enregistrées sur la base des droits constatés. On notera que les données exprimées sur la base caisse présentent l'avantage de correspondre directement aux données monétaires et financières, d'être simples et, partant, de se prêter aux comparaisons entre pays. Elles présentent cependant l'inconvénient de ne pas être directement raccordables aux systèmes de comptes macroéconomiques (nationaux, balance des paiements) qui sont sur la base des droits constatés. En particulier, elles ne permettent pas de faire apparaître les arriérés de paiements.

1.5.4-/ Mode d'enregistrement des données dans le TOFE UEMOA

Les transactions financières des administrations publiques sont enregistrées sur la base des droits constatés c'est-à-dire lorsque la valeur économique est transformée, échangée, créée, transférée ou éteinte.

Les recettes sont enregistrées sur la base des droits constatés c'est-à-dire lorsque se produisent les activités, transactions et autres événements donnant droit à la perception des impôts ou d'autres types de recettes.

Les recettes fondées sur le système déclaratif sont enregistrées au moment de la déclaration et/ou du versement spontané des impôts par les contribuables. Celles fondées sur le système d'émission préalable de titres, sont enregistrées au vu des titres de perception, rôles ou contrats.

Les charges et acquisitions d'actifs non financiers sont enregistrées sur la base des droits constatés c'est-à-dire, au moment où ont lieu les activités, ou autres évènements créant l'obligation inconditionnelle pour les administrations publiques concernées de procéder à un paiement ou de céder des ressources. L'enregistrement des charges et des actifs non financiers se fait donc sur la base des liquidations.

Les transactions et autres flux économiques, ainsi que les stocks d'actifs et de passifs sont valorisés sur la base des prix et cours du marché, sauf en ce qui concerne la dette qui sera valorisée à la valeur nominale des différents éléments constitutifs.

Les différentes catégories de flux et d'encours peuvent être présentées sur une base brute ou nette. La base nette résulte de la différence entre deux ensembles de flux ou d'encours.

Les contrats conditionnels qui prennent effet seulement si une ou plusieurs conditions stipulées dans l'accord entre les parties se concrétisent, sont enregistrés dans des postes pour mémoire. Ils ne sont formellement reconnus dans le système des statistiques de finances publiques en tant que flux ou encours que lorsque ces conditions sont satisfaites.

1.5.5-/ Consolidation

Lorsqu'on établit les statistiques relatives à un secteur des administrations publiques ou à un de ses sous-secteurs, il faut éliminer les opérations effectuées entre toutes les unités situées à l'intérieur de cet ensemble et ne retenir que leurs opérations extérieures, autrement dit leurs opérations avec le reste de l'économie. Ce processus d'élimination porte le nom de consolidation. La consolidation doit être effectuée au sein d'une même unité (versement de budget à budget - voir l'exemple ci-après), entre unités d'un même niveau (entre le budget général et la caisse d'amortissement, par exemple), entre niveaux différents d'administrations (entre les entre administrations publiques centrale et locales, par exemple). La consolidation permet de présenter les données d'un groupe d'unités comme une seule unité.

Tableau 7 : Élimination du versement d'une subvention du budget courant au budget d'équipement

	Recettes	Dépenses	Solde
Budget courant	100	120	- 20
Dont : subvention versée		(50)	
Budget d'équipement	60	80	- 20
Dont : subvention	(50)		
Total avant consolidation	160	200	- 40
Total consolidé	110	150	- 40

Il convient de remarquer que la consolidation n'a pas d'effet sur le solde.

Structure du TOFE

Le Tableau des Opérations Financières de l'État selon la directive N°10/2009/CM/UEMOA se présente comme suit :

CODES	LIBELLES
	TRANSACTIONS AFFECTANT LA VALEUR NETTE
1	**RECETTES**
11	***Recettes fiscales***
111	Impôts sur le revenu, les bénéfices et les gains en capital
112	Impôts sur les salaires et la main-d'œuvre
113	Impôts sur le patrimoine
114	Impôts sur les biens et services
115	Impôts sur le commerce extérieur et les transactions internationales
116	Autres recettes fiscales

12	***Cotisations sociales***
121	Cotisations de sécurité sociale
122	Autres cotisations sociales
13	***Dons***
131	Reçus d'administrations publiques étrangères
1311	Courants
1312	En capital
132	Reçus d'organisations internationals
1321	Courants
1322	En capital
133	Reçus d'autres unités d'administration publique
1331	Courants
1332	En capital
14	***Autres recettes***
141	Revenus de la propriété
142	Ventes de biens et services
143	Amendes, pénalités et confiscations
144	Amendes, pénalités et confiscations
145	Recettes diverses et non identifiées
	CHARGES
21	***Rémunération des salariés***
211	Salaires et traitements
2111	Salaires et traitements en espèces
2113	Salaires et traitements en nature
212	Cotisations sociales
22	***Utilisation de biens et services***
23	***Consommation de capital fixe***
24	***Intérêts***
25	***Subventions***
251	Aux sociétés publiques
252	Aux entreprises privées
26	***Dons***
261	Aux administrations publiques étrangères
262	Aux organisations internationals
263	Aux autres unités d'administration publique
27	***Prestations sociales***
271	Prestations de sécurité sociale
272	Prestations d'assistance sociale
273	Prestations sociales d'employeurs

28	***Autres charges***
281	Charges liées à la propriété autres que les intérêts
282	Autres charges diverses
	Solde net de gestion
	TRANSACTIONS SUR ACTIFS NON FINANCIERS
31	***Acquisition nette d'actifs non financiers***
	Sur ressources intérieures
311	Actifs fixes
312	Stocks
313	Objets de valeur
314	Actifs non produits
	Sur ressources extérieures
311	Actifs fixes
312	Stocks
313	Objets de valeur
314	Actifs non produits
	Capacité/besoin de financement = Financement
	TRANSACTIONS SUR ACTIFS FINANCIERS ET PASSIFS *(FINANCEMENT)*
32	***Acquisition nette d'actifs financiers***
321	**Intérieurs**
3212	Numéraire et dépôts
3213	Titres autres que les actions
3214	Crédits
3215	Actions et autres participations
3215	Réserves techniques d'assurance
3217	Produits financiers dérivés
3218	Autres comptes à recevoir
322	**Extérieurs**
3222	Numéraire et dépôts
3223	Titres autres que les actions
3224	Crédits
3225	Actions et autres participations
3226	Réserves techniques d'assurance
3227	Produits financiers dérivés
3228	Autres comptes à recevoir
33	***Accumulation nette de passifs***
331	**Intérieurs**
3312	Numéraire et dépôts

3313	Titres autres que les actions
3314	Crédits
3315	Actions et autres participations
3315	Réserves techniques d'assurance
3317	Produits financiers dérivés
3318	Autres comptes à payer
332	**Extérieurs**
3322	Numéraire et dépôts
3323	Titres autres que les actions
3324	Crédits
3325	Actions et autres participations
3326	Réserves techniques d'assurance
3327	Produits financiers dérivés
3328	Autres comptes à payer

Section 2 : Principaux postes et soldes caractéristiques du TOFE

2.1. P rincipaux postes budgétaires

La balance du Trésor est la base idéale à partir de laquelle les opérations financières de l'État sont établies. L'exploitation de ce document, complété le cas échéant par d'autres, permet d'appréhender l'exécution des opérations de l'État qui sont regroupées dans quatre grands tableaux desquels sont tirés les agrégats de finances publiques :

- Le tableau des ressources ;
- Le tableau des dépenses (classification économique) ;
- Le tableau des dépenses (classification fonctionnelle) ;
- Le tableau de financement.

Selon la classification économique, le tableau des ressources indique les recettes courantes et les dons. Le tableau des dépenses retrace les dépenses courantes ainsi que les prêts moins recouvrements. Le tableau de financement fait apparaître, selon leur origine ou leur destination (intérieure et extérieure), le mode de couverture du départ ou l'utilisation qui a été faite de l'excédent des opérations financières de l'État.

Les agrégats du TOFE UEMOA sont les suivants :

- les recettes ;
- les charges ;
- l'acquisition nette d'actifs non financiers ;

- l'acquisition nette d'actifs financiers ;
- l'accumulation nette de passifs.

2.1.1-/ Recettes et dons

Les recettes comprennent tous les paiements reçus par les administrations publiques, non remboursables, avec ou sans contrepartie, à l'exception des versements non obligatoires provenant d'autres administrations publiques nationales ou étrangères, ou d'institutions internationales qui constituent des dons. On distingue les recettes fiscales, les recettes non fiscales, dont les recettes provenant des cotisations de sécurité sociale, et les recettes en capital.

Les recettes fiscales sont les prélèvements obligatoires, sans contrepartie et non remboursables, effectués au profit des administrations publiques. Elles sont classées d'après la nature de leur assiette ou en fonction du fait générateur de l'obligation fiscale. D'après l'assiette de l'impôt, on distingue :

- les impôts sur le revenu et les bénéfices ;
- les impôts et taxes sur la propriété ;
- les taxes sur les biens et services ;
- les droits et taxes sur le commerce international ;
- et les recettes fiscales diverses qui ne peuvent être ventilées dans les catégories précédentes.

Les recettes non fiscales sont constituées de paiements à caractère facultatif, à l'exception des dons, ou comportant une contrepartie ne correspondant pas à une opération en capital. Elles regroupent les encaissements ayant une contrepartie tels que les revenus de la propriété, les droits et redevances les excédents d'exploitation des unités marchandes des administrations publiques ainsi que sans contrepartie tels que les amendes, les pénalités et les remboursables et sans contrepartie de sources autres que les administrations publiques. Les recettes du portefeuille de l'État y sont incluses.

Les recettes en capital regroupent les produits de la vente de capital fixe (immeuble d'habitation, autres bâtiments et ouvrages, matériel de transport, machines et autres équipements), de stocks ou de terrains et des transferts en capital provenant de sources autres que les administrations publiques.

Les dons sont des encaissements sans contrepartie et non remboursables, correspondant à des versements non obligatoires au profit des administrations publiques et provenant d'autres administrations nationales ou étrangères ou des institutions internationales.

2.1.2-/ Dépenses et prêts moins recouvrements

Les *dépenses* constituent des engagements non remboursables des administrations publiques, qu'il s'agisse d'opérations avec ou sans contrepartie. On distingue les dépenses courantes et les dépenses en capital. En principe, ces dernières sont destinées à l'acquisition des biens de capital fixe, de stocks stratégiques ou d'urgence, de terrain ou d'actifs incorporels. Elles peuvent être aussi des paiements sans contrepartie ayant pour but de permettre aux bénéficiaires d'acquérir des biens de capital. Cependant, l'acquisition par l'État de biens de capital fixe pour les entreprises publiques est considérée comme une prise de participation et enregistrée dans les prêts moins recouvrements.

Deux critères sous-tendent la classification des dépenses, à savoir les caractéristiques économiques des opérations et l'objectif de la dépense ou la fonction à laquelle elle est destinée.

Sur la base de la classification économique, les dépenses peuvent être regroupées en deux grandes catégories : les dépenses courantes et les dépenses en capital.

Les dépenses, courantes comprennent les dépenses de traitements, salaires et indemnités, les autres dépenses de fonctionnement, les dépenses de subventions et de transferts ainsi que les intérêts exigibles sur la dette publique (extérieure et intérieur).

Les dépenses en capital sont regroupées selon l'origine du financement (fonds propres de l'état ou ressources extérieures). Elles portent sur l'ensemble du programme d'investissements publics. Les transferts en capital sont inscrits sur une ligne distincte.

Les prêts moins recouvrements ou prêts nets des administrations publiques sont constitués des prises de participation ainsi que des versements effectués par l'État pour des raisons de politique générale, assortis d'un engagement de remboursement, et par des opérations inverses. Les opérations relatives aux prêts rétrocédés concernant les règlements et recouvrements sur dette avalisée, les placements et cautionnements sont enregistrés à ce poste.

Les dépenses sont enregistrées dans le TOFE sur base « ordonnancement » alors que le financement se fait sur base « caisse ».

Aussi convient-il de créer un poste d'ajustement pour enregistrer l'écart entre l'ordonnancement et les décaissements (ou paiements effectifs) qui résulte notamment des arriérés de paiement.

On considère deux grands types d'arriérés : les arriérés sur dépenses et les arriérés sur amortissement. Les premiers, qui se rapportent à la fois aux dépenses de biens et services, aux transferts et aux obligations d'intérêt sur la dette publique, constituent l'ajustement permettant de passer des dépenses sur base « ordonnancement » aux dépenses sur base « décaissement » et de calculer le déficit ou l'excédent sur base « caisse ». Toutefois, ces arriérés ne comprennent pas les fonds en route qui, eux, constituent des décalages normaux dans les paiements. La deuxième catégorie d'arriérés correspond à des obligations de réductions de dette non honorées et constitue un ajustement aux opérations se rapportant à la dette contractuelle de l'Etat ou à la variation de ses titres, encaisses ou dépôts. Elle est enregistrée dans un poste distinct en financement.

2.1.3-/ Financement

Par définition, Le financement total est égal au déficit ou à l'excédent des opérations de l'État sur base «caisse». Il représente donc les variations engagements de l'État au titre de ses remboursements futurs et celles de ses avoirs liquides, qui lui sont nécessaires pour couvrir les différences entre ses décaissements.

Le financement recouvre les opérations par lesquelles les administrations contractent des emprunts et les remboursent ou reçoivent des dépôts des tiers pour gérer leurs liquidités. Il comprend aussi la variation nette des avoirs ces administrations détiennent sous forme de monnaie ou des dépôts. La classification des opérations de financement a pour but d'indiquer la provenance des fonds obtenus par les administrations pour couvrir leur déficit ou la destination de l'excédent de liquidité. Selon leur origine, on distingue deux types de financement : Le financement intérieur et le financement extérieur.

Le financement intérieur comprend toutes les opérations de financement effectuées par les administrations publiques avec les particuliers, les entreprises, les administrations et d'autres entités résidentes. Il englobe principalement les emprunts du trésor, les amortissements dus et les variations des dépôts et d'encaisses.

Le financement intérieur se subdivise en financement bancaire et en financement non bancaire. Le financement bancaire englobe les opérations effectuées avec la Banque Centrale (y inclus des opérations avec le Fonds Monétaire International) et les banques commerciales, ainsi que celles du trésor au titre de sa fonction bancaire, principalement l'acception de dépôts (CCP) et les émissions nettes d'obligations cautionnées ainsi que la titrisation des arriérés. Par conséquent, elle donne lieu à deux écritures, l'une en réduction d'arriérés de paiement ou d'amortissement et la seconde, en financement bancaire ou non bancaire selon le détenteur du titre.

Dans un poste distinct du financement intérieur, est inscrit le produit des privatisations. Ce traitement diffère de celui prescrit par le manuel de statistiques de Finances Publiques qui considère que les privatisations étant réalisées pour des raisons de politique générale, donc au profit du secteur privé, leur produit doit être classé en remboursement de prêts.

Le financement extérieur recouvre toutes les opérations des administrations publiques avec les particuliers, les entreprises, les administrations, les organisations internationales et les autres entités non-résidents. Il comprend les tirages sur emprunts, l'amortissement exigible ainsi que le rééchelonnement ou l'allègement de dette obtenu. En effet, le service de la dette est enregistré dans le TOFE lorsqu'il devient exigible et avant rééchelonnement (l'allègement) de la dette.

Lorsque l'État bénéficie d'un rééchelonnement, le montant des échéances consolidées constitue un financement extérieur. Les remises de dette consenties à l'État sont inscrites en amortissement de dette extérieure et en financement extérieur pour le même montant.

2.2. Soldes caractéristiques des finances publiques

L'excédent ou le déficit global est égal à la différence entre, d'une part, les recettes et dons et, d'autres part, les dépenses et prêts moins recouvrements.

Déficit (excédent) global = RECETTES + DONS - DEPENSES - PRETS NETS

La définition retenue pour le déficit revêt un caractère essentiel, car elle permet de déterminer quelle est l'ampleur de l'effort fiscal et budgétaire que l'État doit mettre en œuvre. Il s'agit d'un élément clé des programmes d'ajustement.

En finances publiques, les soldes significatifs calculés sont notamment le solde global, le solde primaire global, le solde budgétaire de base, le solde primaire de base et le solde courant.

2.2.1-/ Solde global

Le solde global peut être calculé en incluant ou excluant des dons extérieurs officiels.

Le calcul du déficit sous la seconde forme est préférable puisqu'il permet de mesurer l'étendue de l'effort budgétaire nécessaire pour équilibrer la situation des finances publiques, sans recourir à l'aide extérieure. De surcroît, il permet de tenir compte de la nature discrétionnaire et souvent difficilement prévisible des dons.

2.2.2-/ Solde primaire global

Cet indicateur est défini comme le déficit global hors dons et hors intérêts sur la dette publique (extérieure et intérieure). Il permet de mesurer l'effort d'ajustement à entreprendre, sans que celui-ci ne soit obscurci par le paiement des intérêts qui résultent des politiques d'endettement passées et qui constituent une donnée sur laquelle le Gouvernement n'a plus la maîtrise à court terme. En outre, la réalisation d'un surplus primaire est considérée comme une condition nécessaire à la réduction du ratio du service de la dette dans les pays à fort endettement extérieur.

2.2.3-/ Solde budgétaire de base

Le solde budgétaire de base est défini comme la différence entre les recettes budgétaires hors dons et les dépenses totales diminuées des dépenses en capital financées sur ressources extérieures concessionnelles (dons et prêts). Elles incluent par conséquent les intérêts sur la dette). Il permet d'apprécier la soutenabilité de la politique budgétaire. L'avantage du solde de base est de décrire la situation budgétaire qui résulte de la politique économique et budgétaire propre de l'État dans la mesure où il n'est pas lié aux variations de l'aide extérieure dont les évolutions

Le **solde de base** n'est pas directement affecté par les variations de l'aide extérieure dont les évolutions ne sont pas nécessairement liées à la politique économique et budgétaire de l'État. Pour cette raison, il est retenu comme l'un des indicateurs de premier rang du processus de convergence en UEMOA et en CEMAC.

2.2.4-/ Solde primaire de base

Le solde primaire peut également être mesuré hors investissements financés sur ressources extérieures. Il s'agit dans ce cas du solde primaire de base. Cet indicateur mesure la capacité du pays à assurer le service de sa dette.

2.2.5-/ Solde courant

Le solde budgétaire courant ou épargne propre des administrations publiques est défini comme la différence entre les recettes courantes et les dépenses courantes (y compris les intérêts). Cet indicateur mesure la capacité de l'Etat à faire face à ses dépenses courantes, mais également sa capacité à dégager une épargne pour financer les investissements et l'amortissement de la dette.

Il est également possible de calculer un solde hors opérations exceptionnelles. Cet indicateur est égal au solde primaire global ou primaire duquel on déduit toutes les recettes et les dépenses exceptionnelles et non récurrentes. De telles opérations portent notamment sur les restructurations et les départs volontaires.

En dehors des différents soldes sus-visés, l'analyse des finances publiques s'appuie sur une batterie d'indicateurs tels que les ratios « recettes fiscales sur PIB », « la masse salariale rapportée au PIB, aux dépenses courantes ou aux recettes budgétaires », « investissements financés sur ressources rapportés au PIB », etc.

Au total, le budget d'une année se juge à partir de trois critères essentiellement : l'évolution des grandes masses, plus particulièrement de la pression fiscale et des dépenses courantes, le niveau du solde global, apprécié aussi bien dans l'absolu que par référence au solde antérieur, l'orientation et les modalités des actions sectorielles. Toutefois, parmi ces trois critères, le solde budgétaire a acquis une prééminence. En effet, il permet d'apprécier le caractère expansionniste ou restrictif, inflationniste ou déflationniste de la politique budgétaire.

2.3. Principaux soldes caractéristiques dans le TOFE UEMOA

Différents concepts de soldes ont été définis dans le TOFE UEMOA

- **Solde brut de gestion :** différence entre les recettes et les charges autres que les charges de consommation de capital fixe. Ce solde est utilisé à la place du solde net de gestion quand la consommation de capital fixe n'est pas disponible. Dans la mesure où la consommation de capital fixe peut être considérée comme une grandeur relativement stable, l'évolution du solde brut est semblable à celle du solde net, ou à ce qu'il pourrait en principe être s'il ne peut pas être calculé. Son utilité est donc avérée même s'il surestime les excédents et sous-estime les déficits.

- **Solde net de gestion :** différence entre les recettes et les charges. Il mesure la variation de la valeur nette résultant des transactions. Il aide à mesurer la soutenabilité des transactions des administrations publiques dans une perspective patrimoniale et est comparable au concept d'épargne de la comptabilité nationale augmentée des transferts nets en capital.
- **Solde primaire de gestion :** solde net de gestion non compris les charges d'intérêts.
- **Solde global :** capacité/besoin de financement y compris les transactions sur actifs financiers liées aux objectifs de la politique économique (prêts et avances accordés, prêts rétrocédés). Les prêts moins recouvrements : (crédits) ne doivent pas être assimilés à des charges, et tous les produits des privatisations, y compris la vente d'actifs fixes, doivent être inclus parmi les transactions sur actifs financiers.
- **Solde global corrigé :** solde global à l'exclusion de tout ou partie des recettes sous forme de dons, des activités de certaines « enclaves » économiques (secteur pétrolier par exemple) ou des transactions importantes et peu fréquentes qui risquent de fausser les analyses.
- **Solde primaire global :** solde global non compris les charges nettes d'intérêts.
- **Epargne brute :** solde brut de gestion moins les transferts en capitaux nets à recevoir.
- **Solde budgétaire de base :** solde qui constitue le critère clé du pacte de convergence des pays de l'UEMOA : **(Recettes totales + dons budgétaires + ressources PPTE) (-) Dépenses courantes (-) Dépenses en capital sur ressources propres**.

  Les dons budgétaires et les ressources PPTE concernent les montants mobilisés ayant financé les dépenses courantes et les dépenses d'investissements publics.

- **Excédent/déficit base caisse :** entrées nettes de trésorerie résultant des activités de gestion (-) les sorties liées aux investissements en actifs non financiers.

Tableau 8 : Principaux critères du pacte de convergence du TOFE des pays de l'UEMOA

INTITULE DES CRITERES	DEFINITIONS SELON TOFE 2009
Ratio du Solde budgétaire de base sur PIB nominal devrait être supérieur ou égal à 0%.	Solde budgétaire de base en pourcentage du PIB nominal
Ratio de l'encours de la dette intérieure et extérieure rapporté au PIB nominal ne devrait pas excéder 70 %.	Encours dette publique totale en valeur nominale (intérieure et extérieure) rapporté au PIB nominal
Arriérés de paiement intérieurs : non-accumulation d'arriérés sur la gestion de la période courante	Accumulation des arriérés sur intérêt et amortissement intérieurs et sur les dépenses ordonnancées au cours de l'année considérée
Arriérés de paiement extérieurs : non-accumulation d'arriérés sur la gestion de la période courante	Accumulation des arriérés sur intérêt et amortissement extérieurs dus au cours de l'année considérée
Ratio de la masse salariale sur les recettes fiscales ne devrait pas excéder 35 %.	Le concept de la masse salariale n'a pas été harmonisé. Son champ et son contenu varient donc selon les pays
Ratio des investissements publics financés sur ressources internes rapportés aux recettes fiscales devrait atteindre au moins 20%.	Acquisition d'actifs non financiers sur ressources internes en % des recettes fiscales
Taux de pression fiscale devrait être supérieur ou égal à 20%.	Recettes fiscales totales en % du PIB nominal

Source : Directives UEMOA, 2009.

Section 3 : Inter-relations entre les finances publiques et les autres comptes macroéconomiques

Chacun des comptes macroéconomiques privilégie un aspect particulier de l'économie. **Les comptes nationaux** portent plus particulièrement sur l'analyse de la formation du revenu national et de la répartition de ce revenu entre différents secteurs économiques. **La balance des paiements** permet de retracer les transactions entre l'économie intérieure et le reste du monde. **Les finances publiques** ont pour objet l'analyse économique des opérations financières de l'État et de leur impact sur le reste de l'économie. **La situation monétaire**, enfin, retrace les principales catégories d'encours des avoirs et engagements financiers des grands secteurs économiques et fait apparaître l'intermédiation des institutions financières entre secteurs à excédent et secteurs à déficit.

Alors que chaque compte privilégie un aspect particulier de l'économie, tous les comptes ont des éléments communs et il existe des correspondances ou des relations entre ces comptes. L'objet de ce chapitre est de mettre en relief les relations entre les finances publiques et les autres comptes non-économiques.

Les principales relations suivantes peuvent être mises en exergue entre le TOFE et les autres comptes.

3.1. Relations entre le TOFE et les autres Comptes Sectoriels

3.1.1-/ Relations entre le TOFE et la balance des paiements sont perceptibles notamment dans le cadre de l'approche budgétaire ou fiscale de la balance des paiements.

<u>Encadré</u> 1 : Approche fiscale de la balance des paiements

Partant de l'égalité comptable entre ressources et emplois de biens et services :

$$PIB + M = C + I + X \qquad (1)$$

On peut écrire $PIB - C - I = (X - M)$

En ajoutant aux deux membres de cette identité le solde du revenu des facteurs et celui des transferts courants avec le reste du monde, on a :

$$PIB + RNF + TRN - C - I = (X - M) + RNF + TRN$$

$$RNDB - C - I = CA$$

$S - I = CA$ où S est l'épargne nationale brute égale à $(RNDB - C)$

En décomposant l'épargne et l'investissement entre le secteur des administrations publiques (g) et le secteur privé (p), on a :

$$(S_g + S_p) - (I_g + I_p) = CA$$

$$\mathbf{(S_g - I_g) + (S_p - I_p) = CA} \qquad \mathbf{(2)}$$

PIB : Produit Intérieur Brut
RNF : Revenus nets des facteurs
C : Consommation finale
TRN : Transferts courants nets
I : Investissement brut
RNDB : Revenu national disponible brut
X : Exportations des biens et services non facteurs
CA : Solde courant de la balance des paiements
M : Importations des biens et services non facteurs

Selon cette approche, le Solde des transactions courantes (*CA*) de la balance des paiements est égal au Solde budgétaire global cumulé avec le solde épargne moins l'investissement du secteur privé : cette relation est traduite par l'équation (2) de l'encadré 1 :

$\mathbf{CA = (S_g - I_g) + (S_p - I_p)}$

où $\mathbf{S_g - I_g}$ *représente le solde budgétaire global de l'Administration.*

Dans cette équation, S_g et I_g représentent respectivement l'épargne et l'investissement publics alors que S_p et I_p désignent respectivement, l'épargne et l'investissement privés.

3.1.2-/ Relations des Finances Publiques avec le Secteur Monétaire.

Elles apparaissent au niveau du financement bancaire, principalement dans la position nette du Gouvernement (PNG). Les divergences qui peuvent apparaître reflètent notamment le champ couvert qui peut être différent entre les comptes du Trésor et la PNG, les moments d'enregistrement des opérations et la différence d'évaluation des créances bancaires sur l'État.

3.1.3-/ Relations entre les Finances Publiques et les Comptes Économiques Nationaux.

Elles sont indirectes et apparaissent notamment dans l'équation de l'approche fiscale de la balance des paiements $S - I = CA$, ou encore $(S_g - I_g) + (S_p - I_p) = CA$.

En tout état de cause, le comportement fiscal de l'État a un impact sur la consommation et l'investissement.

3.1.4-/ Relations entre les Finances Publiques et la balance des paiements

Les opérations des administrations publiques avec l'extérieur (unités non résidentes) figurent dans les statistiques de finances publiques et dans la balance des paiements. Les opérations communes les plus courantes sont les emprunts publics extérieurs, le paiement d'intérêt et l'amortissement (le remboursement) de la dette publique extérieure, les dons reçus de, ou versés à, l'étranger. Ici encore, les divergences qui peuvent apparaître reflètent notamment le moment d'enregistrement des opérations.

3.2. Interprétation économique de l'approche fiscale de la Balance des paiements et conséquences pour la politique économique.

Selon l'approche fiscale de la balance des paiements *(voir* équation (2) de l'E*ncadré 1),* le Solde des transactions courantes (*CA*) de la balance des paiements est égal à la somme de l'écart épargne investissement public et de l'écart épargne investissement privé.

$$CA = (S_g - I_g) + (S_p - I_p)$$

Un déficit du compte courant de la balance des paiements peut être interprété soit comme une insuffisance de l'épargne par rapport à un niveau d'investissement donné, soit comme un excès d'investissement pour un niveau donné d'épargne.

La ventilation entre le secteur des administrations publiques et le secteur privé permet d'identifier si l'écart entre l'épargne et l'investissement provient du secteur des administrations publiques ou du secteur privé. Il convient de noter que les identités comptables sont toujours vérifiées ex-post et qu'elles n'expliquent pas comment l'épargne, l'investissement et le solde du compte courant de la balance des paiements s'équilibrent. Si on admet un lien entre l'écart épargne-investissement et le solde du compte courant extérieur, la politique économique appropriée pour résorber l'éventuel solde déficitaire est d'augmenter l'épargne et/ou de contenir l'investissement. La ventilation de l'épargne et de l'investissement entre les secteurs public et privé permet de distinguer plusieurs situations parmi lesquelles l'on peut retenir pour une période donnée deux cas types.

1er cas : $(S_g - I_g) + (S_p - I_p) = CA$

$(S_g - I_g) < 0 \Rightarrow CA < 0$

Dans ce premier cas, ***le déficit du compte courant reflète essentiellement le déficit de finances publiques.*** La coexistence d'un déficit de finances publiques et d'un déficit du compte courant extérieur est parfois qualifiée de « ***déficits jumeaux*** ».

La politique à mener pour réduire le déficit extérieur peut donc être de réduire le déficit de finances publiques.

Il faut se garder cependant de voir une relation de causalité entre déficit budgétaire et déficit extérieur. Un accroissement du déficit budgétaire peut en effet provoquer (*par effet d'éviction*) une diminution de l'investissement privé. Par ailleurs, si les agents économiques privés anticipent un alourdissement futur de la charge fiscale face au surcroît de service de la dette à assurer du fait de la détérioration du solde budgétaire, ils peuvent décider d'accroître leur épargne (ceci correspond à l'équivalence Ricardienne : il y a équivalence entre la couverture des dépenses de l'État par les impôts ou l'emprunt, car en effet, tout emprunt qui couvre un déficit de la période présente devra être servi par l'impôt dans des périodes ultérieures). Dans les deux cas qui viennent d'être décrits, une aggravation du déficit budgétaire est au moins en partie compensée par un accroissement de l'excédent de l'épargne privée sur l'investissement privé, plutôt que par une détérioration du solde des transactions courantes.

L'analyse des rubriques permet de souligner que les recettes sont déterminées en partie sur la base des importations qui apparaissent également en balance des paiements et les dons reçus correspondent aux transferts de la balance.

2ème cas : $(S_g - I_g) + (S_p - I_p) = CA.$

$(S_p - I_p) < 0 \; CA < 0$

Dans ce deuxième cas, *le déficit du compte courant reflète essentiellement un déficit du secteur privé.* Cette situation n'est, en général, pas observable dans des pays sur de longues périodes car les agents qui opèrent sur les marchés financiers cessent rapidement de prêter à des agents déficitaires. Elle peut cependant refléter un stade particulier de développement d'un pays où le niveau d'investissement, ou parfois de consommation, est très élevé et est financé par des entrées de capitaux équivalentes.

Notons par ailleurs que la variation des arriérés de paiement et le rééchelonnement qui apparaissent dans la balance des paiements sont inscrits en financement dans le TOFE. De même, le financement extérieur du TOFE est inclus dans le financement de la balance des paiements.

Paragraphe 3: Le TOFE comme instrument incomplet d'analyse économique

L'objet du TOFE est de décrire la contrainte budgétaire à laquelle font face les Gouvernements, connu sous le vocable de « principe de réalité ». Pour que le TOFE puisse servir réellement au décideur et à l'économiste, il faudrait l'enrichir d'analyses approfondies sur les changements de la politique économique à opérer.

3.2.1-/ Impact et qualité des finances publiques

L'effet des politiques budgétaires peut différer selon la composition des dépenses engagées par l'État. Les dépenses en salaires et traitements ne sont supposées avoir le même impact sur le secteur privé ou l'économie que les dépenses d'investissement comme la construction d'infrastructures routières, d'écoles, etc. Il en est de même pour les dépenses effectuées au profit des administrations décentralisées (mairies, conseils régionaux, etc.) et sécuritaires ou encore au profit des importations de produits pétroliers en provenance d'autres pays. Il apparaît donc impératif de dissocier les dépenses publiques selon leur nature économique.

De même, les résultats atteints par les dépenses publiques peuvent varier pour des niveaux de dépenses équivalents posant ainsi un problème d'efficacité relative. Ceci n'est pas capté par l'architecture traditionnelle des finances publiques. Pour approfondir l'analyse, il importe donc de la pousser plus loin en termes de définition d'objectifs et de répartition et aboutir à des systèmes de planning, de programmation ou de rationalisation des choix budgétaires plus efficaces.

3.2.2-/ Soutenabilité des finances publiques

Un déficit ou un surplus du TOFE n'est pas si pertinent en soi s'il n'est complété par une analyse économique rigoureuse avec des techniques d'évaluation appropriées. En effet, l'analyse macroéconomique peut justifier l'existence d'un certain déficit du TOFE lorsque la conjoncture économique est mauvaise. Par contre, les moyens par lesquels un déficit est financé déterminent de manière cruciale les conséquences de ce déficit.

Lorsque le déficit est essentiellement financé par une augmentation de la création monétaire, les risques d'un dérapage inflationniste deviennent évidents d'autant plus que l'offre prend parfois du temps à s'ajuster à une variation de la demande. En revanche, le financement du déficit du TOFE par endettement, peut conduire à une augmentation des taux d'intérêt et par suite, évincer l'investissement privé. On parle alors d' « effet d'éviction ». L'ampleur de ce dernier dépend cependant de la sensibilité de l'investissement au taux d'intérêt. Si elle est forte, l'effet d'éviction sera aussi important. Néanmoins, cet effet semble limité dans les pays de la zone franc en raison de la prépondérance de l'autofinancement d'une part et d'autre part parce que l'État recourt à l'emprunt extérieur[47]. L'effet d'éviction pourrait alors s'opérer à travers le marché des capitaux internationaux si les entreprises de la zone y ont accès.

Même si pour les pays de la zone, il est très peu évident d'avoir un grand nombre d'entreprises ayant accès au marché de capitaux, l'effet d'éviction peut s'opérer à travers un autre canal qui est celui de la contrainte inter-temporelle des finances publiques dans la mesure où l'endettement induit aujourd'hui doit être remboursé dans le futur.

[47] Certes une croissance de la dette à travers le marché régional s'observe mais le risque d'éviction semble pour l'instant réduit du fait que le secteur bancaire de la zone reste frileux à financer le secteur privé local créant une surliquidité bancaire.

L'objectif des Gouvernements est d'effectuer un remboursement aisé qui ne génère pas des distorsions dans l'économie. Cela requiert un certain nombre de conditions à savoir un taux de croissance des recettes publiques soutenues et rapides ainsi qu'un taux d'intérêt faible. En d'autres termes, il est nécessaire d'avoir un excédent primaire élevé. Pour réussir un tel exercice, il faut se doter d'un cadre de projections à moyen et long terme efficace qui offrent des limitations viables de dépassement budgétaire ou de mobilisation de ressources domestiques comme les nomes budgétaires adoptées dans le cadre de l'UEMOA compatibles avec les charges futures de la dette. Ceci est presqu'impossible avec le TOFE.

3.2.3/ Analyse du TOFE de la Côte d'Ivoire de 2007-2016

Le tableau suivant présente le TOFE de la Côte d'Ivoire sur la période 2007-2015 en milliards de FCFA. Il nous permet de mettre en évidence que même s'il se pose comme un élément essentiel d'analyse des finances publiques, il n'en demeure pas moins vrai que des connaissances additionnelles s'avèrent incontournables, lors de son analysé. Il dégage un déficit qui s'accroît. L'analyse du tableau montre qu'il est financé en majorité, sur fonds extérieurs qui reste marqué à partir de 2010. En 2011, l'on observe une chute marquée tandis qu'à partir de 2012 on enregistre des progressions sur les différents moyens de financement, les dépenses et les recettes. En effet, de 2007 à 2015, le niveau des recettes a été multiplié par deux. Mais la progression plus forte des dépenses par rapport aux dépenses ne permet pas le rééquilibrage budgétaire.

L'évolution du TOFE reflète la situation de crise politique et militaire ainsi qu'économique du pays sur cette période. La baisse des recettes fiscales en 2011 est due à la période de crise postélectorale qui a occasionné une baisse considérable de l'activité économique. L'expansion de la dépense publique, notamment du capital, traduit une volonté ferme du Gouvernement pour relancer la machine économique par l'investissement dans le cadre du Programme National Développement. Elle marque aussi un point de retour de la coopération renforcée avec les bailleurs de fonds avec l'obtention de la remise de la dette dans le cadre de l'initiative PPTE en 2012. Par ailleurs, bien que dans un contexte social difficile, on remarque que le Gouvernement a continué des efforts de consolidation budgétaire, en réduisant toujours ses arriérés extérieurs. Ainsi, les variations d'arriérés d'amortissement sont devenues nulles depuis 2013.

Tableau 9 : TOFE de la Côte d'Ivoire 2007-2015 (en milliards de FCFA)

	2007	2008	2009	2010	2011	2012	2013	2014	2015
RECETTES TOTALES ET DONS (R1)	1 871,20	2 160,07	2 368,63	2 282,71	1 725,92	2 621,46	3 039,47	3 293,34	3 916,81
RECETTES TOTALES HORS DONS (R2)	1 817,60	1 976,73	2 057,70	2 176,17	1 693,02	2 540,25	2 838,01	2 989,35	3 634,61
RECETTES COURANTES (R3)	1 809,50	1 968,03	2 029,00	2 158,37	1 661,60	2 529,95	2 828,49	2 961,55	3 594,60
Recettes Fiscales	1 470,60	1 626,30	1 795,60	1 928,50	1 493,10	2 212,98	2 408,60	2 573,27	2 954,86
Impôts directs	427,7	541,6	542,9	551,1	507,8	720,44	765,54	741,16	788,39
Impôts sur les revenus, les bénéfices et gains en capital	371,7	478,2	480,3	494	468,7	445,83	432,09	397,73	403,91
Impôts sur les salaires versés et autres rémunérations	52,5	56,2	54,2	49,3	33,2	264,47	320,38	330,41	373,47
Autres impôts directs	3,5	7,2	8,4	7,8	5,9	10,14	13,07	13,03	11,01
Impôts indirects	1 013,70	1 050,90	1 223,50	1 339,90	956	1 196,45	1 404,95	1 568,49	1 842,08
Impôts et taxes intérieurs sur les biens et services	505,7	574,4	731,37	771,67	513,26	523,16	641,26	674,47	700,4
Taxes sur la valeur ajoutée	357,6	389,7	386,77	492,67	286,86	470,76	570,48	590,47	619,37
Droits d'accises	12,2	25	43,3	38,6	27,4	52,4	70,78	84	81,03
Impôts sur le commerce extérieur (hors TVA au cordon douanier)	508	476,5	492,13	568,23	442,74	673,29	763,69	894,02	1 141,68

Droits et taxes à l'importation	251,9	245,7	265,73	340,73	221,74	443,29	464,54	568,83	754,59
Droits et taxes à l'exportation	256,1	230,8	226,4	227,5	221	230	299,15	325,19	387,09
Autres recettes fiscales	29,2	33,8	29,2	37,5	29,3	296,09	238,11	263,61	324,39
Recettes non fiscales:	338,9	341,73	233,4	229,87	168,5	316,97	419,89	388,29	639,75
Recettes en capital									
Autres recettes	8,1	8,7	28,7	17,8	31,42	10,3	9,52	27,8	40,01
DONS:	53,6	183,34	310,93	106,54	32,9	81,21	201,46	303,99	282,2
Dons intérieurs	0	0	0	0	0	0	0	0	0
Dons extérieurs	53,6	183,34	310,93	106,54	32,9	81,21	201,46	303,99	282,2
Dons programmes / Dons courants	10	144,54	261,46	65,55	21,9	29,68	105,21	166,99	153,6
Dons projets	43,6	38,8	49,47	40,99	11	51,53	96,25	137	128,6
DEPENSES TOTALES ET PRETS NETS (D1)	1 949,50	2 201,10	2 291,97	2 494,66	2 208,80	3 053,98	3 385,63	3 669,58	4 469,80
DEPENSES TOTALES (D2)	1 920,70	2 196,10	2 279,57	2 461,24	2 209,66	3 051,68	3 385,65	3 671,99	4 469,95
DEPENSES COURANTES (D3):	1 642,20	1 849,15	1 910,07	2 083,15	1 867,96	2 383,51	2 388,46	2 597,77	3 144,90
Traitements, Salaires et indemnités	640,4	711,7	745	800,48	719,8	934,67	1 038,90	1 183,30	1 331,55
Autres dépenses de fonctionnement	389,6	464,33	429,77	439,5	346,41	487,86	470,81	569,75	715,3
Transferts et Subventions	162,3	168,67	225,9	282,84	325,31	437,4	331,4	310,45	423,19

Intérêts dus	166,2	181,87	168,5	194,4	219,25	232,92	214,78	213,62	297,51
Intérêts dus sur dette intérieure	50,9	58,28	42	66,3	89,57	79,57	115,65	119,47	145,27
Intérêts dus sur dette extérieure	115,3	123,59	126,5	128,1	129,68	153,35	99,13	94,15	152,24
Autres dépenses courantes non classées	283,7	322,58	340,9	365,94	257,19	290,65	332,57	320,65	377,35
DEPENSES EN CAPITAL (D5)	254,2	319,58	341,5	347,3	317,03	624,76	950,11	1 026,60	1 273,28
Dépenses en capital sur ressources intérieures	187,5	241,9	231,6	259,2	237,2	510,34	618,03	608,07	790,95
Dépenses en capital sur ressources extérieures	66,1	77,68	102,8	86,44	48,5	105,51	316,18	386,14	456,33
Transferts en capital	0,6	0	7,1	1,66	31,33	8,91	15,91	32,4	26
AUTRES DEPENSES	24,3	27,37	28	30,78	24,68	43,42	47,08	47,62	51,77
PRETS MOINS RECOUVREMENTS	28,8	5	12,4	33,42	-0,86	2,3	-0,02	-2,41	-0,15
SOLDE COURANT	167,3	118,88	118,94	75,21	-206,36	146,45	440,03	363,79	449,7
SOLDE GLOBAL HORS DONS	-131,9	-224,37	-234,27	-318,49	-515,78	-513,73	-547,62	-680,22	-835,19
SOLDE GLOBAL	-78,3	-41,03	76,66	-211,95	-482,88	-432,52	-346,16	-376,23	-552,99
SOLDE BUGETAIRE DE BASE	-20,2	-123,02	-112,67	-183,98	-443,56	-363,89	-178	-244,28	-341,25
AJUSTEMENT BASE CAISSE	-71,66	79,44	-122,28	-282,37	8,3	33,45	23,4	-180,24	1,54

Variation des arriérés de paiements	-71,66	-80,76	-234,88	-374,07	-90,4	-170,41	-276,73	-381,98	-225,3
Variation des arriérés de paiements sur dépenses intérieures	-168,5	-121,5	-182,9	-126,8	-124,44	-108,52	-260,4	-354,06	-225,3
Variation des arriérés de paiements sur intérêts dette extérieure	92,36	34,72	-54,9	-252,63	26,49	-65,46	-16,75	-26,18	0
Variation des arriérés de paiements sur intérêts dette intérieure	4,48	6,02	2,92	5,36	7,54	3,56	0,42	-1,74	0
Fonds en route	0	160,2	112,6	91,7	98,7	203,87	300,13	201,74	226,84
BESOIN OU CAPACITE DE FINANCEMENT	149,96	-38,41	45,62	494,32	474,58	399,07	322,76	556,47	
FINANCEMENT EXTERIEUR :	-6,8	-241,5	-34,81	574,31	456,01	246,08	290,61	555,62	
Tirages sur prêts projets	22,5	38,9	53,3	45,45	30,6	53,98	219,93	249,14	327,73
Tirages sur prêts programmes	0	0	71,9	0	373,1	52,44	186,04	453,33	697,9
Appuis budgétaires	0	0	71,9	0	0				
Amortissement sur dette extérieure	-244,5	-281	-291	-310,29	-233,82	-316,21	-127,46	-199,81	-230,81
Variation des arriérés d'amortissement	174,3	-9,4	-78,61	-134,11	20,64	-130,37	0	0	0
Rééchelonnements	0	0	110	154,28	197,59	365,62	0	0	0
Annulations de dettes	0	0	56,1	542,88	51	181,64	0	0	0

Bons du Trésor	40,9	10	43,5	276,1	16,9	38,97	12,1	52,96	-15,87
FINANCEMENT INTERIEUR :	162,65	202,36	92,39	-69,9	22,9	131,64	112,88	98,9	
Système bancaire	91,3	29,5	190,1	23,9	-57,26	82,5	51,19	-5,99	
BCEAO:	-16,8	42,9	219,7	12,9	11,04	106,01	-11,86	-95,05	
Contrepartie du FMI	4,1	3,6	74,2	16,6	110,74	87,7	72,4	83,22	52,41
Amortissement des découverts consolidés de la BCEAO	-18,6	-19,1	-19,7	-20,3	-20,92	-21,55	-22,2	0	0
Variation des arriérés d'amortissement auprès de la BCEAO	9,8	19,1	19,7	20,3	20,92	31,33	22,2	0	
Emprunts nets de la BCEAO	-12,1	39,3	145,5	-3,7	-99,7	8,52	-84,26	-178,26	-243,08
Autre secteur bancaire:	108,1	-13,4	-29,6	11	-68,3	-23,5	63,05	89,06	
Avances ou prêts à l'EtatÉtat auprès des autres banques	29,4	-28,9	-58	-115	-54,73	-81,48	-156,68	-127,58	63,21
Amortissement autre secteur bancaire	-21,7	-13,7	-16,9	-22,6	-62,6	-59,53	-14,47	-33,14	-42,23
Variation des arriérés d'amortissement autre secteur bancaire	5,2	2,4	2,7	4,3	25,13	1,8	-0,53	-19,3	-0,49
Variation nette des dépôts particuliers aux CCP, CNE	0	0	0	0	0	0			
Participation à la recapitalisation des banques	0	0	0	0	0	0			
Bons du Trésor d'autre secteur bancaire	95,2	26,8	42,6	144,3	23,9	115,71	234,73	269,08	18,87
Financement du secteur non bancaire:	71,35	172,86	-97,71	-93,8	80,17	49,14	61,69	104,89	
Emprunts obligataires et titrisation du secteur non bancaire	85,9	98,5	107,4	87,67	164,2	165,63	218,54	324,46	27,42
Amortissement des emprunts obligataires et titrisation du secteur non bancaire	-9,1	-87,7	-113,9	-104,02	-131,5	-109,06	-141,68	-205,45	-134,3
Variation des arriérés d'amortissement du secteur non bancaire	5,85	-10,04	-3,01	24,25	38,33	-13,26	-11,38	-28,57	

Variation des arriérés d'amort. sur emprunts obligat. et titrisation du secteur non bancaire							-11,38	-28,57	-22,68
Variation autres arriérés d'amortissement du secteur non bancaire	5,85	-10,04	-3,01	24,25	38,33	-13,26	0	0	0
Produits de la privatisation	2,5	11	2	1	0,42	5,63	0,79	9,45	34,08
Autre financement non bancaire	-13,8	161,1	-90,2	-102,7	8,72	0,2	-4,58	5	5,2
Correspondants du Trésor							0	0	0
Ajustement statistique									

<u>Source</u> : Base de Données de la Surveillance Multilatérale (BDSM)

CINQUIEME PARTIE

SECTEUR PUBLIC
ET BONNE GOUVERNANCE

CHAPITRE XIII

GESTION DU SECTEUR PUBLIC

La notion de secteur publique ne fait pas l'objet de définition juridique précise. Toutefois, on peut néanmoins le définir comme le secteur regroupant toutes les activités économiques et sociales prises en charge par les administrations, les entreprises publiques et les organismes publics de sécurité sociale (les caisses nationales par exemple). Il désigne la partie de l'économie gérée par l'État, par opposition au secteur privé. Son rôle est de fournir un service public aux citoyens mais aussi d'agir dans l'économie. L'offre d'un service public peut être faite par des organismes privés (délégations de service public) qui, par définition, n'appartiennent pas au secteur public.

Face à une exigence de services croissante de la part des usagers, les Gouvernements et les organismes publics du monde entier sont soumis à des enjeux de performance nouveaux tant par leur nature que par leur importance, dans un contexte marqué par des contraintes budgétaires de plus en plus strictes.

Section 1 : Secteur public en Côte d'Ivoire

Composition et mesure du secteur public

1.1.1-/ Composition du secteur public

Le secteur public comprend donc trois composantes :

- les administrations en charge des activités d'intérêt général : il s'agit de tous les organes de l'État qui remplissent les fonctions régaliennes ;
- les entreprises publiques, c'est-à-dire les entreprises dans lesquelles une personne publique détient la majorité du capital. Elles étaient traditionnellement considérées comme un élément de la politique économique et sociale du Gouvernement, dont les choix pouvaient différer sensiblement de ceux des entreprises privées. Aujourd'hui, leur mode de fonctionnement est de plus en plus proche de celui des entreprises privées ;

- les établissements publics administratifs chargés de la Sécurité sociale, les caisses nationales, qui assument la gestion des grandes politiques sociales de la nation. Ils s'appuient d'ailleurs sur des organismes de droit privé à forme mutualiste (La Caisse Générale de Retraite des Agents de l'État (CGRAE)).

L'administration publique est l'organe pivot et structurant autour duquel se recentre et se consolide le rôle central de l'État. Elle permet ainsi la formulation, l'élaboration, la gestion et la mise en œuvre des politiques publiques, le suivi et ainsi que le contrôle-qualité et propose des ajustements nécessaires par rapport au contexte et à son évolution. Elle est la structure qui permet à l'État de réaliser ses engagements vis-à-vis des citoyens et de produire des résultats tangibles au regard des objectifs des politiques publiques préalablement définies, en fonction d'un certain nombre d'indicateurs clés de performance. C'est donc à l'administration publique que revient le rôle moteur de promotion de la croissance, en vue de booster le développement durable grâce à l'appui technique qu'elle est censée apporter au Gouvernement en matière de formulation, de mise en œuvre des politiques publiques qui soient compatibles avec les objectifs de développement.

1.1.2- / T aille du secteur public

Durant les années 1970, la part du secteur parapublic, mesurée en termes de valeur ajoutée dans le produit intérieur brut, était estimée en moyenne à 9,4% dans le monde, tandis que la moyenne pour l'Afrique se situait à 17,5%. Ce taux s'élevait en 1979 à 10,5% en Côte d'Ivoire. Les mêmes tendances sont observées en ce qui concerne la part du secteur des entreprises publiques dans la formation brute du capital fixe. Le taux se situe à 18,6% pour les pays industrialisés, 27% pour les pays en développement, 27,7% pour l'Asie, 22,5% pour l'Amérique Latine et les Caraïbes et 32,4% pour l'Afrique. Dans le cas spécifique de la Côte d'Ivoire, ce taux s'est régulièrement accru de 16,5% dans les années 1960 à 28% au début des années 1970, pour atteindre 39,5% en 1979, reflétant le rôle et l'importance croissante de ce secteur dans l'économie.

Dans les années 80, les entreprises publiques absorbaient 27% des ressources destinées aux programmes d'investissement et comptabilisaient près de 40% de la dette publique totale de l'État de Côte d'Ivoire. Le personnel de ce secteur représentait environ un tiers (1/3) des employés des secteurs publics et privés.

Fondements et rôle des entreprises publiques

Même si l'importance et la mission des entreprises publiques varient d'un pays à l'autre, on peut néanmoins noter le rôle croissant de ce secteur depuis la deuxième guerre mondiale dans les pays développés, et dans les années 60 et 70 pour les pays en développement, singulièrement en Afrique. La définition d'une entreprise publique varie d'un pays à un autre, ce qui affecte également le champ de couverture de ce concept. D'une manière générale, il s'agit d'entités de production de biens et services opérant dans le domaine marchand, avec une participation publique suffisante pour en assurer le contrôle ou, au moins, influencer la gestion. Certains pays tels que la Côte d'Ivoire intègrent, dans le secteur public, les entreprises avec une participation publique minoritaire.

La création des entreprises publiques, particulièrement dans les pays en développement, visait entre autres, à accroître substantiellement leur rôle dans les secteurs de base à forte intensité capitalistique, afin d'accélérer la croissance. Dans les pays en développement, notamment en Afrique, au moment des indépendances, le secteur privé était quasiment inexistant dans le secteur productif. En effet, très peu d'entrepreneurs avaient les ressources techniques, managériales et financières nécessaires pour investir à la grande échelle dans le secteur productif, à l'exception de quelques exploitations agro-pastorales de taille moyenne. Le développement des vastes régions agricoles, de même que l'exploitation des importantes ressources minières existantes en Afrique, nécessitaient des moyens financiers et techniques conséquents.

En outre, l'absence d'infrastructures physiques adéquates telles que les voies de communications, le manque de ressources humaines qualifiées et la perception d'un risque dans ces pays relativement élevé (politique, commercial et financier) , rendaient hésitants les investisseurs privés internationaux, qui ont plutôt privilégié les secteurs spécialement protégés tels que l'extraction minière et pétrolière.

Face à cette situation, et afin d'accélérer leur développement, plusieurs pays se sont dotés d'entreprises créées avec des ressources publiques avec pour mission de lever toutes les contraintes précitées et permettre un développement économique et social rapide.

En plus de ces considérations historiques et structurelles inhérentes à la situation des pays en développement, plusieurs facteurs essentiellement d'ordre économique ont été avancés pour expliquer le rôle accru du secteur parapublic dans ces pays. Il s'agissait d'abord et surtout de créer des entreprises publiques dans des secteurs où les principes de régulation du marché « ne fonctionnent pas », ou plus exactement « fonctionnent de manière imparfaite », entraînant de ce fait des concentrations d'activités, à travers les monopoles naturels. Ces derniers se définissent essentiellement comme des entreprises contrôlant la production totale d'un secteur, en exploitant les économies d'échelle existant du fait d'un coût d'entrée extrêmement élevé. Ces monopoles naturels, livrés à eux-mêmes, ont tendance à fonctionner de manière inefficace sur le plan économique, au détriment des consommateurs et donc de la collectivité tout entière. Lorsqu'il s'agit des sociétés publiques, en théorie, ce risque est en partie compensé car l'objectif recherché est d'assurer une fonction sociale, tout en recherchant un profit.

Ces monopoles naturels se sont historiquement retrouvés surtout dans des secteurs tels que la production et la distribution de l'eau, l'énergie électrique ainsi que les télécommunications et les transports (terrestres, aériens et ferroviaires). Les risques d'inefficience de ces marchés, ainsi que l'insuffisance des capacités institutionnelles et techniques des pouvoirs publics dans les pays en développement à réguler ces monopoles privés, ont justifié la création d'entreprises publiques dans ces secteurs. Il convient de signaler que pour des raisons différentes, dans d'autres secteurs où les mécanismes du marché ne sont pas adaptés, les entreprises sont restées dans le giron de l'État. Il s'agit surtout des secteurs liés à la sécurité et à la défense nationale, ou à la protection de l'environnement, du fait de l'existence des phénomènes d'externalité qui ne sont pas pris en compte par le marché.

D'autres raisons non économiques ont également été avancées, pour justifier la création d'entreprises publiques, tant dans les pays industrialisés que dans ceux en développement. Le premier argument, d'ordre politique, est lié à la nécessité de contrôler les secteurs « clés » de l'économie. Cet argument est à mettre étroitement en relation avec la notion de secteur stratégique ou d'intérêt national.

Le deuxième argument régulièrement avancé pour justifier la création d'entreprises publiques est lié aux préoccupations sociales des pouvoirs publics. En effet, le risque d'une incapacité du marché, à travers les entreprises privées, à fournir des biens et services dits essentiels à des prix « raisonnables », c'est-à-dire socialement acceptables, a été une des raisons majeures de l'implication de l'État dans l'appareil de production dans les pays en développement. Ce faisant, l'État visait un double objectif à savoir, d'une part assurer la disponibilité des biens et services souvent à des prix « sociaux » ou non-économiques, et d'autre part, réduire le chômage. La lutte contre le chômage a pris une importance grandissante dans les PED du fait de la faiblesse du secteur moderne, du nombre relativement important de jeunes dans la population, et du taux élevé de croissance démographique.

Du reste, l'emploi a été et reste encore un des aspects les plus délicats dans la réforme du secteur des entreprises publiques dans les pays en développement et ce, d'autant plus que ces pays ont connu une longue période (1980-1995) où le taux de croissance économique s'est avéré insuffisant, se situant nettement en deçà du croît démographique.

Panorama et évolution des entreprises publiques

1.3.1-/ Historique et classification du secteur parapublic

D'une manière générale, on distingue trois types d'entreprises publiques en Côte d'Ivoire, à savoir l'Établissement Public National, la société d'État et la Société à participation Financière Publique. Les Établissements Publics Nationaux (**EPN**) sont régis par la loi n°98-388 du 2 juillet 1998 fixant les règles générales relatives aux établissements publics nationaux et portant création de catégories d'établissements publics. L'EPN est une personne morale de droit public disposant d'une autonomie financière dont l'objet exclusif est de remplir une mission de service public. Les EPN sont subdivisés en Établissement Public Administratif (**EPA**), et en Établissement Public à caractère Commercial et Industriel (**EPIC**).

Le régime des Sociétés d'État (SODE) est une personne morale de droit privé, commercial par sa forme dont le capital est entièrement constitué par des participations de l'État, et, le cas échéant, d'une ou plusieurs personnes morales de droit public. La règlementation de la participation de l'État des sociétés anonymes trouve son fondement dans la Loi n° 97-520 du 4 septembre 1997. La société à Participation Financière Publique (**SPFP**) est une société commerciale dont le capital est partiellement détenu par l'État, une personne morale de droit public, une société d'État ou par une société à participation financière publique majoritaire.

1.3.2-/ Évolution du secteur parapublic

Les entreprises publiques ont joué un rôle actif dans le processus de développement de la Côte d'Ivoire. Plus spécifiquement, elles ont été créées dans le but de :

- *Développer rapidement certains secteurs (eau, électricité, télécommunication, banques, etc.) ;*

- *Diversifier et moderniser l'appareil productif ;*
- *Exploiter les ressources naturelles ;*
- *Promouvoir et développer les infrastructures dans les secteurs de l'énergie et du transport ;*
- *Favoriser le développement régional ;*
- *Enfin, poursuivre des objectifs sociaux tels que la création d'emplois.*

Le secteur parapublic de la Côte d'Ivoire comptait 140 entreprises en 1982. A la suite des mesures de privatisation ou de liquidation mises en œuvre en réponse aux difficultés auxquelles le secteur était confronté, le nombre d'entreprises publiques à la fin de l'année 1989 est passé à 117 (26 EPIC, 7 SE et 84 SPFP).

A l'instar de celles des autres pays d'Afrique et dans le monde, les performances économiques et financières du secteur parapublic ivoirien, qui a absorbé 1.300 milliards d'investissements publics cumulés à la fin de 1989, ont été particulièrement faibles. Sur la période 1982-88, les subventions de l'État au secteur parapublic (EPN, SE, SPFP) ont totalisé 568 milliards de francs CFA (165 milliards à l'exclusion des EPN). Malgré ces ressources, les résultats d'exploitation étaient estimés à 39 milliards de francs CFA.

Les entreprises publiques où l'État détenait 100% du capital ont réalisé sur la période une perte cumulée de 85 milliards de francs CFA. De son côté, celles où l'État était actionnaire majoritaire ont enregistré une perte nette cumulée de 10 milliards de francs CFA. Ces déficits ont été compensés par les performances des entreprises publiques où l'État est minoritaire qui a réalisé un bénéfice cumulé de 134 milliards.

En outre, sur le plan fiscal, les entreprises publiques où l'État est seul actionnaire s'acquittent le moins d'impôts et taxes mais reçoivent le plus de subventions et transfert. Ces entreprises ont renversé sur la période 1982-1988 au titre des impôts et taxes 31 milliards de francs CFA, alors que celle où l'État est minoritaire ont reversé 213 milliards de francs CFA d'impôts et taxes sur la même période.

Ainsi, ces constats font ressortir que, plus la part de l'État dans le capital des entreprises publiques augmentent, plus leur performance économique et financière n'est insuffisante. Ces mauvais résultats sont dus essentiellement à : (i) des insuffisances de gestion ; (ii) des niveaux de productivité faibles, (iii) l'inefficacité des organes de contrôle ; et (iv) l'excès de règlementation du cadre d'exercice de leur activité.

Par ailleurs, la ponction financière exercée par le secteur parapublic sur les ressources financières de l'État qui comprend le coût des investissements non remboursés, le service de la dette extérieure, les subventions directes ou indirectes, et les dettes sur le système bancaire garanties par l'État, est loin d'être négligeable. Pour la période des trois années 1989-91, les subventions directes (exploitation et Equipment) de l'État aux entreprises publiques (EPN, SE et SEM) sont ressorties à près de 330 milliards de francs CFA

Section 2 : Gestion du secteur public

2.1. Inefficiences des administrations publiques

Le Gouvernement veut une fonction publique qui se caractérise par son excellence, son professionnalisme, sa grande compétence et son impartialité. Toutefois, les sources d'inefficacité sont nombreuses : effectif mal composé (catégories en sur ou en sous-nombre), mal déployé (déséquilibres entre ministères) ou mal rémunéré (disparités et iniquités), absence d'encadrement, de contrôle et de sanction (absentéisme), corruption des agents, des responsabilités mal définies, mal réparties, un manque de coordination, des états patrimonialistes et clientélistes, etc.

Ces inefficiences récurrentes ont conduit les pays de l'OCDE à reformer les administrations publiques dans les années 80 pour améliorer la qualité du service publics tout en réduisant les coûts de production. C'est le cas du Canada qui a réalisé une réforme drastique de son secteur public. Toutes les politiques publiques ont été passées en revue et chacune d'entre elles a été confrontée à des questions simples et fondamentales : Ces prestations doivent-elles être gérées par les pouvoirs publics ? Doivent-elles être redimensionnées avec une augmentation ou une diminution des moyens financiers ? Ces questions ont amené les Gouvernements successifs à une restructuration profonde des administrations publiques canadiennes.

La prise de conscience d'un immense besoin de réforme de l'État et de l'administration, partagée par la plupart des pays, s'accompagne de la nécessité d'un travail plus approfondi vers la valorisation de l'action administrative pour progresser dans la mondialisation, la globalisation et la compétitivité. En favorisant l'efficience et la productivité et en créant un climat plus favorable aux exportations et à l'investissement extérieur, les réformes axées sur l'extérieur ont joué un rôle déterminant dans l'amélioration récente des perspectives économiques des pays en développement.

2.2. Gestion des entreprises publiques

2.2.1-/ Mécanisme de gestion et de contrôle des entreprises publiques

Les EPN, les sociétés d'État et les sociétés à participation financière publique sont placés sous la double tutelle du Ministère chargé de l'Économie et des Finances/Budget et du ministère technique dont relève leur activité principale. Les mécanismes de contrôle sont de plusieurs ordres. Les ressources des EPN étant des deniers publics, ils sont donc obligatoirement soumis aux règles de la comptabilité publique. Placé sous le contrôle et l'autorité d'un Conseil de gestion, chaque EPN est doté d'un contrôleur budgétaire. Les sociétés d'État sont soumises à des contrôles par les commissaires aux comptes, la tutelle, l'État et la chambre des comptes. Elles sont dotées d'un conseil d'administration dont les membres sont nommés par décret pris en Conseil des ministres.

La société à participation financière publique est soumise à plusieurs contrôles par les commissaires aux comptes, la tutelle de l'État, la Chambre des comptes et le parlement.

2.2.2-/ Mauvaises performances des entreprises publiques

Bien que non exhaustives, les raisons évoquées plus haut expliquent le rôle croissant et important que les entreprises publiques ont joué dans les économies des pays, notamment ceux en développement. Cependant, la performance de ces entreprises publiques n'a pas toujours été à la hauteur des attentes des responsables politiques, encore moins des consommateurs. En effet, plusieurs études indiquent qu'elles ont, en général, été économiquement inefficaces, engendrant des pertes financières importantes pesant sur les ressources limitées des États et affectant de manière négative la croissance économique. Ainsi, il apparait que les entreprises publiques ne sont pas, en général compétitives, maintiennent des effectifs pléthoriques et enregistrent conséquemment des pertes financières qui, dans certains cas, ont atteint près de 6% du PIB. Ce phénomène n'est pas particulier aux pays en développement.

D'autres études indiquent, en effet, que leurs coûts de production, pour un niveau de production donné, sont supérieurs à ceux des entreprises privées dans plusieurs pays industrialisés. Ainsi d'une manière générale, ces dernières seraient plus efficaces.

Il est utile de rappeler que ces entreprises publiques ont souvent bénéficié de subventions importantes de l'État, utilisant ainsi des ressources qui auraient pu être investies dans d'autres secteurs d'activités. Par ailleurs, le recours excessif au crédit bancaire pour financer des projets d'investissement à faible rentabilité a eu pour conséquence de produire un effet d'éviction, c'est-à-dire de réduire la disponibilité du crédit pour d'autres investissements plus rentables du secteur privé.

Outre l'effet d'éviction, le recours au financement extérieur par les entreprises publiques avec la garantie directe ou indirecte des États, a contribué à l'endettement excessif des PED dans les années 70 et 80. Lorsque ces ressources financent des projets ayant une rentabilité limitée, l'emprunt ne peut être remboursé et devient une charge pour l'État. Ce dernier doit prélever des impôts ou réduire les autres dépenses pour faire face à cette contrainte. Dans une certaine mesure, la crise de l'endettement de nombre de pays en développement est en partie, liée à cet état de fait.

Ainsi, que ce soit dans un pays développé ou en développement, le constat est le même. Les entreprises privées réalisent, en général, des performances économiques supérieures et participent de manière plus positive à la croissance économique et à l'amélioration des conditions de vie des populations. La première réaction des États face à la situation difficile des entreprises publiques au début des années 1980 a été de mettre en place des programmes de restructuration visant à leur permettre de retrouver une viabilité financière. Ces réformes ont eu plusieurs volets et ont consisté essentiellement à :

- accroître leur autonomie par rapport au Gouvernement central ;
- définir et mettre en place un ensemble d'objectifs précis à travers des contrats-plans ;
- développer des systèmes d'évaluation ;
- réduire progressivement les systèmes de barrières quantitatives et tarifaires protégeant ces entreprises de la concurrence interne et externe afin de soumettre davantage aux lois du marché ;
- éliminer les mécanismes accordant des avantages préférentiels, notamment les taux d'intérêts subventionnés ou des allocations de crédits garantis ;
- et renforcer les mécanismes de suivi et de contrôle.

Malgré ces ressources, le constat fait au début des années 1990 a été décevant. Les résultats des entreprises publiques ne se sont améliorés que très marginalement, certains secteurs enregistrant même une dégradation. Plusieurs raisons peuvent expliquer l'échec relatif des programmes de réforme.

Le succès des restructurations dépend de la mise en œuvre coordonnée et rigoureuse de l'ensemble des mesures prévues, ce qui n'est pas toujours le cas. Ainsi, les réductions des subventions directes aux entreprises publiques peuvent être facilement contournées, à travers l'accès au crédit et l'utilisation des arriérés de payement si des mesures concomitantes ne sont pas prises. De même, l'augmentation des tarifs de biens et services produits par ces entreprises, sans une libéralisation concomitante du secteur en question, entraine inévitablement une faible productivité, du fait du manque d'incitation à la réduction des coûts.

En outre, le poids des pouvoirs publics dans le fonctionnement des entreprises publiques est généralement sous-estimé, malgré la volonté de leur accorder plus d'autonomie, surtout lorsqu'il s'agit de décisions ayant un impact stratégique ou social important. Les exemples les plus évidents concernent les décisions entrainant les augmentations de prix de biens et services dits essentiels, ou impliquant une réduction importante des effectifs. Dans beaucoup de cas de restructuration, ces mesures cruciales pour la suivie et le redressement de l'entreprises sont retardées, voire annulées du fait des réticences des pouvoirs publics. Lorsque ces mesures sont appliquées, elles le sont soit trop tard, soit de manière insuffisante.

Enfin, il y a lieu d'indiquer que les efforts de restructuration sont difficiles à soutenir à moyen terme dans les PED. Si les conditions économiques et financières d'ensemble s'améliorent, la rigueur dans la gestion tend à se relâcher, notamment au niveau de l'emploi ; si au contraire, les conditions macroéconomiques se détériorent, les pressions politiques deviennent très fortes et entraînent la prise de décisions non-optimales au niveau de l'entreprise, détériorant de nouveau ses indicateurs. Ainsi, les contrats-plans n'ont pas permis de corriger les insuffisances, du fait des difficultés pour mettre en œuvre les mesures prévues, évaluer les résultats par rapport aux objectifs et éventuellement appliquer les sanctions.

L'expérience au plan international montre bien que les entreprises publiques, d'une manière générale, n'ont pas connu les améliorations attendues suite aux restructurations dans les années 70 et 80. Au contraire, leur situation a continué à se détériorer au point où la stratégie d'ensemble a été modifiée, aussi bien dans les pays développés que dans les pays en développement, en faveur d'un transfert des actifs au secteur privé, c'est-à-dire leur privatisation.

2.2.3-/ Privatisation

Le programme de privatisation avait pour objectif essentiel de réduire les contraintes sur les finances publiques liées aux subventions d'exploitation, de rendre la gestion des entreprises publiques plus rigoureuses et de favoriser une plus grande concurrence dans les secteurs concédés. En d'autres termes, il s'est agi de rendre l'économie plus compétitive, en démantelant les situations de rente et d'inefficacité des monopoles de l'État au profit d'un secteur privé plus dynamique et diversifié, appelé à tirer la croissance.

La privatisation en Côte d'Ivoire a démarré au début des années 1980 avec la crise économique à travers la cession de près d'une vingtaine d'entreprises publiques au secteur privé. Ces privatisations ont été plus souvent le fait d'opérations individuelles et ad hoc et ne rentraient pas dans le contexte d'un programme de réformes économiques globales. Ce n'est qu'au début des années 1990, avec la persistance de la crise économique, qu'un programme systématique de privatisation a été mis en place avec trois caractéristiques principales qui le différencient des opérations précédentes.

Premièrement, ce programme est d'une envergure beaucoup plus grande et concerne une soixantaine d'entreprises couvrant pratiquement tous les secteurs d'activités y compris des secteurs considérés comme stratégiques. Il y avait donc une volonté politique très nette de n'exclure aucun secteur, et bien au contraire, d'inclure les plus importantes entreprises publiques.

Deuxièmement, des objectifs et modalités précis sont assignés à ce programme, avec des dispositions législatives et réglementaires qui en contrôle son exécution.

Enfin, la troisième caractéristique est que ce programme s'inscrivait dans un ensemble de réformes économiques visant à sortir l'économie d'une longue et profonde récession.

Il est utile de rappeler que l'une des causes identifiées des difficultés économiques était liée à l'inefficacité du secteur parapublic et son poids excessif sur les finances publiques. Ainsi, une évaluation du secteur parapublic conduite sur la période 1982-1988 a montré que le résultat net cumulé des entreprises du secteur parapublic était estimé à 39 milliards de F CFA malgré des subventions globales cumulées d'un montant de 568 Milliards de F CFA (dont 165 milliards pour les Sociétés d'État et les Sociétés d'Économie Mixtes). Une analyse plus approfondie sur la même période révélait que :

- le sous-secteur dans lequel l'État détenait la totalité du capital a réalisé des pertes nettes cumulées de 85 Milliards de F CFA ;
- le sous-secteur dans lequel l'État était actionnaire majoritaire a réalisé des pertes nettes cumulées de 10 Milliards de F CFA ;

- par contre, le sous-secteur dans lequel l'État est actionnaire minoritaire, a réalisé un bénéfice cumulé de 134 Milliards de F CFA.

En outre, le sous-secteur dans lequel l'État détenait la totalité du capital acquittait le moins d'impôts et de taxes, mais recevait le plus de subventions et de transferts de la part de l'État. L'ampleur de ces déséquilibres a, en partie, entraîné la décision du Gouvernement de lancer le programme de privatisation en 1990.

Le programme s'exécute dans un cadre juridique et institutionnel défini par la loi n° 94-338 du 9 juin 1994, relative à la privatisation des participations et actifs de l'État dans certaines entreprises et établissements publics nationaux. La mise en œuvre du Programme de Privatisation a permis d'améliorer la physionomie, la structure, ainsi que les performances de l'économie ivoirienne. L'ensemble des sociétés privatisées contribue activement à la croissance économique. Le Gouvernement, à juste titre, a décidé de poursuivre cette expérience. Cependant, ce programme doit s'exécuter dans un cadre macro-économique adéquat et un environnement propice aux investissements. Il est donc essentiel de prendre des mesures visant à améliorer le cadre juridique des affaires en Côte d'Ivoire, en le rendant plus transparent afin de rassurer les investisseurs et maintenir de la manière la plus stricte ce qu'il est convenu d'appeler la bonne gouvernance, c'est-à-dire l'application d'un code de bonne conduite dans tous les domaines d'intervention de l'État. Un tel développement devrait permettre à la Côte d'Ivoire d'avoir de meilleures chances d'accroître les investissements privés dans le contexte de la mondialisation.

CHAPITRE XIV

BONNE GOUVERNANCE ET REFORMES DU SECTEUR PUBLIC : CAS DE LA COTE D'IVOIRE

Aujourd'hui, la bonne conduite des affaires publiques est devenue une question majeure dans le débat public ; et bien souvent, la réforme de l'État vient même en tête des priorités Gouvernementales. Les causes en sont de plusieurs ordres.

D'abord, la notion même de ce qui constitue une politique économique saine a évolué pour intégrer les éléments qui se sont révélés nécessaires à la réalisation des objectifs de croissance élevée de haute qualité. Avec l'affinement des analyses, l'incidence néfaste des problèmes de mauvaise gestion administrative sur les résultats économiques est devenue de plus en plus manifeste que l'on songe aux pertes de recettes budgétaires, à la piètre qualité des investissements et des services publics, à la contraction de l'investissement privé ou à la perte de confiance envers les gouvernants. L'on en est venu à réaliser beaucoup mieux combien la transparence et la bonne gouvernance sont essentielles à leur réussite.

Les études se sont multipliées pour montrer que lorsqu'un pays est mal administré, l'investissement intérieur et la croissance en pâtissent. En outre, dans un monde où les capitaux privés étrangers sont devenus mobiles, il est prouvé chaque jour davantage que la corruption fait fuir les investisseurs les plus sérieux et a un impact désastreux sur les entrées de capitaux privés étrangers. D'autres raisons s'ajoutent. Comme l'austérité budgétaire s'impose partout, les pays pourvoyeurs d'aide publique au développement sont, à présent, plus conscients de la nécessité d'orienter leurs ressources vers les pays qui leur paraissent pouvoir en faire l'usage le plus productif et le plus contrôlable.

Pour toutes ces raisons, les Gouvernements sont venus à reconnaître l'importance essentielle de la bonne gestion publique. Quel que soit le niveau de développement de leurs économies, tous les États ont entrepris, de façon plus ou moins approfondie, des réformes de politiques structurelles et institutionnelles, afin non seulement de créer les conditions d'un arrêt de l'effondrement économique, mais surtout d'engager leurs économies sur la voie d'un développement économique soutenu et durable.

Les pays africains ne sont pas restés en marge de ce mouvement. C'est ainsi, que dans la plupart d'entre eux, il a été entrepris des reformes publiques d'envergure pour mieux asseoir les bases d'une bonne gestion des affaires de l'État. La Côte d'Ivoire a engagé des réformes structurelles dans les domaines aussi variés que la gestion macroéconomique et les finances publiques, la maîtrise de la masse salariale, la compétitivité et le secteur privé, le développement du secteur financier, les filières de production, le développement des ressources humaines et la lutte contre la pauvreté au cours des dix dernières années.

Dans ce qui suit, nous analyserons rapidement sur le concept de la bonne gouvernance, afin de mieux fixer notre sujet (I) avant de présenter les différentes réformes engagées par la côte d'Ivoire, en vue de garantir une gestion transparente et efficace des affaires de l'État (II).

Section 1 : Concept de bonne gouvernance

Définition

Pour la Banque Mondiale, la Gouvernance est «la manière dont le pouvoir est exercé eu égard à la gestion des ressources économiques et sociales, aux fins du développement ». Par la suite, cette définition s'est avérée quelque peu étriquée dans la mesure où elle ne prend pas en compte les entreprises, la société civile et l'importance des institutions politiques et des libertés civiles.

De façon plus précise, la Commission Européenne définit la bonne gouvernance, comme "la gestion transparente et responsable de l'ensemble des ressources humaines, naturelles, économiques et financières internes et externes d'un pays, aux fins d'un développement durable et équitable".

L'OCDE met en évidence trois caractéristiques essentielles de la gouvernance :

- la forme du régime politique (démocratique ou non) ;
- le processus par lequel l'autorité est exercée dans la gestion des ressources économiques et sociales du pays ;

- la capacité de l'État à formuler et à mettre en œuvre les politiques et à exercer les fonctions qui sont les siennes.

Il va sans dire qu'il existe actuellement plusieurs définitions de la gouvernance. Toutefois, il convient de retenir que la gouvernance concerne « la manière dont les responsabilités sont assumées », que celles-ci découlent d'élections, d'une nomination ou d'une délégation de pouvoirs dans les domaines public ou commercial. La gouvernance dénote d'une situation où les responsabilités sont exercées de façon efficace, transparente et comptable, tandis que la mauvaise gouvernance est synonyme de mauvaise gestion.

Paradigme de bonne gouvernance

L'émergence de la gouvernance comme paradigme est très récente. L'histoire du concept met en exergue que celui-ci remonte aux années 1970. Il est né du secteur privé en tant que "modalité d'auto-administration". Dans les années 1980, la Banque Mondiale capitalise le concept "comme instrument de gestion publique" et comme "moyen d'apporter une réponse aux questions relatives aux difficultés d'application des Programmes d'Ajustements Structurels (PAS)", dans les pays en développement en général et en Afrique en particulier. Le poids de la Banque Mondiale dans le débat universel sur la gouvernance a fini par se transformer en dernière analyse en un concept de cette institution. Vue sous l'angle des préoccupations de la Banque Mondiale et du Fonds Monétaire International (FMI), la bonne gouvernance comme concept a une consonance technocratique. Elle est perçue comme l'antithèse de la "mal gouvernance" et comme indice contre la corruption dans les processus économiques nationaux. En visant parmi ses objectifs le renforcement des capacités de gestion macroéconomique du développement, elle offre une plus grande chance de succès aux politiques d'ajustements structurels, par les biais de l'assainissement des finances publiques et du rétablissement des équilibres macroéconomiques.

Elle fonde, en dernière analyse, les politiques d'ajustements structurels comme moyen pour réunir les conditions d'une saine croissance économique permettant, à son tour, l'augmentation des revenus des populations.

La bonne gouvernance, même dans cette approche technocratique, correspond à un besoin, voire à une exigence pour le développement et le progrès social. Mieux encore, la bonne gouvernance, au regard de ce que les fonctionnaires du FMI et de la Banque Mondiale en font sur le terrain, dans le cadre des programmes d'ajustement structurel, est devenue aux yeux des populations de maints États pauvres du Sud, la connotation d'une nouvelle conditionnalité d'ordre politique.

Les effets pervers de la stricte application des politiques d'ajustement au plan social et leurs incidences politiques sont réels et ne sont pas étrangers à un tel jugement. Il n'en demeure pas moins qu'une bonne gouvernance suppose, dans les pays où le processus démocratique n'est pas encore irréversible, un renouveau politique qui débouche, à son tour sur une administration responsable transparente et moins incertaine. Ceci implique une lutte acharnée contre la corruption, de la base au sommet. Le contexte spécifique d'un continent africain, économiquement marginal, miné par la pauvreté, commande en effet que les populations urbaines et rurales exigent de voir clair dans la gestion des affaires publiques. Cette conception technocratique de la gouvernance que l'on peut caractériser de fonctionnaliste parce que centrée sur la croissance économique et la stabilisation financière, trouve un prolongement et une complémentarité dans celle du PNUD d'essence politico-éthique et humanitaire. Dans cette autre perspective, la gouvernance met en avant les catégories d'État de droit, de leadership, de démocratie, de responsabilité de la société civile, de respect des droits humains, de justice et d'équité pour un développement soutenu centré sur l'amélioration des conditions de vie des populations.

La prise en compte de la démocratie et du politico-éthique renvoie aux notions de Gouvernement du peuple par le peuple et pour le peuple, à l'exigence de transparence, à l'obligation des gouvernants de rendre compte, à la collaboration avec les institutions nationales, surtout celles où les décisions sont prises comme l'Assemblée Nationale. La finalité de la bonne gouvernance telle qu'elle apparaît dans les questions soulevées par le Rapport Mondial sur le Développement Humain de 1990 et 1991 publié par le PNUD, renvoie à des conditions minimales pour instaurer un développement humain durable. Le souci d'humanité se traduit, entre autres conditions, par des préoccupations de lutte pour l'élimination (progressive) de la pauvreté, de répartition équitable des ressources (financières, naturelles, technologiques), s'appuyant sur des Gouvernements décentralisés. En effet, la décentralisation occupe une place de premier plan dans le concept de bonne gouvernance, car elle apparaît comme un cadre administratif idéal, avec des institutions locales stables, dotées de pouvoirs réels sans lesquels les efforts de démocratisation sont condamnés à être superficiels et réversibles. Cela renvoie, dans la problématique de la gouvernance, aux questions fondamentales des relations entre l'État et la société civile, le secteur privé et les partenaires extérieurs. Ce qui suggère, par rapport au paradigme actuel de ces relations, la définition de la gouvernance comme une nouvelle éthique du développement. Dans ses implications à l'échelle universelle, elle commande, au plan politique, le pluralisme dans des États responsables et légitimés, avec une décentralisation et une séparation des pouvoirs impliquant la participation des populations aux prises de décisions concernant leur avenir. Les relations entre l'État et la société civile sont basées sur la confiance et le respect des institutions, à travers des canaux de communication donnant priorité à des objectifs communs. La loi s'impose dans cette société aussi bien aux gouvernants qu'aux gouvernés, avec une société civile forte et organisée.

Section 2 : Exigences de la bonne gouvernance

2.1. Exigences fondamentales

2.1.1-/ Principe de séparation des pouvoirs

Aujourd'hui, les Gouvernements sont comptables aussi bien du plein emploi que des effets les plus observables sur le chômage, le revenu des ménages, l'évolution de la pauvreté, le revenu par tête d'habitant, etc. De même, les Gouvernements restent responsables de la fréquence et de l'évolution des conflits sociaux, même les plus spécifiques. La plupart des Gouvernements, anticipant cette responsabilité, inéluctable en démocratie, ont donc en général un plan ou un programme de règlement des problèmes sociaux, but ultime de la puissante action d'institutionnalisation de l'État. C'est ainsi logiquement que le thème de développement institutionnel est apparu comme une des exigences de la bonne gouvernance. Il apparaît exact de dire que la bonne gouvernance est la nécessité pour tout pays de promouvoir les institutions et les règles qui garantissent la promotion de l'harmonie sociale et du succès économique.

L'action requise reste placée sous une double condition : atteindre l'objectif généralement convenu d'une libération des énergies individuelles par la promotion de la démocratie et, néanmoins, préserver les intérêts généraux de la société. Le principe même du développement institutionnel d'un pays donné est d'abord fondé par l'idée de la nécessité d'un encadrement structurel du développement économique et social. La perspective du développement implique l'existence d'un certain nombre d'institutions privées et publiques standards, qui doivent fonctionner selon des règles et des méthodes amenant à assumer leur mission avec un minimum d'efficience.

S'agissant des institutions républicaines, les exigences de la bonne gouvernance doivent traduire une séparation effective des pouvoirs. Le pouvoir législatif doit se traduire par l'existence d'un parlement démocratiquement élu. Le pouvoir judiciaire doit être représenté par un système de juridictions dont la constitution et le fonctionnement restent indépendants. Si le pouvoir exécutif consiste dans l'existence d'un Gouvernement et d'une administration travaillant sous sa direction, il doit également être mis en place un système de décentralisation des responsabilités qui permet aux populations de participer à un échelon local (communes, régions,…) à la gestion de leurs propres affaires, dans le cadre de collectivités financièrement et administrativement autonomes.

S'agissant du secteur privé, il peut être retenu pour essentiel que le développement économique soit conduit principalement par les entreprises, dans un cadre concurrentiel, s'acquittant des impôts et bénéficiant des facilités et d'une réglementation qui les délivrent des entravent et qui sont de nature à favoriser leur compétitivité. La vie sociale doit, par ailleurs, être animée par le jeu des propositions et discussions menées par les acteurs de la société civile, libre de leurs opinions, de leurs mouvements et actions (les syndicats, les associations de défense des Droits de l'Homme, les partis politiques, les ONG, etc.). La stratégie de développement institutionnel doit ainsi viser à atteindre des objectifs pratiques dans la gouvernance des institutions, la gouvernance de la société civile et la gouvernance de l'économie.

2.1.2-/ Gouvernance des institutions

Le trait majeur de la vie politique dans les États en mutation, c'est bien la crise profonde engendrée par la contestation des régimes monolithiques et autoritaires.

On sait que les systèmes aujourd'hui décriés se caractérisent surtout par l'extrême centralisation de la vie politique entre les mains de quelques-uns, excluant, voire réprimant systématiquement toute idée d'opposition ou même plus simplement de société civile organisée ou non.

A cet égard, l'évolution en cours, si elle a libéré les forces d'opposition longtemps demeurées dans la clandestinité, n'a pas tout à fait encore libéré toutes les forces sociales qui demeurent encore latentes. Le système nouveau doit donc viser à prendre en compte la plus grande diversité possible du débat public, en permettant à toutes les composantes de la société de s'exprimer librement sur les questions d'intérêt.

La question du processus électoral permet d'établir le mode de constitution de l'autorité publique. Les élections doivent être libres, transparentes et justes, mettant aux prises des adversaires ayant, en théorie, une chance égale de remporter le scrutin. Elles doivent être contrôlées par une commission ad hoc et surtout être parfaitement organisées sur le plan purement administratif.

La gestion et la réforme administrative constituent des thèmes techniques. C'est là une question essentielle du point de vue des aspects institutionnels de la gouvernance. L'administration publique est, en effet, le moyen même de l'amélioration de tout le système de gouvernance. C'est l'outil dont dispose les pouvoirs publics pour réaliser concrètement toutes les politiques décidées. Quel que soit le désir réel de réforme, celle-ci dépend, pour une large part, de la volonté et de la capacité de l'administration publique, intendance de toute politique publique, de la réaliser effectivement.

La question de la nécessité de l'État de droit et du pluralisme politique n'est plus discutée dans son principe. Seules les modalités opposent encore les diverses forces politiques qui se disputent le pouvoir dans les différents pays.

Toutefois, la nouveauté de la reforme invite à mesurer chaque étape d'évolution et si la diversité culturelle commande, sans doute de rechercher l'adaptation des solutions au milieu sociologique concerné, cela ne peut se traduire par une renonciation à l'essentiel. Ce qui est fondamentalement bon pour les sociétés humaines est bon sous toutes les latitudes et pour toutes les races.

2.1.3-/ Gouvernance et la société civile

Le constat de déficit démocratique est peut-être celui qui caractérise le mieux la situation des pays en développement au moment des grandes réformes institutionnelles engagées depuis les années 90. L'absence de compétition démocratique et la floraison des régimes monolithiques a entraîné une exclusion de fait des populations aussi bien de la définition que de l'exercice du pouvoir politique et social. Il est pourtant aujourd'hui largement démontré que le succès ne réside que dans les systèmes qui font appel à la mobilisation des populations sur une base participative.

Les systèmes qui intéressent l'individu à la définition des conditions même de la vie en société ont plus de succès sur le long terme que les systèmes dictatoriaux.

Toutefois, si la correction se fait aujourd'hui sur la base d'une généralisation du modèle de la démocratie libérale, dans laquelle les élections ont une place prépondérante, il faut reconnaître que celles-ci, à elles seules, ne sont pas de nature à assurer une participation optimale des populations, si elles ne sont pas relayées par des mécanismes plus quotidiens. C'est ainsi que l'existence d'une opinion publique, soutenue par une presse libre et responsable, peut, si elle est animée par ailleurs par une société civile agissante, jouer un rôle fondamental. L'État est invité à créer un système de gestion participative dans lequel le recours à la consultation des forces sociales devient systématique dans les matières de leur ressort. La technique des administrations consultatives devrait ainsi être systématiquement promue.

Le principe majeur est celui de la démultiplication de la démocratie formelle par une pratique quotidienne sous la forme d'une généralisation de la consultation des forces de la société civile et de leur implication dans l'action nationale. L'État doit s'évertuer à déléguer de plus en plus des responsabilités de conception et d'action aux associations et aux administrations locales.

2.1.4-/ Gouvernance de l'économie

La gouvernance de l'économie pose d'emblée, la question préalable du rôle des pouvoirs publics, qui est une dimension un peu spéciale de celle des conditions générales de la gestion économique.

a) Rôle des pouvoirs publics

On ne peut certes que constater de nos jours, la faillite généralisée des systèmes qui mirent en exergue le rôle de l'État dans le développement économique et social des nations. La faillite de l'État entrepreneur a entraîné et justifié le recours privilégié au libéralisme.

Mais, la conversion des économies des pays pauvres s'est surtout faite sous la contrainte des mesures nécessaires à la solution de la crise économique et sociale. Il faut donc trouver à la reconversion des systèmes économiques anciens, un fondement plus durable pour les rendre plus légitimes.

En fait, le problème de la faillite du secteur public est moins dû à la nature publique des unités en cause qu'à la mauvaise gestion généralisée. Aujourd'hui, le choix de la libéralisation ne doit donc pas être celui d'une idéologie à rebours mais un choix raisonné. S'il est à cet égard, incontestable que l'initiative privée soit plus productive de richesses, grâce notamment à la régulation par les résultats, les programmes de privatisation du secteur public doivent veiller à ne pas reconstituer d'autres oligopoles entre les mains de repreneurs privés qui ne sont pas souvent éloignés des centres du pouvoir politique. Par ailleurs, la mainmise du capital étranger sur les économies locales à l'occasion de ces privatisations, peut générer à terme un phénomène de rejet.

Une solution fortement recommandable reste donc le développement de l'actionnariat populaire. De plus, certaines entreprises stratégiques ne doivent pas être systématiquement privatisées quand existe un grand risque d'une forte emprise étrangère sur le système économique global. Les solutions de restructuration ne peuvent alors être complètement écartées.

La privatisation ne doit pas cacher les vrais problèmes de gestion, sinon il faudra se résoudre à tout privatiser. Il est probable que, dans un contexte de faiblesse de ressources publiques et pour gérer rationnellement la pression sociale, certains grands services publics ne soient encore nécessaires. De même, les investissements dans certains secteurs à haute densité capitalistique (comme l'énergie), où un travail de pionnier est plus probable qu'une activité purement lucrative, l'intervention de l'État sera sûrement préférable, même à un degré moindre, en association avec des professionnels.

L'État doit, en revanche, s'attacher à assurer efficacement ses fonctions régaliennes (sécurité, réglementation des activités, services sociaux, monnaie, etc.).

La décentralisation et la déconcentration des activités administratives doivent permettre de raccourcir les circuits de décisions et de rendre celles-ci plus efficientes, parce que plus proches des citoyens.

L'État doit mobiliser les ressources nécessaires à l'accomplissement de ces objectifs. A cet égard, la mobilisation des ressources, si elle implique l'intervention des bailleurs de fonds, doit également marquer la recherche d'efforts internes aux pays concernés, comme la preuve de leur engagement véritable à effectuer les réformes souhaitées.

b) Conditions générales

Les conditions générales peuvent se résumer par l'obligation de créer pour les entreprises un cadre macroéconomique optimal, ce qui suppose effectivement des mesures d'ajustement sur les points qui sont listés. De manière générale, les pouvoirs publics ont d'abord la mission d'organiser le développement économique et social, puisqu'ils n'ont plus celle de le conduire directement.

Le libre jeu de la concurrence entre les entreprises ne produira, en lui-même, les surplus économiques nécessaires au développement si certaines conditions structurelles ne sont pas réunies. Il faut notamment que les Gouvernements accentuent la recherche des mesures propres à accroître la compétitivité des entreprises, en agissant par exemple sur les contraintes les plus inhibantes : l'énergie, les procédures administratives, la fiscalité, etc. Par ailleurs l'élargissement du marché apparaît comme un objectif incontournable. A cet égard, les efforts actuels d'intégration conduits au niveau sous-régional par certains pays (comme dans le cas de l'Union Économique et Monétaire Ouest Africaine) doivent être encouragés.

Il faut également assurer aux entreprises une politique qui rende le crédit fluide et bon marché, quelles que soient les garanties dont les banques ne manqueront pas de s'entourer, le tout dans le cadre d'une politique monétaire rigoureuse. L'État devra mettre en place un système d'incitation fiscale encourageant l'investissement, l'exportation et la création de nouveaux emplois, tandis que les infrastructures, de manière générale, devront être renouvelées et bien entretenues.

Une politique de rééquilibrage de la redistribution de revenus devrait, par ailleurs, permettre de réduire la pauvreté et les écarts entre les riches et les pauvres. Elle pourra prendre place notamment dans le cadre d'un code du travail garantissant aux travailleurs un revenu minimum décent et de conditions de travail acceptables, ainsi que des assurances sociales. La politique de formation devrait également contribuer à l'entretien du capital humain.

En dehors de la fourniture des prestations déjà évoquées, les Gouvernements doivent mettre les partenaires économiques et sociaux à contribution dans la définition des conditions de la croissance et tenir compte de leur point de vue dans l'élaboration de sa propre politique. Le tout devrait prendre corps dans une planification nationale de nature incitative. Les Gouvernements doivent s'investir dans l'assainissement des secteurs économiques et sociaux dont le dérèglement ou la dérive risque de créer des effets induits sur l'ensemble du système (exemple des assurances et des banques). Les Gouvernements devraient, de manière générale, créer les cadres dans lesquels les partenaires sociaux et les hommes d'affaires, entre eux seraient invités à collaborer et à joindre leurs efforts pour plus d'efficacité.

Mais, les reformes effectuées pourraient être minées si aucune action d'envergure n'était menée contre la corruption, notamment de fonctionnaires, qui est un vrai fléau. A cet égard, s'il est vrai qu'une action d'envergure n'aura pas de résultat sans une entreprise d'éducation et de formation à la base, il est bien plus vrai encore que les résultats immédiats ne seront obtenus que par la mise en place de véritables systèmes anti-corruption, assortis de sanctions non moins systématiques.

Récemment, à la faveur des programmes d'ajustement structurels et des revendications nouvelles formulées par le débat politique et social, de nouvelles exigences ont été singulièrement soulignées.

2.2. Nouvelles exigences de la bonne gouvernance

Les nouvelles exigences de la bonne gouvernance portent sur les points suivants :

- la lutte contre la corruption ;
- la rationalisation et la modernisation de l'administration ;
- l'égalité des citoyens devant les charges et les privilèges.

2.2.1-/ Lutte contre la corruption

L'évolution de l'économie mondiale, marquée notamment par l'accélération de la mondialisation et, en particulier, le développement des moyens téléinformatiques et de dissémination de l'information, a mis en exergue l'ampleur du phénomène de la corruption. La corruption est, en effet, un fléau des temps nouveaux, dont les conséquences morales, politiques, économiques et financières constituent une menace pour la paix sociale et le développement économique des pays concernés. Aussi, se situe-t-elle au cœur des préoccupations des Gouvernements de la communauté internationale.

La corruption affecte le fonctionnement harmonieux des institutions, introduit des dysfonctionnements dans le jeu de la concurrence et par conséquent, met en péril l'efficacité économique. En outre, elle hypothèque la capacité des États à mobiliser les appuis financiers nécessaires à la réalisation d'une croissance économique saine et durable.

En effet, la corruption a des incidences négatives sur la performance économique et réduit considérablement les opportunités d'emplois. Même la "petite" corruption accroît considérablement le coût d'entrée dans les activités productives. En Afrique de l'ouest, la Banque Mondiale a montré que les actes de corruption dans l'industrie du transport occasionnent des coûts exorbitants. Le coût estimé du transport de marchandises de la Côte d'Ivoire vers le Niger incluant les pots-de-vin aux douaniers, à la police et aux fonctionnaires chargés du transport représentent trois fois les taxes réellement perçues par l'administration portant sur cette marchandise. De même, un voyage par la route au Bénin comporte 25 barrages sur 735 kilomètres qui accroissent de 87% le coût du voyage.

Pour les populations qui n'ont pas assez de ressources, ce type de corruption dans les secteurs de la santé ou de la police peut avoir des conséquences dramatiques. La corruption affecte les vies des populations au travers de plusieurs mécanismes. Elle réduit les possibilités de l'État dans le financement des biens socialement désirables tels que la santé et l'éducation. Elle réduit les ressources disponibles pour le financement des infrastructures qui pourraient bénéficier au plus grand nombre et a tendance à accroître les dépenses publiques pour les investissements intensifs en capital qui offrent plus d'opportunités de pots-de-vin, tels que les contrats d'armement.

Les causes de ce fléau sont multiples. A cet égard, il convient de souligner la tentation à l'enrichissement facile et rapide, la faiblesse des revenus réels, l'absence de transparence dans la gestion de la chose publique, et le non-respect des règles d'exécution des marchés, l'inefficacité des systèmes de contrôle, l'impunité et l'absence de volonté publique.

La lutte contre la corruption concerne tant les États, pris individuellement, que la communauté internationale dans son ensemble. Elle requiert une information, une sensibilisation et une éducation civique, à la dimension du phénomène.

S'agissant en particulier des États concernés, ils devraient s'investir de manière résolue, dans la mise en place et la diffusion des règles et procédures simples et transparentes de conduites des affaires publiques. En outre, les systèmes de contrôle efficaces des opérations financières et de passation de marchés, devraient se substituer aux contrôles routiniers et peu performants. Enfin, l'exemplarité de l'appareil judiciaire, notamment dans l'application des sanctions, constitue un des piliers essentiels d'éradication du fléau.

L'engagement des pouvoirs publics est requis comme la condition même de toute politique sérieuse de lutte contre la corruption. En effet, en même temps que l'on peut constater l'adhésion universelle au thème de la moralisation de la vie publique et des affaires, on est bien obligé de noter la difficulté non moins générale à obtenir la concrétisation franche et sans réserve des engagements pris.

La transparence des procédures est précisément une des mesures du passage à l'acte. Les Gouvernements qui peuvent accepter un certain niveau de transparence des procédures publiques se donnent les vrais moyens de baliser durablement la lutte contre la corruption. Il est vrai, certes, que les détournements de procédures sont aussi l'une des tares du système. Mais la solution ne réside-t-elle pas précisément dans la qualité des procédures mises en place ? En effet, certaines procédures, se prêtent aux détournements et autres malversations.

La mise en place de mécanismes anti-corruption consiste justement dans la mise en place de procédures plus ou moins automatisées (self-executing). L'anti-corruption commence par la centralisation des informations, qui doivent rester disponibles pour tous, à tout moment. La disponibilité universelle de l'information rend difficile la tâche du corrupteur aussi bien que celle du corrompu.

L'automaticité de la sanction est le complément indispensable des systèmes anti-corruption. La sanction effective des fautes est, en réalité, le véritable moteur de la lutte contre la corruption. Quelle que soit la qualité du mécanisme établi, l'effet dissuasif attendu ne peut se réaliser si les fautes peuvent enfreindre les règles à bon compte. Il faut que le coût potentiel de la faute, c'est-à-dire que la sanction, soit supérieur au gain attendu. "Cette analyse économique du crime" n'est possible que si les sanctions sont effectivement prises contre les fautifs et, surtout, effectivement appliquées sans discrimination.

2.2.2-/ Rationalisation et la modernisation de l'administration

La rationalisation de l'administration est souvent perçue comme devant répondre à certaines exigences techniques précises :

- le redimensionnement ;
- la rationalisation des objectifs ;
- la motivation des agents ;
- la modernisation ;
- la régulation et le contrôle.

Les solutions préconisées sont alors destinées surtout à recentrer des administrations souvent réputées plus coûteuses que la profitabilité.

Le redimensionnement est une réponse à la critique d'une administration tentaculaire, utilisant plus de moyens financiers, humains et matériels qu'il est nécessaire. Dès lors, les termes de référence des opérations à mener se trouvent ainsi établis. Il s'agit de ramener les administrations à leurs justes proportions.

Les budgets doivent correspondre à une prévision rationnelle des charges et, surtout, être adaptés aux ressources réellement mobilisables, pour éviter la constitution et l'aggravation continue du déficit public. A cet égard, il y a lieu d'éviter toute dépense somptuaire, inutile ou improductive. De même, le nombre et la qualité du personnel doivent être adaptés aux missions programmées. La qualité et le nombre des agents publics ne peuvent être fixés au regard de critères politiques. Seule l'existence d'instruments techniques de programmation stratégique permettra d'établir, pour chaque unité, les spécifications idoines. Quant aux matériels de travail, ils ne devraient être programmés et gérés que selon les mêmes principes d'adéquation aux missions ; le but de l'exercice étant d'éviter tout gaspillage et de veiller à la récupération des économies d'échelle.

La rationalisation des objectifs participe d'une finalité implicite: les activités de l'administration doivent être productives de satisfactions de caractère général (et non financière). A cet égard, on admet généralement aujourd'hui que les activités traditionnelles de l'administration publique doivent être renforcées, tandis qu'elle doit se dégager de tous les secteurs économiques dans lesquels elle est déficitaire. En tout état de cause, les activités commerçantes doivent être déléguées sous les formes qui responsabilisent plutôt les entreprises privées. La tendance lourde est donc à la privatisation, même si les secteurs stratégiques doivent faire l'objet de précautions juridiques particulières.

La redynamisation des structures implique de rechercher, d'emblée, **les facteurs de motivation des agents**. On sait, à cet égard, l'insuffisance du traitement classique accordé aux fonctionnaires et autres agents du secteur public. La réforme consistera, en conséquence, à la recherche des voies idoines pour répondre aux ambitions sociales légitimes des agents publics, tout en privilégiant les solutions en rapport avec les gains de productivité souhaités, le tout dans le cadre d'une politique budgétaire rationalisée. Toute réforme d'envergure dans ce domaine suppose, par ailleurs, une concertation active avec les syndicats et les associations de travailleurs, afin de lui donner le maximum de chance de succès.

Mais, la redynamisation suppose également l'amélioration des procédures. Celles-ci doivent être à la fois transparentes, fluides, simples, efficaces et rapides, en terme de durée. L'on recherche en général ici la réduction des lourdeurs administratives, la lutte contre le non-respect des procédures et, de manière générale, la multiplication des contraintes inutiles qui caractérisent les bureaucraties.

La dotation en moyens adéquats constitue enfin le troisième axe. Il est notoirement établi que l'inadéquation chronique entre les missions assignées et les moyens dont elles sont dotées caractérise les administrations publiques. La solution consiste à rechercher à la fois la qualité et la quantité. La quantité devra être identifiée selon les techniques de la planification stratégique, afin qu'une dotation rationnelle permette d'éliminer le phénomène classique de dépassement budgétaire et des gaspillages. La qualité des moyens devra s'inscrire dans la perspective d'acquisition des technologies nouvelles, ce qui est un axe de la modernisation de l'administration.

La modernisation de l'administration devrait s'opérer selon les axes suivants :
- l'acquisition de moyens modernes et
- l'adoption de méthodes d'actions modernes

L'acquisition de moyens modernes de gestion ne se fera pas sans une planification systématique des besoins, seul gage d'une allocation continue et rationnelle.

Quant aux méthodes, la recherche de l'excellence sur ce point, devrait permettre de valider les techniques et les principes du management public. Il est acquis, en effet, que la réhabilitation de la gestion publique se fait aujourd'hui largement par des emprunts aux techniques du management moderne. A cet égard, on peut noter que l'essentiel des propositions tient à trois notions fondamentales qui paraissent bien en être les exigences cardinales :
- la rationalité des prévisions d'action ;
- la lutte contre les déséquilibres ;
- la validation des opérations par leurs résultats.

Une prévision rationnelle suppose l'application des techniques de la planification stratégique. La lutte contre les déséquilibres invite au développement des systèmes d'alerte et à la pratique systématique des techniques de suivi-évaluation. Enfin, la validation des projets par leurs résultats suppose qu'il en soit fait systématiquement le bilan et que les projections nouvelles ne soient qu'au vu des résultats acquis.

L'objectif de la régulation, quant à lui, invite l'autorité administrative à **mettre en place les contrôles nécessaires** à la consolidation et au respect des principes et règles. Les contrôles, non seulement doivent être effectifs, mais encore faut-il qu'ils soient sanctionnés. L'on admet généralement aujourd'hui que la non-sanction des fautes de gestion est une des causes récurrentes de la répétition des dysfonctionnements observés dans la gestion publique. Cet état de fait constitue justement la cause même de cette absence de régulation qui reste la marque spécifique des administrations déficientes.

2.2.3-/ Égalité des citoyens devant les charges et les privilèges

Si la recherche de l'égalité reste une quête permanente du citoyen, elle est aujourd'hui plus que jamais d'une grande acuité. Selon le rapport du PNUD sur le développement humain (1998), le fossé entre riches et pauvres s'aggrave de plus en plus dans le monde et, dans la plupart des pays africains, la crise, qui frappe toujours davantage les plus défavorisés que les privilégiés, aura élargi encore plus le fossé.

La politique souhaitable ici devra prendre en compte les trois dimensions, conformément aux requêtes les plus constantes en la matière :

- lutte contre la pauvreté ;
- réduction des écarts de revenus ;
- fourniture des services sociaux.

On attend des pouvoirs publics des actions spécifiques en faveur des couches les plus défavorisées de la population notamment les enfants, les femmes, les personnes âgées, les sans-emplois, etc. Des programmes hardis devraient être mis en place dans les domaines de l'éducation, de la santé, de l'approvisionnement en eau potable, etc.

La réduction des écarts de revenus pourra procéder de la réglementation du travail, mais aussi d'une politique nationale de garantie d'un minimum de rémunération de la force de travail.

Section 3 : Réformes publiques de bonne gouvernance : cas de la Côte d'Ivoire

3.1. Contexte économique et social des reformes

A la fin des années 90, les institutions internationales d'aide au développement ont intégré dans l'approche économique du développement des conditions minimales de légitimité politique, d'ordre social et d'efficacité institutionnelle. Le concept de bonne gouvernance, utilisé abondamment dans la littérature du développement permet, par son sens large, de mettre en accord les gouvernants et les partenaires au développement. Il donne, pour les premiers, le sentiment de souveraineté et de non-ingérence et permet aux seconds d'inclure dans leurs exigences des conditions politiques et sociales, sans donner la preuve d'outrepasser leurs prérogatives, car leur statut le leur interdit expressément.

La Côte d'Ivoire, depuis le début des années 90, s'est engagée dans cette nouvelle vision des relations avec les institutions financières internationales. La bonne gouvernance qui définit la gestion transparente et responsable de l'ensemble des ressources humaines, naturelles, économiques et financières internes et externes, aux fins d'un développement durable, implique une plus grande ouverture de l'Administration aux critiques et aux suggestions des citoyens et la nécessité, pour les décideurs publics, de leur rendre compte.

Les reformes publiques visent, quant à elles, à doter l'économie de ressources humaines qualifiées et compétentes et d'un cadre institutionnel d'action transparent, efficace et efficient, où tous les acteurs du développement jouent pleinement leurs rôles respectifs. Dans cette perspective, le renforcement des capacités se conçoit comme un instrument clé, nécessaire à la réalisation et à l'entretien de la bonne gouvernance. Les enjeux du renforcement des capacités s'articulent autour de l'accroissement de l'efficience du secteur public, de l'essor réel du secteur privé et de la plus grande responsabilisation de la société civile, en vue de l'exercice de la fonction d'agent régulateur du développement.

La bonne gouvernance et les reformes publiques représentent en conséquence, la condition et le moyen de la démocratie en tant que Gouvernement du peuple par le peuple et pour le peuple. En effet, la mauvaise gouvernance s'installe dans la gestion des affaires publiques et privées, lorsque les lois et règlements ne sont pas appliqués aussi bien dans l'administration qu'au niveau judiciaire. Elle est également perceptible lorsque la fraude et la corruption gangrènent l'administration à un point tel que la plupart des contribuables ne paient pas leurs impôts, négocient leur passage à la douane, foulent au pied les règles et procédures de marché public, ainsi que les normes dans les institutions de formation.

Dans ce schéma, une majorité des services administratifs et économiques fait l'objet de transactions illicites : les recrutements dans les emplois de la fonction publique, les bourses d'étude, l'orientation scolaire et universitaire, les diplômes, les parcelles de terrain, etc. ou encore des fonds publics sont détournés au profit d'intérêts personnels. Pire, la plupart de ces actes répréhensibles restent impunis, consacrant ainsi l'absence d'une éthique de la responsabilité et de la faiblesse de la société civile.

Au total, la mauvaise gouvernance a son origine dans le non-respect des textes. L'absence de contrôle, la corruption, la fraude, la tricherie, le clientélisme, le népotisme, les détournements de deniers publics, l'incivisme et l'impunité constituent, de ce fait, les facteurs qui handicapent le développement de la Côte d'Ivoire.

Dans ce qui suit, nous ferons d'abord un diagnostic des entraves à la bonne gouvernance avant d'exposer les différentes réformes entreprises par le pays.

3.2. Nécessité des reformes

Les entraves à la bonne gouvernance sont considérables. Elles concernent :

(i) la persistance de la corruption et de la fraude qui empêchent le jeu normal de la concurrence et perturbent la bonne marche de l'administration ;

(ii) l'absence de transparence dans les procédures administratives et les faiblesses structurelles de l'administration pour ce qui concerne les modalités de choix, de suivi et d'évaluation de l'action publique ;

(iii) l'absence d'une culture d'autocontrôle et d'évaluation favorisant la recherche constante d'une performance accrue dans tous les domaines ;

(iv) le dysfonctionnement ou l'insuffisance de la de concertation entre le secteur public, la société civile et le secteur privé, notamment les organisations professionnelles agricoles qui ne permet pas une pleine participation de ceux-ci au processus de développement.

Le diagnostic établi met en exergue les défaillances à plusieurs niveaux : la planification stratégique ; le contrôle et le système de sanction-récompense et l'efficacité dans la gestion des ressources publiques ; la crédibilité des réformes ; la lutte contre la corruption et l'enrichissement illicite ; la décentralisation et les axes de renforcement ; l'implication de la société civile ; la valorisation et la promotion des capacités nationales.

Ce diagnostic corrobore les résultats du sondage réalisé en décembre 1998 par l'Institut National de la Statistique (INS), sur un échantillon représentatif de la population abidjanaise de 21 ans et plus, qui révèlent que 95% de ceux-ci perçoivent la transparence, à savoir la bonne compréhension par les populations du bien fondé de chaque décision publique comme l'aspect prioritaire de la bonne gouvernance. Les autres facteurs sont la bonne gestion économique (92%), la bonne gestion administrative (84%), le droit à l'information équilibrée des médias d'État (80%), le droit à la différence politique et la bonne gestion politique (77%).

3.2.1- Capacités d'élaboration, de planification, de suivi, d'évaluation et de négociation des stratégies et des politiques

Il est à noter des lacunes dans (i) l'élaboration des politiques, (ii) la coordination entre la planification, la budgétisation et la gestion de la dette publique, (iii) la culture de l'évaluation et (iv) la gestion de l'information.

Les faiblesses dans les processus d'élaboration des politiques se traduisent notamment par le manque de pertinence des fiches de projets élaborées dans le cadre du Programme d'Investissements Publics (PIP), qui conduit à un taux de rejet élevé. L'analyse des fiches de projets pour le PIP révèle, par ailleurs, une insuffisante perception des priorités, de la pertinence ainsi que de l'impact des projets pour lesquels des financements sont requis.

Ces déficiences tiennent à une absence de consensus sur les stratégies à mettre en place. Il en découle une insuffisante définition des priorités et un manque de cohérence entre la vision globale et les visions sectorielles. Enfin, l'appropriation du processus est entravée par la trop grande mobilité du personnel, mobilité qui entraîne une dilution de la mémoire institutionnelle.

Par ailleurs, la fonction de suivi et d'évaluation des politiques est biaisée à la fois par une absence de culture de l'évaluation, une non-systématisation des indicateurs de performance ainsi que des supports de suivi, et par une diffusion défectueuse de l'information. Cette déficience englobe non seulement la communication pour le développement, mais aussi la collecte et le traitement de l'information statistique. Ces défaillances amènent la Direction de la Planification du Développement à outrepasser son rôle de coordination, pour assumer une fonction plus centralisatrice.

Le diagnostic a, par ailleurs, révélé une insuffisante coordination entre les structures de la planification et celles du Budget ainsi qu'avec la Direction de la Dette Publique, chargée de gérer le paiement de la dette contractée, dans le cadre de la réalisation du programme de développement : aussi, les liens entre la planification d'un projet, sa budgétisation et l'impact sur la soutenabilité de la dette publique sont-ils insuffisamment pris en compte.

Bien plus, l'exercice des fonctions de coordination de l'activité inter et intra-ministérielle souffre de (i) l'instabilité du cadre organique de l'État (fréquente modification des libellés et attributions des ministères), de (ii) la dilution de la mémoire institutionnelle de l'administration associée à l'inexistence de postes permanents au sein des ministères et de (iii) la méconnaissance de l'organigramme de chaque ministère et des attributions de chaque direction.

Toutes ces faiblesses se trouvent accentuées par la non-disponibilité de données statistiques fiables, en temps voulu et dans des domaines aussi importants que la Macro-économie (Comptes de la Nation).

3.2.2-/ Fonction de contrôle interne et externe des actions publiques

Il s'agit du contrôle des inspections générales, de l'inspection générale d'État et ses corollaires : le système de sanction-récompense. Concernant ce volet, l'effectivité et l'efficacité de la fonction de contrôle sont entravées par (i) la duplication et le chevauchement des contrôles, (ii) la dévalorisation de la fonction de contrôle, (iii) le manque de crédibilité dans l'exercice du contrôle/inspection, en raison de l'absence d'effets systématiques (sanction/récompense) et de la non-diffusion des résultats des contrôles au sein des structures concernées.

S'agissant de la duplication des fonctions de contrôle, les textes juridiques et la pratique sont caractérisés par des chevauchements entre le contrôle général assuré par l'Inspection Générale d'État (IGE), le contrôle sectoriel exercé par les inspections des ministères, et les attributions dévolues à la Cour des comptes. En outre, les structures d'inspection sont perçues, à tort, comme des « voies de garage » pour des hauts responsables devenus indésirables dans l'administration active.

Enfin, l'absence de suite donnée aux rapports d'inspection ôte toute crédibilité aux structures dont émanent ces rapports et fait parfois peser une suspicion de corruption sur celles-ci.

Les inspections générales, bien que prévues dans l'organigramme de certains ministères, ne sont pas fonctionnelles, à l'exception de l'Inspection Générale des Finances. Celle-ci contrôle effectivement le fonctionnement du Ministère de l'Economie et des Finances, y compris la gestion des établissements publics nationaux et des sociétés d'économie mixte. Il faut noter cependant que le rôle d'assistance et de conseil auprès des structures qu'elle contrôle est peu développé.

Dans la configuration actuelle, l'Inspection Générale d'État (IGE) dont le mandat est général et permanent, rend compte directement au Président de la République du fonctionnement du secteur public et parapublic. L'IGE apparaît comme un outil technique de bonne gouvernance, dont les rapports couvrent tous les aspects de la gestion publique. L'état des lieux révèle ainsi l'existence d'un nombre appréciable de rapports d'audits qui, malheureusement, n'ont fait l'objet d'aucune diffusion, encore moins de sanctions ou d'un début d'application des recommandations proposées.

3.2.3-/ Faible efficacité et efficience dans la gestion des ressources publiques

Dans l'opinion publique, les régies financières sont, à raison ou à tort, les lieux de prédilection de la mauvaise gouvernance. Il en ressort que toute promotion de la bonne gouvernance requiert une attention particulière et prioritaire sur la gestion transparente de ces structures. Ces dernières constituent en effet, les organismes de collecte de la ressource publique nationale. Ce diagnostic met en exergue bien des faiblesses structurelles en matière d'organisation et de contraintes à la bonne gouvernance dans ces structures.

Premièrement, l'absence d'une véritable pratique managériale systématique, avec délégations de pouvoirs, responsabilisation, transparence des pratiques (nominations, affectations) et contrats d'objectifs.

Deuxièmement, le déploiement insuffisant sur le territoire national des régies financières et de la Direction Générale du Budget (Impôts, Douane, excepté le Trésor, même dans les sous-préfectures).

Troisièmement, une Communication insuffisante avec les usagers occasionnant, d'une part, des suspicions sur la gestion des ressources collectées et d'autre part, une réticence quant à la collaboration.

Quatrièmement, un sous-équipement chronique notamment en matériel informatique et de communication .

Cinquièmement, l'insuffisance de l'analyse rétrospective et prospective permettant d'orienter la réflexion sur la politique fiscale à conduire.

Sixièmement, l'absence de connexion systématique entre (i) les services centraux d'une même régie ; (ii) les services centraux et ceux de l'intérieur du pays ; (iii) les différentes régies financières, y compris le budget, etc.

3.2.4-/ Lutte contre la corruption : prévention et sanction de l'enrichissement illicite

L'État des lieux réalisé à mis en évidence au moins trois facteurs explicatifs de la corruption. En premier lieu, l'absence de transparence dans les pratiques et processus. Ensuite, la complexité et la rigidité des procédures, qui constituent le terreau des pratiques de corruption, tels que l'esprit civique peu développé, la faible promotion du mérite, la fraude généralisée. Enfin, les niveaux de salaires jugés peu attractifs par des fonctionnaires et la déresponsabilisation des fonctionnaires, le cadre peu incitatif d'actions, notamment l'absence de plans de carrière.

Un autre aspect qui favorise la corruption concerne l'absence de sanctions/récompenses et la faible crédibilité de la justice (avec des magistrats insuffisamment formés en matière de procédures et de dépenses publiques).

De plus, l'absence de contrôle systématique du service fait et/ou l'insuffisance du suivi de la consommation budgétaire qui offre un terrain libre à toutes les tentations.

3.2.5-/ Décentralisation : principaux obstacles et axes de renforcement

La décentralisation et la régionalisation, tout en garantissant l'autonomie des collectivités locales, reconnaît à l'Administration Centrale son rôle de régulation ; il apparaît dans ce cadre nécessaire de procéder aux réformes requises du secteur public et parapublic, afin de répondre à la volonté d'autonomie et de participation des populations.

La décentralisation administrative consiste en un transfert de compétences de l'État à une autorité autre que l'État, et bénéficiant d'une autonomie de gestion. La déconcentration administrative procède, quant à elle, à un transfert de compétences de l'État à une structure de l'État sur laquelle il exerce un contrôle hiérarchique.

Le dispositif institutionnel actuel comprend 31 conseils régionaux, 2 districts autonomes et 197 communes.

Le transfert des compétences qui ne s'est pas réalisé de manière opérationnelle a fait apparaître une faiblesse chronique des structures décentralisées, tant en moyens financiers et matériels qu'en ce qui concerne les ressources humaines et le cadre institutionnel.

Ainsi, le Programme National de Gestion des Terroirs et d'Équipement Rural (PNGTER), qui se fonde sur la création des Communautés Rurales pour l'application d'une politique foncière (l'aménagement du territoire et le développement des investissements sociaux, la responsabilisation et la participation des populations à la planification des activités de développement), est handicapé par le vide juridique relatif aux communautés rurales. La difficulté qui apparaît actuellement concerne la stratégie de création de ces communautés rurales, échelon à la base du processus de décentralisation, l'absence de ressources financières (ouverture totale des Communautés Rurales ou ouverture sélective selon un financement partiel et évolutif). En ce qui concerne le fonctionnement des Communautés Rurales, leur viabilité économique au regard de la fiscalité locale n'est pas garantie, de même que la stabilité professionnelle de leur personnel, en raison de l'absence de profil de carrière.

Les obstacles qui entravent la mise en œuvre effective du processus de décentralisation sont de trois ordres : l'aspect institutionnel, l'opérationnalisation et l'aspect financier.

Les problèmes inhérents à l'aspect institutionnel de la décentralisation administrative en Côte d'Ivoire concernent la prolifération et le manque de cohérence des textes légaux et réglementaires, ainsi que la question du rattachement institutionnel de la structure en charge de la décentralisation. Du point de vue opérationnel, les problèmes identifiés portent sur : (i) la qualification insuffisante du personnel administratif et technique local, (ii) l'absence de statut de la fonction publique locale, (iii) la réticence de certaines administrations centrales quant à accompagner le processus de décentralisation, (iv) la faible implication des populations aux activités de la commune et (v) l'absence de suivi et de contrôle de la gestion communale.

Les contraintes financières ont trait à la faiblesse des ressources actuelles eu égard à l'ampleur des besoins. Pour exemple, un rapport de l'Inspection Générale d'État montre que les ressources financières des 20 plus grandes communes représentent 80% des besoins financiers de l'ensemble des 197 communes de Côte d'Ivoire.

3.2.6-/ Implication de la Société Civile et du Secteur Privé dans le processus de développement

Concernant les ONG, le diagnostic fait état d'une grande faiblesse de celles-ci. Elles ne sont pas encore un partenaire à part entière dans le processus décisionnel. La plupart de ces ONG, ne possèdent pas encore les aptitudes de base en ce qui concerne l'organisation, la communication et la gestion financière. Ces faiblesses se trouvent accentuées par : l'inexistence d'un statut qui leur soit spécifique ; l'absence d'un cadre formel de concertation avec les pouvoirs publics ; l'incapacité à absorber les fonds mis en place pour la réalisation des projets ; l'incohérence dans la conduite des actions et l'inorganisation interne conduisant souvent à une absence de crédibilité auprès des populations ; l'incapacité à concevoir des politiques, à gérer des budgets et à mobiliser des ressources et par l'absence d'indicateurs de suivi/évaluation de leurs actions dans un contexte où le taux élevé d'analphabétisme constitue un élément clé de moindre implication de la société civile.

A la décharge de la société civile, il faut noter que celle-ci n'a pas fait l'objet, ces dernières années, d'une stratégie globale et cohérente de renforcement de ses capacités, à l'intérieur de laquelle s'intégreraient toutes les actions entreprises. Seule cette stratégie globale aurait permis à la société civile de créer une expertise nationale de haut niveau, dans un cadre de concertation qui favorise l'implication de tous les partenaires.

S'agissant de la presse, la nécessité de l'information n'est plus à démontrer, pour une prise de décision éclairée et opportune et une promotion effective de la démocratie. Mais, force est de reconnaître que la presse dans son ensemble a une vision trop « urbaine » de l'information qui ne permet pas d'apporter l'appui requis en matière de développement rural (faible couverture des problèmes sociaux). Afin de pallier ces faiblesses, la déconcentration des médias est nécessaire et une plus grande professionnalisation s'impose.

Concernant le secteur privé, le diagnostic a constaté une bonne structuration du secteur privé formel et l'émergence d'un cadre de concertation fonctionnel (rencontre Patronat-Gouvernement). De manière générale, le constat est fait d'une meilleure collaboration entre le secteur privé et le secteur public. La faiblesse essentielle émane des Organisations Professionnelles Agricoles. En raison de l'importance primordiale que revêt l'agriculture dans l'économie ivoirienne, une attention particulière devrait être portée sur ces organisations. Leur renforcement s'impose, afin d'assurer la structuration du secteur dans le contexte actuel de libéralisation de l'économie et de désengagement de l'État. Un cadre institutionnel doit être formalisé, permettant la concertation permanente avec les pouvoirs publics.

Par ailleurs, la dynamisation des Chambres Consulaires devrait aider à la professionnalisation des différentes filières, et surtout permettre de suppléer l'Administration dans le nouvel environnement mondial ouvert et concurrentiel, afin de contribuer à l'émergence de la société ivoirienne industrielle.

3.2.7-/ Valorisation et promotion des capacités nationales

La faiblesse la plus évidente, à l'analyse des pratiques de formation de la Fonction Publique, est l'insuffisance dans la gestion des ressources humaines et dans la politique de formation. Seuls les besoins des agents sont pris en compte, sans concordance avec les besoins des ministères qui les emploient et sans qu'aucune politique de suivi rigoureux ne permette d'en évaluer les effets. Il faut noter, durant ces dernières années, une baisse constante et importante des budgets alloués aux actions de formation, alors que la systématisation des formations, la gestion rationnelle des stages et la décentralisation des budgets destinés à la formation du Ministère de la Fonction Publique vers les ministères concernés, s'imposaient.

A cette faiblesse, il faut ajouter la mauvaise utilisation des ressources humaines actuelles et l'inadéquation entre les profils et les postes ; situation favorisée par l'inexistence d'une base de données dynamique et exhaustive des capacités, ce qui aurait pour avantage d'assurer une gestion efficace des ressources humaines de l'administration centrale et au-delà, du secteur privé.

S'agissant du secteur privé, la formation diplômante et la formation continue sont essentiellement dispensées par les chambres consulaires ou des instituts de formation. Au travers du FDFP, les entreprises bénéficient d'un remboursement de leurs frais de formation, et dispose ainsi d'un outil pertinent, mais encore peu diversifié et connu.

Par ailleurs, un très grand nombre de cabinets de formation dont la qualification n'est pas toujours déterminée, intervient dans ce secteur. L'état des lieux a notamment mis en exergue la nécessité d'accorder une place prépondérante au secteur agricole qui ne bénéficie pas encore des formations dispensées par le FDFP.

S'agissant de la promotion, des capacités nationales, le constat révèle une mauvaise utilisation des compétences existantes, une mauvaise valorisation des bourses d'études mises à la disposition de la Côte d'Ivoire par les partenaires de développement, et un manque de coordination des actions de promotion des compétences nationales.

Le renforcement des capacités requiert également la mise en œuvre urgente du plan de développement des Nouvelles Technologies de l'Information et de la Communication. Ces dernières années, la Côte d'Ivoire a réalisé des investissements importants pour améliorer l'accès aux technologies de l'information et de la communication. Néanmoins, des efforts doivent être poursuivis pour (i) améliorer les capacités humaines, institutionnelles, (ii) faire baisser le coût de l'internet et de la communication téléphonique, (iii) sécuriser le cyber espace, (iv) accroitre les infrastructures de base pour le développement des NTIC, (vi) intégrer des modules de formation orientées vers la promotion des NTIC dans les programmes scolaires et universitaires, (vii) améliorer l'accès des populations de l'intérieur du pays aux NTIC.

3.3. Réformes structurelles

Dans le cadre des accords avec la communauté internationale pour soutenir le programme économique et financier, notamment avec les institutions de Bretton Woods, la Côte d'Ivoire a engagé des réformes structurelles dans les domaines suivants : la gestion macroéconomique et les finances publiques, la maîtrise de la masse salariale et la restructuration de certaines sociétés publiques.

3.3.1-/ Gestion macroéconomique

En vue de l'amélioration du système de planification, de programmation et de budgétisation des opérations de l'État, le Programme d'Appui à la Gestion Économique (PAGE) a été mis en route. Il vise à renforcer les capacités de gestion de l'administration économique, à assurer un transfert des compétences à l'expertise nationale et aux cadres ivoiriens, et à fournir à ces administrations les moyens nécessaires pour assurer leurs missions. Le programme a touché la Planification, l'Économie et les Finances, la Fonction Publique et l'Emploi, et la Justice.

Dans le cadre du PAGE, un appui est apporté à la Direction de la Planification pour la préparation du Programme d'Investissement Public . Une restructuration est intervenue au niveau du contrôle du secteur-parapublic et un nouveau cadre législatif et réglementaire est adopté pour les entreprises publiques (à participation majoritaire ou minoritaire) comme les Sociétés d'État où leur gestion s'apparente désormais à celle des entreprises privées.

La réforme de l'appareil statistique est entreprise. Ainsi, dès 1996, un nouvel appareil Statistique National est mis en place avec l'Institut National de la Statistique (INS) devenu société d'État, et le Comité National de Statistique et de Normalisation Comptable (CNSNC) qui fait du système ivoirien un système très décentralisé. Cette situation est la conséquence de la création, au fil du temps, de services statistiques plus ou moins importants destinés à satisfaire, en priorité, les besoins spécifiques des Ministères Techniques.

L'INS est lié par des traités à l'UEMOA et travaille en collaboration avec AFRISTAT et la BCEAO qui est chargée d'établir la balance des paiements. Ce système statistique souffre de nombreuses insuffisances ; d'où la mise en place d'un schéma directeur en 1996. Il s'agit notamment de l'existence d'une loi très ancienne (loi de 1951 sur la statistique) ; de l'absence d'un statut attractif ; des difficultés de coordination ; et du manque de motivation et d'intérêt majeur vis-à-vis de la statistique.

La Direction de la Prévision a bénéficié d'un appui pour les statistiques des finances publiques. Un programme de formation en Gestion Macroéconomique est mis en place au CIRES. Le BNETD à travers son département économique et financier s'implique dans la préparation des dossiers macroéconomiques.

3.3.2-/ Reforme des Finances publiques

Améliorer la performance de l'administration des finances passe en premier lieu par une simplification des procédures. Avec des procédures simplifiées, véritablement tournées vers les usagers, il est alors possible de mesurer la performance de l'administration relativement à ses objectifs.

Une étape importante dans l'amélioration de la performance et de la transparence de l'administration financière est son informatisation. En premier lieu, l'informatisation oblige à repenser l'ensemble des procédures car l'on ne peut informatiser des procédures floues et incohérentes entre elles. En second lieu, l'informatisation permet de conserver les données sur un format numérique et de les transmettre en évitant ainsi une nouvelle saisie, source d'erreurs, volontaires ou involontaires. Troisièmement, l'informatisation permet de conserver une trace de toutes les opérations et ainsi, quand survient un problème, d'en repérer la cause ou d'en identifier le responsable. Enfin, l'informatisation couplée avec les télécommunications, permet à l'administration de travailler en temps réel sur des données qui peuvent être saisies sur l'ensemble du territoire.

a) Fiscalité et recettes

Au plan de la fiscalité, la Côte d'Ivoire adopte le Tarif Extérieur Commun (TEC) dans le cadre des réformes au sein de l'UEMOA, par une réduction du nombre et des niveaux des taux à l'importation. La liste des valeurs de référence, dont l'objectif était de lutter contre la sous-facturation, a été ramenée de 320 produits précédemment à 34 produits. Les droits uniques de sorties (DUS) sur les produits d'exportation tels le café, le cacao, les noix de karité et de cajou ont été soit supprimés, soit réduits, selon le cas. En vue d'assurer un meilleur suivi de la TVA, une Direction des Grandes Entreprises a été mise en place et renforcée. Les exonérations fiscales ont subi une réduction pour se situer à un minimum de 5%. Une refonte de la fiscalité foncière est entreprise, avec la mise en place d'une direction spécifique en la matière à la DGI.

La mesure instituant le droit de douane minimum de 5% pour les importations des entreprises agréées au code des Investissements, a été adoptée . Le droit de douane minimum de 5% a été étendu aux importations effectuées dans le cadre des travaux d'utilité publique concédés au secteur privé.

S'agissant des douanes, pour lutter contre la corruption des agents des douanes, les mesures les plus importantes prises sont d'abord la surveillance et le contrôle des opérations portuaires (les entrées et sorties des navires, les entrées et les sorties de marchandises,…) par des cabinets internationaux ; il s'agit notamment de la Société WEBBFONTAINE t le Bureau Veritas. Ensuite, la centralisation informatique des factures et enfin, le renforcement de l'inspection des Douanes, avec l'appui technique de la France qui a mis à disposition du pays, un détachement de douaniers français pour bien mener les activités de dédouanement. Et, enfin, le renforcement des sanctions ; A ce titre, il faut à notre avis, médiatiser les licenciements de douaniers dont plusieurs hauts responsables, qui ont souvent lieu.

Afin de ne pas permettre d'entretenir les réseaux de fraude et de corruption, le Gouvernement a systématisé la mobilité des agents par des fréquentes mutations à travers le pays. Toutes ces mesures auraient permis de diminuer la fraude et de rehausser les recettes douanières de 15 % à 20%.

Concernant les impôts, la Direction Générale des Impôts (DGI) a préparé un Plan d'action qui vise à sécuriser les recettes, renforcer le contrôle, lutter contre la fraude, renforcer le suivi de la TVA, accroître le rendement de l'impôt foncier, améliorer l'image de marque de la DGI, et instaurer des mesures de bonne gouvernance.
Entre autres reformes au niveau de cette direction nous pouvons citer le remplacement des hauts responsables de façon régulière, l'informatisation, la décentralisation et la responsabilisation des centres d'impôt avec des objectifs précis de recette à atteindre.

Par ailleurs, il a été créé une direction des entreprises, composée de jeunes comptables, qui a pour objectif de procéder régulièrement à l'audit des sociétés notamment pour éviter les fraudes dans les déclarations d'impôt.

En outre, il a été institué des postes de receveurs qui sont seuls habilités à percevoir les paiements d'impôt. La conséquence positive immédiate à toutes ces reformes est le constat d'une hausse régulière des recettes d'impôt.

b) <u>Maîtrise des dépenses</u>

Au niveau du budget de l'État, dans le cadre de l'harmonisation des finances publiques au sein de l'UEMOA, une nouvelle nomenclature budgétaire mettant l'accent sur la nature et la destination des dépenses est adoptée. Elle permet ainsi une meilleure préparation, un suivi rationnel et une meilleure maîtrise des dépenses publiques. Le principe d'un budget unique de l'État incluant tous les comptes spéciaux est adopté. Il est également retenu le principe de la revue des dépenses publiques en septembre de chaque année, pour les dépenses de l'année antérieure.

Le Budget unique est mis en place. Un système de gestion intégré des finances publiques (SIGFIP) est opérationnel depuis 1999, avec une réforme des procédures d'exécution des dépenses publiques dans la logique d'une nouvelle nomenclature avec une informatisation du circuit de la dépense, et d'un plafonnement mensuel des dépenses.

Audit des passifs et arriérés intérieurs de l'État un audit sur les passifs et arriérés intérieurs est périodiquement entrepris par le Gouvernement , en vue d'apprécier le niveau des engagements non réglés de l'État.

Plafonds d'engagement, réformes budgétaires et réduction du train de vie de l'État : en vue de maîtriser le rythme de consommation budgétaire, le SIGFIP fixe des plafonds d'engagement, ce qui a permis des économies de 25% sur les crédits de fonctionnement et une grande

transparence dans l'affectation des ressources et un contrôle des dépenses, et la mise en place d'un cadrage budgétaire.
Le SIGFIP a permis de constater : la mauvaise maîtrise du système par les acteurs du circuit notamment les administrateurs de crédits et les DAAF, le traitement des crédits délégués et des chèques spéciaux, la prise en compte des résidus DENO du SACO, l'inadéquation des besoins des projets par rapport aux lignes du budget, le problème de la nomenclature du budget et de celle des bailleurs de fonds, et la difficulté de l'exécution des dépenses de dons. Un module marché a été développé et mis en place dans le SIGFIP en 2000, en vue de faire refléter tous les engagements contractuels de l'État.

Gouvernement

Réformes des marchés publics : les passations de marchés nationaux sont un domaine où fleurit la corruption, en raison bien sûr des montants en jeu mais également, parce que trop souvent les règles de passation de marchés, insuffisamment rigoureuses, peuvent être détournées. La réforme de ce secteur vise à l'amélioration et l'application des règles et procédures de passation des marchés publics, à la recherche de l'efficacité et l'adaptation au contexte nouveau notamment l'amélioration de la concurrence, la décentralisation et la transparence. Un module marché a été intégré dans SIGFIP.

Réformes de la Solde : le traitement de la Solde fait l'objet d'une réforme avec d'une part, la Direction de la Solde par une informatisation et une décentralisation de la chaîne qui a permis, à ce jour, d'économiser 10 Milliards CFA, et d'autre part, la Direction Générale de la Fonction Publique pour le recrutement et le suivi des carrières avec la volonté d'une entrée unique à étendre aux corps particuliers de la Police et des Magistrats, voire de l'Armée.

Réformes de la Comptabilité Publique : elles visent à mettre en œuvre le plan comptable public dans le cadre du projet ASTER. Une comptabilité à partie double, une maîtrise des délais de production des comptes, une interface avec SIGFIP, une transparence harmonisation entre la comptabilité publique et le Système Comptable Ouest Africain (SYSCOA) sont recherchés.

Dans le cadre d'une meilleure coordination de la dette publique avec la trésorerie de l'État, la Gestion de la Dette Publique a été transférée de la CAA au Trésor. Dans le cadre du principe d'unicité de caisse de l'État, la décision de centralisation de tous les dépôts de l'administration centrale au Trésor a été adoptée et mise en œuvre depuis janvier 1999.

Elle touche les Institutions nationales, les Ministères, les projets et les Établissements Publics Nationaux (EPN).

<u>Encadré</u> 2 : Réformes fiscales des Finances Publiques conformément aux directives de l'UEMOA - Cas de la Côte d'Ivoire

Le Gouvernement a adopté le 1er octobre 2014 en Conseil des Ministres, un schéma directeur de la Réforme des Finances Publiques, assorti d'un plan d'actions triennal glissant pour la période 2014-2016. Ce schéma directeur s'articule autour de sept (**07**) axes stratégiques et s'inscrit dans le cadre des initiatives communautaires qui visent à harmoniser avant 2019, au sein de l'UEMOA, la réglementation et la pratique en matière de gestion des Finances publiques :

- ***Axe 1 :*** *Fiscalité et Gestion des Recettes de l'État*
- ***Axe 2 :*** *Rénovation, Planification, Programmation, Budgétisation, Pilotage de l'exécution des dépenses de l'État.*
- ***Axe 3 :*** *Organisation et Systèmes d'Information Financière de la chaîne de la Dépense*
- ***Axe 4 :*** *Passation des Marchés Publics*
- ***Axe 5 :*** *Comptabilité Publique et Gestion de la Trésorerie de l'État*
- ***Axe 6 :*** *Dispositifs de Contrôles et d'Audits Internes et Externes*
- ***Axe 7 :*** *Efficacité de la Décentralisation au Plan Financier*

A cet effet, un Comité National (**CONAFIP**) a été créé et mis en place pour la coordination et le suivi de la mise en œuvre du schéma directeur de la Réforme de Finances Publiques. Ce Comité est composé de deux organes, à savoir : *(i) le Comité de Pilotage et (ii) le Comité Technique.*
Pour atteindre les objectifs de **réforme**, un ensemble de 275 mesures a été identifié :

- *concernent les dispositifs de contrôles et d'audits internes et externes ;*
- ***42*** *mesures identifiées dans l'axe 7 sont relatives à l'efficacité de la décentralisation au plan financier.*

Une mise en œuvre progressive de ces mesures de réforme du schéma directeur a été amorcée depuis 2014. Ainsi, pour l'année 2014, un total de **40 mesures sur 92** a été réalisé et se répartit comme suit :

- ***21** mesures réalisées au titre de la fiscalité et la gestion des recettes de l'État ;*
- ***03** mesures réalisées au titre de la rénovation, la planification, la programmation, la budgétisation et le pilotage de l'exécution des dépenses de l'État ;*
- ***01** mesure réalisée au titre de l'organisation et des systèmes d'information financière de la chaîne de la dépense ;*
- ***03** mesures réalisées au titre de la passation des marchés publics ;*
- ***05** mesures réalisées au titre de la comptabilité publique et la gestion de la trésorerie de l'État ;*
- ***02** mesures réalisées au titre des dispositifs de contrôles et d'audits internes et externes ;*
- ***05** mesures réalisées au titre de l'efficacité de la décentralisation au plan financier.*

La mise en œuvre réussie de ce schéma directeur permettra à la Côte d'Ivoire de disposer d'ici le terme des réformes prévu pour 2019, d'un cadre de gestion des Finances Publiques harmonisé avec celui des pays membres de l'UEMOA.

Conclusion

La participation politique est l'un des défis de la bonne gouvernance que gouvernants et gouvernés doivent, par leurs comportements solidaires quotidiens, relever, en vue d'inspirer la confiance et de mobiliser les ressources nécessaires au développement économique durable et à la prospérité de la population. Par ailleurs, dans le contexte de la mondialisation où il n'existe plus de guerre froide, ni de barrière Est/Ouest, ni de luttes d'idéologies, les États de l'Afrique en général et de l'Afrique Subsaharienne en particulier, pour éviter de demeurer marginalisés, doivent en toute conscience, fonder leur politique de développement, sur la culture de bonne gouvernance.

La promotion de la bonne gouvernance dans la conduite et la gestion de l'administration publique constitue un facteur essentiel du progrès social et institutionnel. Elle permet, en effet, d'améliorer la capacité de gestion du développement, de renforcer la confiance entre gouvernants et gouvernés, d'associer plus étroitement le citoyen à tous les niveaux d'activités et de promouvoir la culture démocratique et l'État de droit.

Dans le cas de la côte d'Ivoire, en vue d'assurer une plus grande crédibilité des principales réformes à conduire (Décentralisation, Réforme Administrative), en vue d'établir un environnement favorable à l'instauration de la bonne gouvernance, des actions précises doivent être conduites, à savoir :

- *la réactivation de certains programmes de réformes (telles la Réforme Administrative, la Décentralisation, l'accroissement de la Performance des Régies Financières) ; notamment par l'identification précises des structures responsables de leur conduite ;*
- *l'archivage des textes, en vue d'une garantie de la bonne continuité des actions ;*
- *la promotion de la communication Gouvernementale, afin de sensibiliser tous les acteurs de la réforme et d'informer de l'état d'avancement des programmes entrepris;*
- *la mise à disposition des acteurs économiques et de la société civile de l'information administrative recherchée, par une multiplication des centres d'affichage et de diffusion ;*
- *l'identification claire des personnes ressources en charge de la conduite des réformes, et la détermination de calendrier de réalisation y afférents.*

SIXIEME PARTIE

ENDETTEMENT PUBLIC ET MECANISMES D'ALLEGEMENT DE LA DETTE EXTERIEURE DES PAYS PAUVRES

CHAPITRE XV

LA POLITIQUE D'ENDETTEMENT PUBLIC

Depuis les années 70, les opérations financières publiques sont traditionnellement marquées par de fréquents déficits annuels dont le cumul a fini par engendrer un important endettement public. Les facteurs à l'origine de la dégradation des finances publiques sont multiples.

Tout d'abord, la structure des dépenses des États a clairement évolué tant pour assurer une régulation de l'économie que pour organiser la redistribution des richesses entre les agents. Les dépenses sociales (santé, retraites, soutien aux bas salaires…) ont ainsi progressé rapidement. Le développement du secteur public s'est traduit par la hausse des dépenses courantes, qu'il s'agisse des transferts sociaux ou de la masse salariale publique, et notamment du financement d'effectifs publics croissants.

Parallèlement, dans de nombreux pays, seules les dépenses d'investissement, de subventions et de transferts en capitaux ont reculé, en poids dans le PIB et en part dans le montant total des dépenses publiques, alors même que le développement de nouveaux besoins aurait pu les pousser à la hausse (infrastructures, éducation et santé, recherche et développement, protection de l'environnement, …).

Cette déformation des comptes publics des pays en développement s'insère dans un contexte de détérioration des termes de l'échange pour certains, et/ou de faibles capacités de gouvernance pour d'autres. En outre, l'augmentation du niveau de pauvreté pèse négativement et de façon variable selon les pays, sur le potentiel de croissance des États, tout en générant des pressions à la hausse sur les dépenses publiques.

Dans ce contexte, l'orientation de la politique d'endettement public relève d'une stratégie de croissance durable intégrant des considérations d'efficacité économique, d'équité intergénérationnelle et de capacités d'absorption ou de remboursement des emprunts. Ce chapitre présente la notion de dette publique avant de s'intéresser aux stratégies d'endettement dans les pays de l'UEMOA.

Section 1 : La notion de dette publique

Définition et structure de la dette publique

1.1.1-/ Définition de la dette publique

La dette publique, est la dette de l'État, c'est-à-dire l'ensemble des emprunts contractés par l'État (exemple des obligations d'État ou des bons du Trésor), ainsi que celles des collectivités territoriales et des organismes de Sécurité sociale. Ainsi la dette publique mesurée à une date donnée est un stock, regroupant des emprunts contractés à des dates différentes et qui ne sont pas encore remboursés en totalité. Ce stock augmente quand une administration publique lève un nouvel emprunt et il diminue lorsqu'une administration effectue un remboursement total ou partiel.

Pour qu'on puisse parler de dette publique, il faut qu'existe une continuité de l'État et une pérennité "morale", c'est-à-dire que les engagements de l'État comme emprunteur soient susceptibles d'être tenus, ceci quel que soit le détenteur du pouvoir. Ce critère est lié à la question de la souveraineté de l'État. L'État doit être considéré comme un "être éternel", capable donc de remplir ses engagements, respecter la parole donnée. Les prêteurs ne prêtent à un État que s'ils jugent celui-ci solide, capable de durer et donc d'honorer le service de la dette.

La notion de dette publique a émergé à la fin du Moyen âge dans plusieurs pays européens, en relation avec le développement de l'économie marchande et la monétarisation de l'économie. La progression fulgurante des dépenses publiques suite à la théorie keynésienne qui consacre l'État providence, a porté un coût d'accélération au ratio dette publique/PIB. D'un niveau modéré entre 1950 et 1970, ce ratio a atteint des proportions inquiétantes au plan mondial depuis les années 80 (supérieur à 50% pour la plupart des États) et peine à retrouver une tendance baissière, malgré les efforts de restructuration des économies et d'assainissement des finances publiques, et les initiatives de soutiens aux pays pauvres très endettés.

1.1.2-/ Structure de la dette publique

L'ensemble des engagements à la charge d'un État, comprenant la **dette intérieure** et la **dette extérieure**.

La dette intérieure (dette interne ou dette domestique) est l'ensemble des engagements contractés par un État auprès des agents économiques résidents. Elle comprend la dette conventionnée (dettes bancaire et non bancaire) et la dette issue du marché des titres publics (Bons du Trésor, Obligations du Trésor, Emprunts Obligataires). Elle est en principe exprimée dans la monnaie du pays emprunteur, i.e en monnaie nationale.

La dette extérieure est l'ensemble des engagements de l'État vis-à-vis des Bailleurs de Fonds et des agents économiques non-résidents. Elle est, en principe, exprimée en devises (dollar, euro, yen etc.). Elle comprend :

- *la **dette multilatérale** contractée auprès d'une institution multilatérale comme le FMI, la Banque mondiale, la BAD ou d'autres IFI ;*
- *la **dette bilatérale** quand le créancier est un autre État (Club de Paris) ; et*
- *la **dette privée** quand il s'agit d'un prêt octroyé par une banque privée ou quand il s'agit de titres d'emprunts émis par le pays sur une place financière internationale. (Club de Londres).*

La dette publique fait l'objet d'un paiement du service de la dette, défini comme le montant du principal et des intérêts payé à l'échéance convenue. Dans les pays développés, la dette intérieure a très fortement augmenté depuis la deuxième moitié des années 1990 sous l'impulsion de la Banque mondiale et du FMI. En 2007, la dette publique intérieure représentait le triple de la dette publique extérieure. Dans la majorité des pays d'Afrique subsaharienne, la dette intérieure est encore nettement inférieure à la dette extérieure.

La discipline budgétaire

1.2.1-/ La théorie de l'emprunt : arguments pour et contre la dette publique

Les écoles néoclassique et keynésienne s'opposent notamment sur le rôle que l'État doit jouer sur le marché et dans les activités économiques. Cette conception différente du rôle de l'État engendre deux visions de la problématique de la discipline budgétaire (Voir l'introduction du Manuel).

a) <u>Arguments en faveur de la discipline budgétaire</u>

Les arguments en faveur de la discipline budgétaire sont des arguments émanant essentiellement de l'école classique et de son "héritière", l'école du Public Choice. Ces arguments sont les suivants :

- *l'emprunt induit un phénomène d'illusion fiscale :*

Si un Gouvernement finance ses prestations avec des impôts ou des taxes, il y a transfert réel et immédiat de ressources entre les citoyens et le Gouvernement, sans contrainte d'un budget public équilibré. Les citoyens considèrent explicitement les coûts (hausse de leurs impôts) qu'une augmentation de services publics occasionne. Cette méthode de financement permet de rationaliser la décision et de retenir les appétits dépensiers de l'État.

L'emprunt implique, quant à lui, un transfert du secteur privé vers le secteur public qui est implicite, parce que décalé dans le temps et non précisé. Les citoyens peuvent oublier le coût réel des dépenses publiques, car la charge financière de l'emprunt sera supportée par les futurs citoyens-contribuables, le financement de la dépense est ainsi reporté. L'emprunt cause donc une rupture temporelle dans la relation entre le cercle des bénéficiaires, les contribuables d'aujourd'hui, et le cercle des payeurs, les contribuables de demain ; c'est dire qu'il y a rupture du lien entre une dépense et son financement, lien qui doit exister pour que la décision soit rationnelle. Cette situation induit ainsi un phénomène d'illusion fiscale ;

- *l'emprunt réduit l'investissement privé :*

Selon les auteurs classiques, l'emprunt public a un effet d'éviction, c'est-à-dire qu'il réduit, ou évince, les investissements privés. L'emprunt public provoque une diminution des fonds disponibles pour les agents privés et une hausse des taux d'intérêt due à l'augmentation de la demande de crédit. Cela engendre une diminution de l'investissement privé, et probablement du PIB ;

- *l'emprunt public est un fardeau pour les générations futures :*

Selon les auteurs classiques, emprunter pour financer des dépenses courantes est un moyen pour le Gouvernement de se faciliter la tâche en reportant le poids de la dépense publique sur les générations futures, car celles-ci doivent payer le service de la dette et son amortissement. Cependant, si l'emprunt a été effectué pour des investissements productifs, les futurs contribuables en retireraient des bénéfices, et ces derniers devraient être comparés avec la charge de la dette, pour aboutir à un résultat net.

- *L'emprunt public est un fardeau pour les Gouvernements futurs*

Il réduit leur marge de manœuvre. Une collectivité qui dépense beaucoup s'expose à deux types de problèmes dans le futur. Le premier problème est de type financier, elle devra s'acquitter des intérêts et des amortissements, ce qui va grever d'autant sa marge d'autofinancement, c'est-à-dire son autonomie financière. Le second problème est d'ordre politique. Si un État finance aujourd'hui une dépense publique par l'emprunt, cela va absorber une partie des recettes fiscales de demain. Les Gouvernements futurs pourraient ainsi voir leur marge de manœuvre fortement diminuée si une grande partie des recettes fiscales est consacrée au service et au paiement de la dette.

b) Arguments relâchant la discipline budgétaire

- Le recours à l'emprunt n'influence pas le bien-être des générations futures :

Si l'on raisonne avec des variables macroéconomiques, on n'évalue plus les effets d'un emprunt sur l'utilité des individus mais par rapport aux impacts globaux sur l'économie. Dans ce cas, on mesure le fardeau de l'emprunt en termes de ressources réelles qui ont dû lui être consacrées. Le coût de l'emprunt ne représente pas un coût monétaire si l'on considère la génération future prise dans son ensemble, il ne s'agirait en fait que d'un transfert entre ceux qui ont prêté et les contribuables qui doivent le leur rembourser, moyennant les intérêts.

- *L'emprunt est un instrument au service de l'État pour qu'il réduise les fluctuations économiques :*

Le principal argument de relâchement de la discipline budgétaire consiste en la stabilisation de l'économie, fonction attribuée au secteur public par les keynésiens. L'État doit réduire les fluctuations économiques en agissant de manière anticyclique et discrétionnaire sur la demande effective.

Les arguments en faveur d'un relâchement de la discipline budgétaire sont moins nombreux et généralement moins pertinents que les arguments soutenant une telle discipline. L'un des arguments importants est l'effet d'éviction, un effet pervers de l'intervention publique sur les marchés monétaires et financiers. En pratique, les États conduisent une politique d'endettement prudente, afin d'éviter de basculer dans une situation de surendettement synonyme de déstabilisation macroéconomique souvent accompagnée d'une perte de souveraineté.

1.2.2-/ La gestion prudente de la dette

Par définition, gérer la dette publique revient, avant tout, à manier une masse de crédit public. Considérer la gestion de la dette comme un instrument de politique économique doit aller de pair avec cette nature intrinsèque de l'outil. Ainsi, la préservation de l'endettement public en tant qu'instrument de politique économique passe impérativement par le respect scrupuleux des termes de tout contrat de crédit public. En effet, l'atteinte au capital confiance construit autour de cette convention de crédit, via notamment un amendement aux obligations contractuelles qui en résultent, peut mettre en péril la pérennité de l'instrument.

Par ailleurs, la gestion de la dette publique associe également des considérations d'ordre opérationnel; telles que la maturité des crédits, la date d'émission, etc. à des impératifs de politique ´économique tenant compte des besoins du marché et des caractéristiques de l'offre et de la demande pour les titres d'État. Cette nature double de l'instrument doit ˆêtre intégrée dans toute d´décision d'emprunt public. Ainsi, tout administrateur de la dette publique agit selon les exigences de la politique ´économique en matière d'endettement public. Mais, il ne doit pas non plus perdre de vue qu'une sur-réaction du public au coût de l'endettement de l'État constitue un danger en soi.

Section 2 : Profil de la dette publique des pays membres de l'UEMOA

2.1. profil de la dette intérieure

2.1.1-/ Structure de la dette intérieure

La dette intérieure constitue une composante importante de la dette publique. Elle représente souvent un fardeau qui pèse sur les finances publiques des pays de l'Union. Quand elle n'est pas honorée à temps, elle entraîne des effets néfastes sur la vie économique d'un pays, notamment sur les activités des opérateurs privés, créanciers de l'État.

En effet, quand l'État n'honore pas ses engagements vis-à-vis de ses fournisseurs, après une certaine période, ces engagements deviennent des arriérés de paiement. Ces arriérés de paiement qui ne sont, en fait, qu'un autre mode de financement du déficit de l'État se transforment très vite en dettes intérieures vis-à-vis des fournisseurs. Ce manque à gagner perturbe la trésorerie des fournisseurs de l'État, notamment les plus petits (PME, TPME). Cette situation prive les fournisseurs de ressources financières et les met très souvent dans une situation de tension de trésorerie (épuisement de fonds de roulement) qui les contraint à arrêter leurs activités.

Est considérée comme « dette flottante », selon le Fonds Monétaire International, tout arriéré de paiement de l'État envers un fournisseur ne dépassant pas encore 90 jours. Passée la période de 90 jours, l'arriéré de paiement devient une dette pour l'État.

La dette publique intérieure de l'État comprend deux grandes composantes :

- la dette vis-à-vis du secteur bancaire ;
- la dette vis-à-vis du secteur non bancaire.

La dette de l'État vis-à-vis du secteur bancaire comprend la dette de l'État envers la Banque Centrale et les banques commerciales. Dans la zone UEMOA, la dette vis-à-vis de la Banque Centrale est la dette vis-à-vis de la BCEAO.

La dette vis-à-vis du secteur non bancaire concerne la dette de l'État due à ses fournisseurs, aux collectivités, aux entreprises publiques, aux entreprises privées et aux personnes physiques.

2.1.2-/ État de la dette intérieure des pays membres de l'UEMOA

L'encours de la dette publique du Bénin au 31 décembre 2017 se chiffre à 2 927,43 milliards de FCFA soit environ 5,2 milliards USD. Il est constitué de 1 184,60 milliards de FCFA (2,1 milliards USD) au titre de la dette libellée en devises et de 1 742,83 milliards de FCFA (3,1 milliards USD) au titre de la dette libellée en monnaie locale. Le taux d'endettement public (encours de la dette rapporté au PIB) est de 54,3% au 31 décembre 2017 dont 22,0% au titre de la dette libellée en devises et 32,3% pour la dette libellée en monnaie locale. Il est en progression rapide mais en dessous du plafond fixé par l'UEMOA (70%). L'encours de la dette intérieure est de 955,03 milliards de FCFA (soit 1,7 milliard de dollars). La dette intérieure est composée d'emprunts obligataires, de dette de BT/SA envers CNE prise en charge par l'État, d'obligations du Trésor Public, et d'arriérés salariaux titrisés. La hausse de la dette intérieure est essentiellement tirée par l'évolution des emprunts obligataires destinés notamment au financement de plusieurs projets d'investissement (Caisse Autonome d'Amortissement (CAA), 2017)

L'encours de la dette publique du Burkina Faso s'élève à 2346,5 milliards de FCFA à la date de fin septembre 2016 contre 2302,4 milliards de FCFA à fin août 2016. La dette intérieure représente 36,70% de la dette publique de l'État (CNPE, 2016) et s'élève à 855,3 milliards de FCFA. Cette dette est essentiellement contractée sur le marché régional. Elle est composée de la dette bancaire et non bancaire favorisée par les engagements pris par l'État dans le cadre de la réhabilitation des entreprises publiques et des avances du Trésor.

À la fin de 2017, l'encours de la dette publique totale du Mali était principalement composé de dette extérieure en devises. La dette s'élevait à 2 231 milliards de FCFA (25,1% du PIB) et était principalement détenue par des créanciers multilatéraux. L'encours de la dette intérieure a augmenté rapidement ces dernières années pour atteindre 982 milliards de FCFA (11,2% du PIB) à la fin de 2017 résultant de l'accélération de l'émission de dette publique par les autorités sur le marché régional. La dette était principalement détenue par les banques commerciales sous forme de bons du Trésor et d'obligations. (FMI, 2018).

La dette intérieure a été un facteur clé de l'endettement public au Niger. Sur une période de quatre ans, la dette en monnaie nationale a augmenté de près de 10% , principalement en raison d'émission de titre sur le marché régional, mais aussi à cause de la dette de la Banque centrale. Elle est évaluée à 500,7 milliards de FCFA en 2016 (INS Niger, 2017).

Au troisième trimestre de l'année 2017, l'encours de la dette publique au Sénégal est estimé à 5911,9 milliards soit une baisse de 0,03% comparativement au trimestre précèdent. Cet encours est composé de 4562,5 milliards de dette extérieure et de 1349,4 milliards de dette intérieure. S'agissant de la dette intérieure, elle est essentiellement sous forme d'obligations du trésor (1180,2 milliards soit 87,5%) à la date sus indiquée. Les bons du trésor et les autres emprunts s'élèvent respectivement à 82,2 milliards et 87,02 milliards. (Direction de la dette publique, 2017)

La dette intérieure publique du Togo a grimpé de 41,4% à 61,4% du PIB en 2013-2016. Les principaux facteurs de l'augmentation de la dette intérieure ont été le recours prolongé au marché régional. Le stock de titres d'État sur le marché régional est passé de 15,2% du PIB à 28,8% entre 2013 et 2016, avec un taux d'utilisation croissante des bons du Trésor et des obligations. A la fin de l'année 2017, l'encours de la dette intérieure était de 1,547 milliard de FCFA, soit 73.8% de la dette totale, et 55.9 % du PIB (Banque Mondiale, 2018)

A fin décembre 2014, le stock de la dette publique en Guinée Bissau se situe à 385,6 milliards dont 195 milliards au titre de la dette intérieure. Le ratio de l'encours de la dette intérieure et extérieure rapporté au PIB nominal reste inférieur à 70% (65,3% en 2014)). Ce ratio reste élevé malgré l'allègement obtenu par le pays en 2010 du fait principalement de l'importance du stock de la dette interne constitué de la dette vis-à-vis des institutions communautaires en cours de rééchelonnement et des arriérés et autres dettes internes cumulés depuis 1974 (Ministère des Finances, 2014).

Depuis les années 1990, la Côte d'Ivoire a entrepris une politique de restructuration progressive de sa dette intérieure due au Secteur bancaire (BCEAO, Banques commerciales) et au Secteur non bancaire (Entreprises publiques, Entreprises privées, particuliers).

La dette due à la BCEAO et aux banques commerciales a été restructurée notamment, dans le cadre du PASFI en 1991 et 1993. La restructuration de celle due aux entreprises publiques, privées et personnes physiques a fait l'objet de titrisation et de compensation en 1996 et 1998.

En 2001, l'État a procédé à la restructuration des bons du Trésor d'un montant de 607,4 milliards de FCFA et à la conversion de l'emprunt TPCI 6,25% 2008-2011 d'un montant de 61,2 milliards de FCFA en un nouvel emprunt TPCI 6,5% 2011-2016 pour un montant de 160 milliards de FCFA en 2011. S'agissant des établissements privés, ce sont 1 000 milliards de FCFA qui ont été réglés entre 2011 et 2012 et 53 milliards de FCFA qui devront être réglés en 2013.

A la fin du premier semestre 2018, le stock de la dette s'élève à 10 931,23 milliards, comprenant 6 980,74 milliards de dette extérieure (63,86% du stock) et 3 950,49 milliards de dette intérieure (36,14% du stock). Ce stock de dette correspond à 42,5 % du PIB, ratio largement en dessous de la norme communautaire (UEMOA) de 70%, relative au critère de convergence multilatérale sur l'endettement.

Dans le cadre de la gestion de la dette intérieure, l'État entend investir plus de 1 027 milliards de FCFA dans les programmes scolaires, sanitaires, infrastructures, etc. Il s'agira de payer les créances dues aux fournisseurs, au risque d'accentuer le chômage et freiner l'économie. L'État adoptera une stratégie lui permettant d'apurer les arriérés intérieurs et prendra des mesures pour ne plus en accumuler.

2.2. Profil de la dette extérieure

2.2.1-/ État de la dette extérieure des États membre de l'UEMOA

Au plan de la théorie macroéconomique, le surendettement de l'État à l'intérieur peut comporter un double effet d'éviction pour l'investissement privé à travers, tout d'abord, des pressions à la hausse des taux d'intérêt qui décourageraient l'investissement productif, et ensuite, à travers des ponctions effectuées sur l'épargne financière qui diminuent les ressources disponibles pour le secteur privé. L'effet net total sur l'activité économique du surendettement de l'État est, a priori, difficile à prédire étant donné que les ressources prélevées serviront à l'investissement et à la consommation publique dont les retombées pourraient être positives sur la croissance.

Pour ce qui concerne les pays de l'UEMOA, ces mesures ont contribué à ramener l'encours de la dette extérieure de l'Union de 105,0% du PIB en 1997 à 34,0% en 2006. Elles ont donc permis aux pays de l'Union de dégager des ressources puisque 8,7% de leurs recettes d'exportation ont servi au règlement de la dette en 2006 contre 19,0% en 1997. En date de fin septembre 2012, tous les pays de l'UEMOA avaient bénéficié de l'IADM (initiative d'allégement de la dette multilatérale). A la fin de l'année 2013, le ratio de dette extérieure sur PIB de l'Union est de 24,43%.

L'analyse des principaux indicateurs de la dette des États membres pris individuellement laisse apparaître une situation relativement contrastée. Certes, l'encours de la dette extérieure rapporté au PIB s'est inscrit en repli d'une année à l'autre dans l'ensemble des pays de l'Union, mais la baisse est plus significative quand le pays a bénéficié de l'IADM.

Ainsi, à fin 2017, l'encours de la dette extérieure au Benin est de 2 600 millions de dollars et représente 31, 28% du revenu national brut (RNB). Au Burkina Faso, elle est évaluée à 2 835,2 millions de dollars et représente 25,01% du RNB. Le stock de la dette extérieure en Côte d'Ivoire est le plus élevé de la région selon les données de la Banque Mondiale. Il se situe à 11 695 millions de dollars en 2017 représentant 34,4 % du RNB. Elle est de 243 millions de dollars soit 24,32 % du RNB en Guinée Bissau ; 3 946 millions de dollars soit 29,28% du RNB au Mali ; 2 934, 2 millions de dollars environ 41,8% du RNB au Niger ; 8 603, 3 millions de dollars soit 56,22 % du RNB au Sénégal ; et 1 139,6 millions de dollars soit 32,76% du RNB au Togo. (Indicateurs de Développement dans le Monde, 2018)

Au total, le profil de l'endettement des pays de l'Union, pris globalement, s'est amélioré. Toutefois, l'un des principaux défis demeure la viabilité de la dette après l'IADM. A cet égard, les États membres sont invités à poursuivre les réformes structurelles pour assurer une gestion dynamique, mais prudente de la dette publique, en vue de la réalisation des objectifs de développement.

2.2.2-/ Le changement d'orientation de la politique d'endettement extérieure

Les nouvelles orientations de la politique d'endettement des États membres de l'Union visent un objectif majeur, à savoir ramener l'endettement à un niveau soutenable, c'est-à-dire parvenir à honorer régulièrement les échéances de la dette sans compromettre la croissance sur le long terme. Dans le cadre de l'approfondissement de l'intégration au sein de l'UEMOA, ces pays se sont engagés à contenir l'encours de la dette en dessous de la norme maximale de 70% du PIB. Cet objectif est contenu dans le Pacte de convergence, de stabilité, de croissance et de solidarité.

Dans ce cadre, la politique d'endettement extérieur des États membres de l'Union vise à leur procurer des ressources, au moindre coût possible, nécessaires à l'exécution des programmes prioritaires de développement. Ainsi, la plupart des États ont opté pour ne recourir qu'aux ressources concessionnelles octroyées par les partenaires au développement, et de tenir compte de leurs capacités à honorer les engagements futurs. Il s'agit, d'une manière générale, d'observer une attitude prudente en matière d'endettement, afin d'éviter l'aggravation de la situation et d'hypothéquer l'avenir des générations futures. Par ailleurs, pour réduire leur dépendance financière vis-à-vis de l'extérieur, les États s'orientent, lentement certes mais résolument, vers la mobilisation accrue de l'épargne intérieure.

Ainsi, il conviendrait de noter que la politique d'endettement des États membres de l'Union est étroitement associée à la politique budgétaire. La rigueur imprimée à ces politiques budgétaires confère aux politiques d'endettement actuelles des États de l'Union un caractère plus rationnel et cohérent avec la capacité financière de l'État.

Ceci étant, le problème de la dette des États membres de l'Union comporte deux aspects, à savoir la politique des nouveaux emprunts et le traitement à réserver au stock important de dette hérité du passé dont le poids obère la situation des finances publiques et limite l'impact des efforts déployés par les États pour promouvoir le développement durable.

La politique d'endettement des pays de l'Union reposait sur le principe selon lequel les emprunts extérieurs contenus dans des limites raisonnables sont de nature à aider les États à affermir leur croissance économique, au regard de la faiblesse de leur épargne intérieure. Ce principe se fonde sur le fait que les économies, au stade initial de leur développement disposent d'un stock de capital limité et offrent souvent des possibilités d'investissements productifs dont le financement, dans un environnement de stabilité macroéconomique, accélère la croissance et permet le remboursement à l'échéance des dettes contractées.

Cependant, l'endettement extérieur n'a pas encore permis aux pays de l'Union d'asseoir les bases d'une croissance forte et durable. A la fin des années 1970 et durant la décennie 1980, l'Union a été confrontée à une grave crise due notamment aux chocs pétroliers, à la chute des cours des produits d'exportation, à la hausse des taux d'intérêt et à l'appréciation du dollar des E.U qui ont grevé le service de la dette extérieure. Le niveau d'endettement des pays jugé excessif est désormais perçu comme un frein à la croissance parce que d'une part, il diminue les ressources qui peuvent être consacrées à l'investissement et d'autre part, il fausse leur allocation et dissuade les autorités d'assainir le climat économique.

Ce constat nous interpelle sur la nécessité de nous interroger sur la définition et la mise en œuvre, par les pays de l'Union d'une nouvelle stratégie d'endettement public permettant, comme le préconisent les directives de la Banque mondiale et du Fonds Monétaire International, de satisfaire les besoins de financement des États et ses obligations de paiement au moindre coût possible à long terme, en maintenant le risque à un niveau prudent. Cette nouvelle stratégie d'endettement doit consolider les acquis antérieurs en matière d'amélioration de la soutenabilité de la dette publique des pays de l'Union. Tout en préservant la restauration de la capacité d'emprunts des États, cette stratégie doit donc consolider les efforts d'assainissement du cadre macroéconomique, contenir notamment l'inflation et créer les conditions d'une reprise de la croissance.

2.2.3-/ évolution récente de la situation de la dette publique

Selon le rapport semestriel d'exécution de la surveillance multilatérale de l'UEMOA, en 2017, l'encours de la dette publique rapporté au PIB nominal de la zone UEMOA est ressorti à 44,1% contre 43,8% en 2016, soit une hausse de 0,3 point de pourcentage qui porte l'augmentation cumulée depuis 2014 à 8,8 points, traduisant ainsi un rythme d'endettement relativement rapide au cours de ces dernières années. Il convient toutefois de noter que la dette intérieure a progressé rapidement dans plusieurs États membres pour représenter plus de 50% de la dette totale en 2017. Par ailleurs, la part des recettes publiques consacrée au service de la dette est globalement en hausse dans les États membres. En 2017, le service de la dette a représenté plus du tiers des recettes totales dans cinq États membres (UEMOA, 2018).

L'encours de la dette publique en 2017 au Benin a enregistré une hausse de 18,9%, tirée dans une large mesure par la dette intérieure en progression de 31,0%. Cette augmentation de l'encours de la dette intérieure est due aux émissions de bons et obligations du trésor. L'encours de la dette publique totale a représenté 54,5% du PIB contre

49,4% en 2016. Le service dû de la dette publique totale a progressé de 52,5% par rapport à l'année 2016, pour s'établir à 457,1 milliards en 2017. Il a représenté 48,4% des recettes totales en 2017. Sur les trois dernières années, le service de la dette intérieure a représenté, en moyenne, 88% du total du service de la dette publique, reflétant la part importante de l'encours de la dette intérieure dans le portefeuille de la dette.

En ce qui concerne la dette publique au Burkina Faso, son encours total a représenté 36,2% du PIB en 2017 comme en 2016. Toutefois, l'encours de la dette intérieure s'est accru de 21,1% à la suite de l'émission de six emprunts obligataires et de douze bons de trésor. Le service de la dette publique totale s'est établi à 239,4 milliards en 2017, progressant de 5,7% par rapport à l'année 2016. Il a représenté 17,2% des recettes totales contre 18,4% en 2016. Sur les trois dernières années, le service de la dette intérieure a représenté en moyenne, 72% du total du service de la dette publique, reflétant la part importante de l'encours de la dette intérieure dans le portefeuille de la dette.

En Côte d'Ivoire, l'encours de la dette publique (hors C2D) a représenté 42,8% du PIB contre 41,8% en 2016. Le service de la dette publique totale s'est établi à 1.448,2 milliards en 2017, progressant de 8,1% par rapport à l'année 2016. Il a représenté 34,1% des recettes totales en 2017 contre 34,2% en 2016. Sur les trois dernières années, le service de la dette intérieure s'est situé, en moyenne, à 64,4% du total du service de la dette publique, reflétant la part importante de l'encours de la dette intérieure dans le portefeuille de la dette. Quant au service de la dette publique, il est estimé à 1 547,3 milliards contre 1 459,8 milliards en 2017, soit 33,7% des recettes budgétaires totales.

En Guinée Bissau, s'agissant de la dette publique totale, son encours s'est établi à 50,1% du PIB contre 53,2% en 2016. Ce taux est lié au stock de la dette intérieure qui représente plus de la moitié de cet encours. Le service dû de la dette publique totale a été multiplié par plus de six (06) fois pour s'établir à 11,1 milliards en 2017. Il a représenté 11,1% des recettes totales contre 1,8% en 2016. Sur les trois dernières années, le service de la dette intérieure représente en moyenne 47,8% du total du service de la dette publique. Il convient de noter qu'en 2017, le Gouvernement a renoué les contacts avec les principaux créanciers et a approuvé la création du Comité National de la Dette Publique (CNDP) conformément au Règlement n°09/CM/UEMOA/2007.

Au Mali, en matière d'endettement, l'encours de la dette publique s'est élevé à 3 167,7 milliards à fin 2017, soit 35,3% du PIB contre 35,9 % en 2016. L'encours de la dette publique extérieure s'est établi à 2 182,2 milliards, soit 68,9% de l'encours de la dette totale. L'encours de la dette multilatérale avec un montant de 1 753,6 milliards représente 80,4% de la dette extérieure. L'encours de la dette publique intérieure s'est établi à 985,5 milliards, soit 31,1% de l'encours de la dette totale. Quant au service de la dette publique, il s'est établi à 197,8 milliards en 2017, progressant de 43,6% par rapport à l'année 2016. Il a représenté 12,0% des recettes totales en 2017 contre 8,3% en 2016.

S'agissant du Niger, en ce qui concerne la dette publique, le ratio de l'encours sur le PIB a enregistré une hausse de 2,2 points de pourcentage par rapport à l'année précédente en se situant à 42,0%. Le service dû de la dette publique s'est établi à 288,9 milliards en 2017, en hausse de 9,1% par rapport à l'année 2016. Il a représenté 42,6% des recettes totales en 2017 contre 41,2% en 2016. Sur les trois dernières années, le service de la dette intérieure a représenté, en moyenne, 70,4% du total du service de la dette publique, reflétant la part importante de l'encours de la dette intérieure dans le portefeuille de la dette.

Au Sénégal, s'agissant de l'encours de la dette publique totale, il représenterait environ 49,6% du PIB en 2018 contre 47,7% en 2017. En ce qui concerne la dette publique, son encours total a représenté 47,7% du PIB nominal contre 48,2% en 2016. Le service de la dette publique totale a progressé de 21,2% par rapport à l'année 2016 pour s'établir à 719,8 milliards en 2017. Il a représenté 37,1% des recettes totales en 2017 contre 31,3% en 2016. Sur les trois dernières années, le service de la dette intérieure s'est situé, en moyenne, à 65,1% du total du service de la dette publique, reflétant la part importante de l'encours de la dette intérieure dans le portefeuille de la dette.

En ce qui concerne la dette publique totale, son encours est passé de 2 138 milliards en 2016 à 2 130,0 milliards en 2017, soit 73,0% du PIB contre 78,4% en 2016. L'encours de la dette intérieure s'est établi à 1 580 milliards contre 1 603 milliards à fin décembre 2017, tandis que celui de la dette extérieure s'est établi à 550 milliards contre 535 milliards à fin décembre 2017. Le service dû de la dette publique totale s'est établi à 504,3 milliards pour l'année 2017, en hausse de 81,2% par rapport à l'année 2016. Il a représenté 81,1% des recettes totales en 2017 contre 44,9% en 2016. Sur les trois dernières années, le service de la dette intérieure a représenté, en moyenne, 81,3% du total du service de la dette publique, reflétant la part importante de l'encours de la dette intérieure dans le portefeuille de la dette.

Au regard de l'évolution de l'encours de la dette et de celle de la croissance économique, il serait prématuré actuellement d'apprécier, de façon pertinente, l'impact de l'IADM sur la croissance économique des États membres de l'UEMOA. Toutefois, les tendances actuelles laissent présager que l'IADM devrait avoir un impact sur l'activité économique.

Au titre des modalités d'affectation des ressources issues de l'annulation, les États membres de l'UEMOA devraient partager l'option de consacrer ces économies de charge au financement des politiques de réduction de la pauvreté et d'accélération de la croissance. Il est en effet nécessaire de prévoir une flexibilité dans ce domaine, de manière à permettre aux pays bénéficiaires d'accroître les investissements productifs, source d'accélération de la croissance à court et moyen terme et d'amélioration substantielle des revenus des populations. A titre d'exemple, les pays du Sahel, en investissant une partie des économies de charge dans les aménagements hydro-agricoles, pourraient favoriser la réalisation de l'autosuffisance alimentaire, réduire la malnutrition et préserver le capital humain. En effet, en moyenne, dans les pays du Sahel, à peine le tiers (1/3) des superficies irrigables est effectivement irrigué, ce qui montre l'importance du potentiel de production dont une valorisation optimale permettrait de renforcer la sécurité alimentaire.

Les nouvelles orientations de la politique d'endettement des États membres de l'Union visent un objectif majeur, à savoir ramener l'endettement à un niveau soutenable, c'est-à-dire parvenir à honorer régulièrement les échéances de la dette, sans compromettre la croissance sur le long terme. Dans le cadre de l'approfondissement de l'intégration au sein de l'UEMOA, ces pays se sont engagés à contenir l'encours de la dette en dessous de la norme maximale de 70% du PIB. Cet objectif est contenu dans le Pacte de convergence, de stabilité, de croissance et de solidarité.

Dans ce cadre, la politique d'endettement extérieur des États membres de l'Union vise à leur procurer des ressources, au moindre coût possible, nécessaires à l'exécution des programmes prioritaires de développement. Ainsi, la plupart des États ont opté pour ne recourir qu'aux ressources concessionnelles octroyées par les partenaires au développement, et de tenir compte de leurs capacités à honorer les engagements futurs. Il s'agit, d'une manière générale, d'observer une attitude prudente en matière d'endettement, afin d'éviter l'aggravation de la situation et d'hypothéquer l'avenir des générations futures. Par ailleurs, pour réduire leur dépendance financière vis-à-vis de l'extérieur, les États s'orientent, lentement certes mais résolument, vers la mobilisation accrue de l'épargne intérieure.

Ainsi, il conviendrait de noter que la politique d'endettement des États membres de l'Union est étroitement associée à la politique budgétaire. La rigueur imprimée à ces politiques budgétaires confère aux politiques d'endettement actuelles des États de l'Union un caractère plus rationnel et cohérent avec la capacité financière de l'État.

Ceci étant, le problème de la dette des États membres de l'Union comporte deux aspects, à savoir la politique des nouveaux emprunts et le traitement à réserver au stock important de dette hérité du passé dont le poids obère la situation des finances publiques et limite l'impact des efforts déployés par les États pour promouvoir le développement durable.

La politique d'endettement des pays de l'Union reposait sur le principe selon lequel les emprunts extérieurs contenus dans des limites raisonnables sont de nature à aider les États à affermir leur croissance économique, au regard de la faiblesse de leur épargne intérieure. Ce principe se fonde sur le fait que les économies, au stade initial de leur développement disposent d'un stock de capital limité et offrent souvent des possibilités d'investissements productifs dont le financement, dans un environnement de stabilité macroéconomique, accélère la croissance et permet le remboursement à l'échéance des dettes contractées.

Cependant, l'endettement extérieur n'a pas encore permis aux pays de l'Union d'asseoir les bases d'une croissance forte et durable. A la fin des années 1970 et durant la décennie 1980, l'Union a été confrontée à une grave crise due notamment aux chocs pétroliers, à la chute des cours des produits d'exportation, à la hausse des taux d'intérêt et à l'appréciation du dollar des E.U qui ont grevé le service de la dette extérieure. Le niveau d'endettement des pays jugé excessif est désormais perçu comme un frein à la croissance parce que d'une part, il diminue les ressources qui peuvent être consacrées à l'investissement et d'autre part, il fausse leur allocation et dissuade les autorités d'assainir le climat économique. Aujourd’hui, la définition d’une nouvelle stratégie d'endettement devrait consolider les acquis antérieurs en matière d'amélioration de la soutenabilité de la dette publique des pays de l'Union. Tout en préservant la restauration de la capacité d'emprunts des États, cette stratégie doit consolider les efforts d'assainissement du cadre macroéconomique, contenir notamment l'inflation et créer les conditions d'une reprise de la croissance.

Section 3 : Stratégies d'endettement

3.1. Le recours de plus en plus important au financement intérieur

La priorité pour les pays de l'UMEOA porte sur la nécessité de redéfinir les bases d'une nouvelle stratégie d'endettement public susceptible d'accélérer le rythme de création de richesse et de parvenir à l'horizon 2015 à la réalisation des objectifs du développement du millénaire. Au regard du rôle que les marchés de titres publics ont joué sur la mise en place d'une stratégie d'endettement intérieur soutenable dans les économies avancées et dans les pays émergents, il convient de voir dans quelle mesure une stratégie de financement des déficits publics des pays de l'Union se fondant sur les opportunités qu'offre le marché financier régional de l'UEMOA, pourrait être mis en place.

Au nombre des options qui s'offrent aux pays de l'Union figure celle consistant à privilégier, comme par le passé, une politique d'endettement public axée sur le recours quasi exclusif à l'épargne extérieure avec comme conséquence une soutenabilité de la dette conditionnée aux évolutions des cours des matières premières, des monnaies, des taux d'intérêt extérieurs, etc. En outre, la baisse tendancielle de l'aide publique au développement et les conditionnalités liées à l'acquisition de financement concessionnel, créent des doutes sur la capacité du financement extérieur à répondre efficacement aux besoins de financement requis pour atteindre les objectifs de développement du millénaire.

Le recours au financement intérieur pourrait constituer une alternative aux pays de l'Union. Le marché financier régional représente, de ce point, de vue une source de financement pouvant permettre aux États de disposer de ressources dont le coût de mobilisation serait le reflet du degré d'assainissement et de transparence dans la gestion des finances publiques, de la crédibilité des politiques financières et du contexte socio-politique prévalant dans chacun des pays de l'Union. Le renforcement de la transparence dans la gestion des finances publiques et la qualité des politiques économiques et financières, garantiront l'intérêt durable des épargnants à l'égard des émissions publiques de long terme (BCEAO, Rapport sur le développement des marchés financiers en zone franc).

L'objectif principal de la stratégie de gestion de la dette et de la promotion du marché financier de l'UEMOA consiste d'abord à la définition et à la mise en place des règles qui permettent à chaque État de pourvoir à ses besoins de financement à partir du marché financier régional et de faire face aux obligations qui en découlent, au moindre coût possible à long terme, en maintenant les risques à un niveau satisfaisant. Au regard de cet objectif, une stratégie d'endettement intérieur des États de l'Union doit reposer sur les quatre piliers essentiels ci-après.

3.2. La définition d'un cadre de gestion de la dette dans les pays de l'UEMOA

Il convient de mentionner que les pays de l'Union disposent de textes juridiques qui traitent de la politique d'endettement et de la gestion de la dette publique. Cependant, comme le souligne le rapport d'activités 2006 de pôle dette, ces textes sont épars et présentent de nombreuses lacunes relatives notamment à l'absence d'une véritable définition de la politique d'endettement public, de coordination de la politique d'endettement et de gestion de la dette publique avec les politiques budgétaire et monétaire. La confusion dans la définition des responsabilités et des rôles des différents organes impliqués dans le processus d'endettement et de gestion de la dette, l'imprécision des responsabilités et des modalités de contrôle en matière d'engagements contractuels directs et conditionnels de l'État figurent aussi parmi les lacunes des stratégies actuelles de gestion de la dette publique. En outre, la faible transparence des opérations et l'information du public, l'insuffisance des moyens logistiques notamment en ce qui concerne les systèmes d'informations et de conservation des données relatives à la dette constituent des entraves à une gestion optimale de la dette publique des pays de l'Union.

Au regard de ces considérations, il importe alors d'améliorer le cadre de gestion de la dette dans l'Union, en s'inspirant des meilleures pratiques internationales en matière d'organisation juridique et institutionnelle de la gestion de la dette publique. Pour ce faire, le cadre juridique de gestion de la dette publique adopté par le Conseil des Ministres de l'UEMOA et qui est conforme aux standards internationaux, doit être accompagné dans chaque pays par des mesures portant sur :

1. la fixation des objectifs généraux en matière d'endettement ;
2. la définition des fonctions de gestion de la dette et les compétences respectives des organes intervenant dans la chaîne de la dette ainsi que leur coordination ;
3. l'évaluation de la politique d'endettement et le contrôle des activités des structures de gestion de la dette ;
4. l'amélioration de la circulation, de la transparence et de la conservation des informations relatives à la dette publique.

3.3. Modernisation de la politique d'endettement

- *3.3.1-/ Le recours à des financements innovants résolument orientés vers le marché*

Le contexte de libéralisation des économies commande aux Trésors publics d'amorcer une transition pour assurer le financement de leurs besoins par le marché, à travers une orientation progressive vers l'émission de titres avec une diversité de maturités, dans le cadre d'une modernisation et d'une gestion dynamique de la dette publique. Cette orientation permettrait ainsi aux Trésors publics d'avoir accès à l'épargne pour la couverture de leurs besoins.

Du point de vue de la mise en œuvre de la politique monétaire, un marché dynamique de titres publics offrirait à la Banque Centrale un gisement de titres, en vue de la conduite d'une politique d'open-market qui serait plus souple pour la régulation de la liquidité bancaire.

Pour une meilleure maîtrise de la dynamique de l'endettement, une stratégie d'endettement axée sur une redynamisation de la dette intérieure pour les pays de l'UEMOA s'impose également pour les raisons suivantes :

(i) la charge de la dette publique intérieure ne représente pas un fardeau pour l'ensemble du pays mais constitue, plutôt des transferts intersectoriels à l'intérieur de l'économie nationale. Cette situation s'explique par le fait que la dette publique intérieure n'accroît pas les ressources réelles du pays, étant donné que les agents économiques résidents sacrifient simplement leur consommation en échange de titres de créance sur l'État ;

(ii) le risque inflationniste du financement du déficit public est davantage maîtrisé à partir du moment où l'accent est mis sur le recours au marché financier pour l'endettement de l'État. La mobilisation des financements par les États au taux d'intérêt du marché contribue à accroître la productivité globale des économies ;

(iii) la dette intérieure devrait, en outre, permettre de réduire les effets négatifs du financement extérieur sur les économies, notamment leur vulnérabilité aux changements des conditions externes en l'occurrence les variations du taux de change, les crises internationales, la disponibilité des ressources, les conditionnalités des bailleurs de fonds.

3.3.2-/ Une approche « programmatique » de la politique d'endettement en relation avec la politique d'investissement public

Le financement intérieur bancaire et non bancaire des déficits publics des pays de l'Union, a toujours joué un rôle marginal comparativement à la mobilisation de ressources extérieures appuyée par les partenaires au développement. Les engagements intérieurs accumulés sont constitués pour la plupart des arriérés de paiements intérieurs, d'engagements monétaires en l'occurrence les concours globaux de la Banque Centrale aux trésors nationaux, la consolidation sur les États des dettes des banques commerciales restructurées, les crédits du FMI sur les États, les découverts accordés par le système bancaire aux administrations publiques et plus récemment de l'épargne privé grâce à la mise en place d'un marché de titres publics en 2001.

Une stratégie d'endettement intérieure porteuse d'espérance, ne peut être efficacement mise en œuvre que si un certain nombre de défis liés à la crédibilité des politiques budgétaires, à la gestion efficiente de la trésorerie et de la liquidité publique et à la coordination de la politique budgétaire avec la gestion de la dette publique ne sont pas relevées.

- **Pour faire de l'endettement intérieur, une stratégie efficiente de financement des déficits publics, le défi de la crédibilité des politiques budgétaires doit être relevé.** Les politiques budgétaires sont cohérentes, si leurs objectifs et leurs orientations, aussi bien en matière de recettes que de dépenses, sont connues et suffisamment stables dans le temps, pour réduire les incertitudes.

- **Le défi d'une gestion plus efficiente de la trésorerie et de la liquidité publique doit être relevé.** L'émission de la dette intérieure par les marchés financiers devrait conduire les gestionnaires de la trésorerie publique à répondre régulièrement à une série de préoccupations, dont le mauvais arbitrage pourrait induire des coûts financiers et économiques importants. Il s'agit de promouvoir une stratégie financière viable de l'État reposant sur **(i)** une bonne prévision des besoins de financement de l'État à court terme, **(ii)** une bonne programmation des émissions pour éviter un recours excessif à la dette à court terme et pour tenir compte à la fois des échéances à venir, des besoins de trésorerie des banques et des institutions financières ainsi que de l'état de la liquidité globale de l'économie, **(iii)** la mise en place d'un bon système de gestion des risques et **(iv)** une étroite coordination de la programmation des émissions des titres publics avec la Banque Centrale.

- La **gestion prudente de la dette** implique d'améliorer le suivi de la dette publique et publiquement garantie, de fournir aux gestionnaires de la dette un mandat clair, d'adopter une politique efficace de divulgation de l'information et de recruter, pour les structures de gestion de la dette, des agents techniquement qualifiés, qui connaissent bien les marchés financiers et la politique publique et qui sont capables en particulier d'effectuer des analyses du degré d'endettement tolérable, de manière à fournir aux pouvoirs publics des avis éclairés.

- Le **défi de la coordination de la politique budgétaire avec la gestion de la dette publique**. La politique budgétaire a pour objectif notamment de déterminer le niveau du déficit budgétaire alors que la gestion de la dette est destinée à en assurer le financement.

3.3.3-/ Quel type d'endettement privilégié pour les pays de l'Union

La charge financière associée à la dette intérieure est d'une manière générale supérieure au coût moyen des engagements de la dette extérieure souscrits à des conditions parfois concessionnelles. La dette extérieure comporte également de longues maturités. Au regard de ces considérations, la mobilisation de financements intérieurs importants pourrait se traduire, à court terme, par un relèvement du coût moyen de la dette publique. Il importe de privilégier un endettement intérieur public de long terme, pour amoindrir ce coût. L'endettement de court terme, servant à couvrir les besoins de trésorerie, ne devrait pas, de ce fait, aller au-delà de 30% de la dette intérieure totale.

La dette à moyen et long terme pourrait également être de nature à permettre le développement d'un marché secondaire dynamique et à apporter une solution appropriée au financement des investissements publics requis pour assurer la croissance.

CHAPITRE XVI

ALLEGEMENT DE LA DETTE EXTERIEURE DES PAYS PAUVRES ET REFORME DES STRATEGIES D'ENDETTEMENT

Depuis le début des années 80, le problème de l'endettement des pays en développement a, de façon récurrente, constitué le point de mire de l'actualité financière internationale. Les initiatives prises en vue de sa résolution avaient suscité de grands espoirs, surtout au début des années 90, au point que l'OCDE avait noté une réduction de l'encours global de la dette des pays en développement pour la première fois en 1991.

Les dimensions du problème ont, par la suite, beaucoup évolué au cours des dix dernières années et se sont traduites par des situations contrastées au niveau des créanciers et des débiteurs.

En ce qui concerne les créanciers, la crainte d'une déstabilisation du système financier international, du fait des encours importants de prêts souverains des banques dont le remboursement semblait être compromis, s'est largement dissipée. L'endettement des pays en développement ne constitue plus aujourd'hui une menace pour le système bancaire international. Au niveau des pays débiteurs, les différents mécanismes de traitement de la crise ont produit des effets différenciés sur les deux principaux groupes de pays endettés :

- *les pays en développement à revenu intermédiaire ont eu à bénéficier de mécanismes adaptés de traitement de leur endettement grâce à l'ingénierie financière des banques et à des soutiens plus appuyés de la communauté financière internationale. Leur poids économique leur a conféré une attention plus soutenue de la part des pays créanciers qui ont, de ce fait, accompagné les innovations financières des banques de propositions de plans globaux de règlement de la crise. Les plans Baker, Brady, etc. mis en œuvre dans le cadre du Club de Londres, ont ainsi largement contribué à régler le problème d'endettement de certains grands pays débiteurs ;*

- *les pays en développement à faible revenu ont, par contre, traîné leur problème d'endettement sur près d'une quinzaine d'années avec des conséquences néfastes sur la situation économique et sociale des populations avant de voir naître des initiatives visant le traitement du stock de la dette. Pendant longtemps, ils étaient soumis à des rééchelonnements intempestifs, mécanismes qui n'ont fait que transférer les dettes des créanciers privés et bilatéraux sur les créanciers multilatéraux.*

Ainsi, les préoccupations du moment trouvent essentiellement autour de l'endettement des pays pauvres confrontés à des difficultés pour réaliser les Objectifs du Millénaire pour le Développement (OMD) à l'horizon 2015, en raison du poids du service de leur dette multilatérale.

Ce Chapitre vise à faire le point des mécanismes de traitement de la dette des pays en développement et d'en tirer les conséquences sur leurs économies. Il s'attellera, à cet effet, à mesurer tout d'abord les enjeux et l'importance de l'endettement sur les économies de ces pays et en particulier sur celles des pays membres de l'UEMOA. Ensuite, il passera en revue les différentes initiatives d'allègement de la dette mises en œuvre en faisant ressortir les étapes qui ont marqué le passage des instruments traditionnels vers des instruments nouveaux plus adaptés à la situation des pays pauvres très endettés. Une partie de l'exposé sera consacrée aux relations existant entre la dette et la croissance économique, aux stratégies d'endettement à mettre en œuvre pour assurer une meilleure gestion de la dette et enfin à la dette intérieure.

Section 1 : Enjeux et défis de l'initiative d'allègement de la dette extérieure des pays pauvres

Depuis la crise de l'endettement des années 1980, la communauté financière internationale appuie les pays débiteurs à alléger la charge de leur dette extérieure. Cet appui a pris la forme de financements concessionnels, d'un allègement de la dette consentie par les créanciers officiels sous forme de rééchelonnements, d'initiatives de réduction puis de suppressions de la dette multilatérale assortis de vigoureux programmes d'ajustement macroéconomiques et de réformes structurelles de la part des pays bénéficiaires. Le but ultime de ces actions qui ont accompagné les politiques de développement des pays à faible revenu un quart de siècle durant, est de ramener la charge globale de la dette extérieure à un niveau soutenable, de sorte à favoriser la croissance, à réaliser, à l'horizon 2015, les objectifs du millénaire pour le développement, en particulier la réduction significative de la pauvreté.

Au plan de la théorie macroéconomique, le surendettement de l'État à l'intérieur peut comporter un double effet d'éviction pour l'investissement privé à travers, tout d'abord, des pressions à la hausse des taux d'intérêt qui décourageraient l'investissement productif, et ensuite, à travers des ponctions effectuées sur l'épargne financière qui diminuent les ressources disponibles pour le secteur privé. L'effet net total sur l'activité économique du surendettement de l'État est, a priori difficile à prédire étant donné que les ressources prélevées serviront à l'investissement et à la consommation publique dont les retombées pourraient être positives sur la croissance.

L'idée d'une annulation de la dette des pays en développement a fait un long chemin avant d'être admise par les créanciers comme un mécanisme de traitement de la dette. On a noté une prise de conscience tardive des créanciers de l'ampleur de la crise de l'endettement. Pensant qu'il s'agissait d'une crise de liquidité et non de solvabilité, ils avaient longtemps fondé de grands espoirs dans une solution automatique par le biais de la reprise économique des pays industrialisés qui stimulerait les exportations de matières premières ou de produits semi-finis des pays emprunteurs.

Vis-à-vis des emprunteurs, ils adoptèrent une ligne de fermeté en misant essentiellement sur la restructuration des dettes. Ils offrirent, par ailleurs, un front uni et surent éviter les actions intempestives de quelques prêteurs isolés tentés par une utilisation des clauses de mise en défaut. Au fil des renégociations, les créanciers durent accepter d'aller de plus en plus loin dans les concessions entourant le rééchelonnement des dettes. Mais, il est un principe sur lequel ils refusèrent longtemps de revenir : celui de la renonciation partielle de leurs créances, car pour beaucoup, adopter une attitude trop accommodante contribuerait à affaiblir la discipline des emprunteurs et à les inciter à ne pas suivre des politiques disciplinées ou à ne pas procéder aux ajustements nécessaires.

Il se posait également le problème du « ***hasard moral ou Aléa moral*** » qui consiste à penser qu'en accordant des concessions aux pays ne pouvant faire face à leurs obligations, on inciterait les pays débiteurs en meilleure situation financière à suspendre leurs paiements pour espérer bénéficier des mêmes avantages. Mais au fil du temps, les créanciers finirent par adopter des attitudes plus réalistes. D'abord, en ce qui concerne les banques, elles explorèrent les nouvelles possibilités d'échange d'actifs qui permettaient de rééquilibrer leur portefeuille sur une base géographique en remplaçant certaines créances par d'autres. Puis, elles franchirent un pas de plus en procédant discrètement à des ventes d'actifs. Ceci aboutit à la création d'un véritable marché secondaire de titres de la dette. Ensuite, elles finirent par accepter de constituer des provisions au-delà des normes réglementaires, ce qui constituait une évolution de leur position vers la possibilité de renonciation de tout ou partie de la dette. Elles finirent par adhérer à l'idée qu'une proportion des prêts souverains ne pouvait être entièrement récupérée et se résolurent à échanger avec décote, leurs créances contre des promesses fermes de remboursement. Il s'agit bien là d'une annulation partielle de dette à hauteur de la décote.

En outre, une autre idée s'est développée selon le poids même de la dette réduit les chances de son paiement partiel. Car pour qu'un pays puisse envisager de faire des paiements d'intérêt et de rembourser sa dette, il est nécessaire que les sorties de fonds ne viennent pas asphyxier l'économie qui doit les générer. Ainsi, tous se sont rendus à l'évidence qu'il existerait pour la dette extérieure, l'équivalent de la courbe de Laffer : passé un certain montant d'endettement, l'espérance mathématique du paiement des intérêts et du remboursement diminue. Il avait alors été admis que pour plusieurs pays, le sommet de la courbe avait été dépassé. Si tel était le cas, des programmes d'allègement étaient nécessaires et il fallait faire preuve de réalisme. Par ailleurs, avec le temps, une certaine lassitude commençait à gagner les créanciers devant les sempiternelles renégociations et beaucoup commençaient à se demander si les résultats médiocres obtenus, année après année, méritaient tous les efforts qui étaient déployés.

C'est dans ce contexte que naquirent les différentes initiatives de réduction de la dette des pays en développement. Elles ont commencé par les rééchelonnements dans le cadre des Politiques d'Ajustement Structurel. Ensuite, des solutions globales ont été proposées par les Autorités des pays développés à l'endroit des pays en développement à revenu intermédiaire : les plans Baker (1985-1987) et Brady (1989) s'inscrivaient dans cette optique.

Section 2 : Mécanismes d'allégement de la dette extérieure

2.1. Les mécanismes classiques d'annulation de la dette

Les propositions de solutions globales en faveur des pays en développement à faible revenu débutèrent avec l'initiative du Président de la République Française, lors du sommet des pays industrialisés du G7 de Toronto, en juin 1988. A cette occasion, les principaux pays développés ont affirmé, pour la première fois, leur désir d'effacer en partie les prêts qu'ils ont accordés aux pays les plus pauvres. Les États-Unis d'Amérique ont accepté, à compter d'octobre 1989, d'annuler 1 milliard de USD de leurs créances sur les pays en développement à faible revenu, soit environ le quart des engagements sur ces pays. La République Fédérale d'Allemagne a effacé en 1988 et 1989, ses créances sur 5 pays d'Afrique. La France a annulé à partir de l'été 1988 systématiquement le 1/3 de ses créances faisant l'objet d'un réaménagement dans le cadre du Club de Paris. En mai 1989, lors du Sommet de la Francophonie à Dakar, les pouvoirs publics français ont annoncé à 35 pays africains, l'annulation dès 1990 de la presque totalité de leurs créances pour un montant de l'ordre de 16 milliards de francs français. A la fin 1990, la Commission Européenne a proposé d'effacer près de 4 milliards USD de dettes contractées par 69 pays. Au total de 1988 à 1990, 41 pays ont obtenu de leurs créanciers officiels, des remises de dettes de 20 milliards USD. L'inventaire des différents instruments traditionnels de réduction de la dette des pays en développement se présente comme suit :

2.1.1. Les PAS et le rééchelonnement classique dans le cadre du club de Paris

Le Club de Paris est une tribune à laquelle un pays débiteur se trouvant dans l'impossibilité d'assurer l'intégralité du service de sa dette peut avoir recours. Constitué de plusieurs Gouvernements créanciers, le Club de Paris rééchelonne les crédits consentis par ces Gouvernements ou leurs organismes, ou bien par des prêteurs privés, avec la garantie de ces Gouvernements créanciers. Il s'agit principalement de prêts d'aide publique et de prêts commerciaux accordés ou garantis par les agences d'aide à l'exportation. Le rôle du Club de Paris s'est logiquement accru depuis le déclenchement de la crise de la dette en 1982. A quelques exceptions près, tous les débiteurs en difficulté passent par cette tribune qui établit une sorte d'accord cadre, sur lequel est basée ensuite la négociation des accords bilatéraux. Depuis 1956, date de sa mise en place, le club de Paris a pu soulager plusieurs pays surendettés.

Cependant, le remède classique de rééchelonnement s'est souvent avéré insuffisant, les pays endettés se trouvant contraints de solliciter des rééchelonnements successifs. Le pays admis au rééchelonnement de sa dette emprunte au FMI qui donne son accord à des programmes de stabilisation inspirés souvent du Fonds lui-même. Le Fonds confirme également auprès des banques et de la communauté financière internationale que le pays débiteur a pris les mesures adéquates pour respecter ses engagements. Les termes standards appliqués à un pays débiteur venant au Club de Paris consistent en une modification des conditions de remboursement de la dette ou à un reprofilage de celle-ci, en rallongeant la durée de remboursement. C'est un remède qui s'est révélé efficace pour certains pays à revenu intermédiaire en difficulté mais n'a pu résoudre le problème de l'endettement de la majorité des pays pauvres.

Aussi, les créanciers ont-ils cherché les moyens de ramener l'endettement à des niveaux soutenables et ont imaginé et mis en œuvre d'autres mécanismes d'allègement de la dette.

2.1.2-/ Les mesures globales de restructuration de la dette publique extérieure

Il s'agit en général d'initiatives lancées à l'occasion des Sommets du G7 vers la fin des années 80 et au cours des années 90 :

- **Les termes de Toronto.** Mis en œuvre en octobre 1988, ils prévoyaient pour la première fois une réduction d'une partie de la dette des pays pauvres. 20 pays[48] ont bénéficié des termes de Toronto entre 1988 et 1991, date à laquelle ces termes ont été remplacés par ceux de Londres. Cette annulation à hauteur d'un tiers (1/3) des créances, est réservée aux pays dont le revenu annuel est inférieur à 425 dollars, dont le ratio service de la dette/recettes d'exportations est supérieur à 30% l'an et qui appliquent, en accord avec le Fonds Monétaire International, un programme d'ajustement. Au total, 27 pays, tous africains, ont bénéficié de ce programme d'annulation.

[48] *Burkina Faso, Niger, Guyana, Zambie, Madagascar, Togo, République Centrafricaine, Mozambique, Tanzanie, Bolivie, Mali, Guinée-Bissau, Tchad, République Démocratique du Congo, Benin, Mauritanie, Guinée, Guinée Equatoriale, Ouganda, Sénégal.*

- **Les termes de Houston.** Nés en septembre 1990 d'une initiative purement américaine, ils comportent trois avancées importantes par rapport aux termes précédents, qui peuvent être appliqués au cas par cas. Ainsi, des délais supplémentaires de remboursement de la dette rééchelonnée sont accordés : la dette non-APD (Aide Publique au Développement) est ainsi rééchelonnée sur 15 ans ou plus et la dette APD jusqu'à 20 ans avec une période de grâce de 10 ans au maximum ; les crédits APD sont rééchelonnés à un taux concessionnel. Des conversions de créances peuvent être menées sur une base volontaire et bilatérale.
  Mais contrairement à Toronto, cette initiative ne comporte pas d'annulation de dette et a donc été jugée en retrait par rapport à d'autres initiatives et n'a pas été suivie par les autres pays.

- **Les termes de Londres.** Nés en décembre 1991, ils augmentaient le niveau d'annulation de 33% tel que défini dans les termes de Toronto à 50%. 23 pays ont bénéficié des termes de Londres entre 1991 et 1994, date à laquelle ces termes ont été remplacés par ceux de Naples.

- **Les termes de Naples.** Créés en décembre 1994, ils comportent deux avancées importantes par rapport aux termes de Londres. Elles concernent le niveau de réduction et les conditions de traitement de la dette : pour les pays les plus pauvres et les plus endettés, le niveau d'annulation varie entre 50 et 67%. En septembre 1999, les créanciers du Club de Paris ont décidé d'appliquer la fourchette supérieure (67%) à tous les crédits et à tous les pays.

- **Les termes de Lyon**. En novembre 1996, les créanciers du Club de Paris ont accepté d'accroître le niveau d'annulation jusqu'à 80% pour les pays les plus pauvres et les plus lourdement endettés. A ce jour, cinq (05) pays (Bolivie, Côte d'Ivoire, Guyana, Mozambique, Ouganda) ont bénéficié des termes de Lyon. Les termes de Lyon sont aujourd'hui rarement utilisés par le Club de Paris. Leur utilisation actuelle est réduite au cas des pays qui en ont déjà bénéficié mais n'ont pas encore atteint le point de décision de l'initiative PPTE

- **Les termes de Cologne** en novembre 1999, les pays créanciers du Club de Paris, ont décidé d'accroître le niveau d'annulation pour les pays les plus pauvres et lourdement endettés jusqu'à 90%.

2.1.3-/ Les mesures de restructuration de la dette publique extérieure détenue par les banques privées

- **Le Club de Londres** réunit les banques privées qui détiennent des créances sur les États et les entreprises des PED. Lorsque la crise de la dette éclate en 1982, le Club de Londres se tourna vers le FMI pour trouver un soutien. Aujourd'hui, ces groupes de banques de dépôt se rencontrent pour coordonner le rééchelonnement de la dette des pays emprunteurs. Ces groupes sont qualifiés de commissions consultatives. Ces rencontres (à la différence du Club de Paris qui se réunit toujours à Paris) ont lieu à New York, Londres, Paris, Francfort ou ailleurs selon les préférences du pays et des banques. Les commissions consultatives, formées dans les années 1980, ont toujours conseillé aux pays débiteurs d'adopter immédiatement une politique de stabilisation et de demander le soutien du FMI, avant de solliciter un rééchelonnement ou de l'argent frais auprès des banques. Il est exceptionnel que les commissions consultatives donnent suite à un projet sans l'aval du FMI. Elles ne le font que si elles sont convaincues que le pays mène une politique adéquate.

- **Le Plan Baker :** en 1985, le secrétaire d'État américain, J. Baker, a proposé de nouvelles mesures de traitement du problème de l'endettement du Tiers-monde. Son plan préconisait de développer de nouveaux prêts pour permettre aux pays de payer leurs intérêts, d'accroître leurs investissements productifs et de renouer avec la croissance. En contrepartie, l'emprunteur devrait mettre en œuvre une politique d'ajustement dans le cadre d'un accord avec le Fonds Monétaire International. Cette proposition est intervenue dans un contexte marqué par le refus total des banques de servir de nouveaux prêts dans une conjoncture économique restée dégradée où le taux de croissance économique passait bien en dessous du taux de croissance démographique. La dette a continué à croître et les ratios d'endettement ne se sont pas améliorés. La proposition de Baker est fondée sur la logique selon laquelle seule la croissance économique est finalement la condition pour que les pays endettés en difficulté puissent continuer à rembourser leur dette ; il faut donc la stimuler : ce sera l'objet des programmes d'ajustement structurel. Ceux-ci devront être soutenus par les organisations financières internationales - c'est l'entrée en scène de la Banque Mondiale aux côtés du FMI - et également par les groupes de créanciers qui ne doivent plus refuser l'apport de crédits nouveaux. Comme les pays endettés réunis dans le Groupe de Carthagène l'avaient immédiatement fait remarquer, les propositions du plan Baker n'étaient pas en mesure de relancer la croissance puisqu'elles sous-estimaient le poids réel de la dette sur l'économie des pays et qu'elles ignoraient les facteurs de l'environnement international dont dépendaient le redressement de leur situation (niveau des taux d'intérêt, dégradation des termes de l'échange, protectionnisme déguisé des pays du Nord). Les réticences et même le refus des banques de souscrire aux propositions Baker, puis l'effondrement du prix du pétrole, ont pratiquement tué dans l'œuf cette nouvelle stratégie.

- **Le Plan Brady** voit le jour en 1989 avec la confirmation des PAS comme instrument de redressement de la situation des pays endettés mais il infléchit la stratégie à l'égard de la gestion de la dette. L'objectif affiché est maintenant de parvenir à une réduction de la dette ou du service de la dette et de mobiliser dans ce sens les banques qui se sont, jusqu'ici, refusées à apporter de l'argent frais et ont commencé à provisionner les créances douteuses. Le FMI et la Banque Mondiale s'engagent à soutenir la mise en œuvre de formules nouvelles de restructurations de la dette (du type rachats de créances, échanges de créances anciennes contre des obligations nouvelles gagées par des actifs, échanges de créances anciennes contre de nouvelles obligations de même valeur nominale, mais assorties d'un taux d'intérêt réduit). Les accords de type Brady doivent en principe faciliter la participation des banques à ces opérations de rachat ou de conversion de la dette mais ceci ne va pas sans coût pour le débiteur. Ainsi, dans le cas du Mexique, toujours en difficulté malgré le plan Baker, le plan Brady a consisté à proposer trois options aux quelques 400 banques créancières :

i. réduire l’encours de leurs créances de 35 %, en échange d’une garantie sur le principal et de convertir ce montant en obligations sur le Trésor mexicain à 30 ans d’échéance ;

ii. réduire les intérêts sur leurs créances à 6,25% et convertir le montant de leur encours également en obligations du Trésor mexicain à trente ans d’échéance ;

iii. mettre régulièrement de l’argent frais à disposition du Mexique.

La réticence de la plupart des banques à s’engager dans le programme a obligé le Gouvernement mexicain à acheter des Bons du Trésor américain en garantie des obligations qu’il leur proposait. A ce coût non prévu de l’accord, s’ajoutait celui de l’argent frais que le Mexique devait se procurer ailleurs puisque le choix des banques s’est massivement porté sur les deux premières options. La crise des paiements qui est survenue à nouveau en 1994 au Mexique confirme que le dispositif Brady n’apportait qu’une réponse provisoire.

Comme le plan Baker, le plan Brady n’est en fait pas parvenu à s’imposer. Le nombre des accords de ce type n’atteint même pas la dizaine. D’autres formules de gestion de la dette que le rééchelonnement ont été inaugurées. Elles ont surtout contribué à renforcer l’emprise de la finance internationale sur la gestion des créances. Le développement du marché secondaire de la dette des pays périphériques qu’il a favorisé, a plus servi la restructuration des créances des banques commerciales que la réduction de l’endettement.

Malgré toutes ces initiatives, on devrait se rendre à l'évidence que tous ces mécanismes n'ont servi qu'à transférer les créances des banques et des organismes bilatéraux vers les institutions multilatérales. Les pays en développement ont demandé en vain l'application de mesures visant à annuler purement et simplement le fardeau de leur dette. Il a fallu attendre encore quelques années pour faire le constat que les Pays Pauvres Très Endettés n'ont véritablement pas tiré profit de tous les mécanismes initiés pour résoudre le problème d'endettement des pays en développement.

C'est dans ce contexte qu'est apparu le problème de la soutenabilité de la dette des pays à faible revenu avec comme nouveau mécanisme de traitement, l'Initiative PPTE.

2.2. Les nouveaux mécanismes d'allègement de la dette des pays en développement

2.2.1-/ L'Initiative PPTE

a) Présentation du mécanisme

Lancée en 1996 par le Fonds Monétaire International (**FMI**) et la Banque Mondiale, l'Initiative en faveur des Pays Pauvres Très Endettés (**PPTE**) comporte deux objectifs principaux. Le premier consiste à alléger la dette insupportable de certains pays à faible revenu vis-à-vis de la communauté des donateurs. Le second vise à promouvoir la réforme et l'adoption de politiques solides en faveur de la croissance, du développement humain et de la réduction de la pauvreté.

L'Initiative PPTE a été renforcée en décembre 1999, en élargissant les critères d'admissibilité et en prônant un allègrement plus important de la dette. Les pays concernés sont ceux qui répondent aux critères requis pour bénéficier d'une aide à des conditions très préférentielles, comme celles que proposent l'Association internationale de développement (Banque Mondiale) ou la Facilité pour la Réduction de la Pauvreté et la Croissance (FRPC) du FMI. En outre, les pays candidats doivent être confrontés à une dette insoutenable même après l'application pleine et entière des mécanismes traditionnels d'allègement. Ils doivent également avoir fait leur preuve dans l'application de stratégies de lutte contre la pauvreté et la mise en place des fondements indispensables à une croissance économique durable.

L'allègement de la dette intervient en deux temps :

- au point de décision, le pays concerné obtient un allègement du service de sa dette après avoir apporté la preuve de son adhésion à un programme du FMI et de ses avancées dans la mise en place d'une stratégie nationale de réduction de la pauvreté ;
- au point d'achèvement, il bénéficie d'un allègement de l'encours de sa dette après approbation par la Banque Mondiale et le FMI de son Document de Stratégie de Réduction de la Pauvreté (**DSRP**). Il peut alors obtenir l'annulation d'au moins 90% de sa dette envers ses créanciers bilatéraux et multilatéraux, afin de ramener son endettement à un niveau tolérable.

Sur les 42 pays admis à cette initiative, 34 se trouvent en Afrique. En 2001, aucun d'entre eux n'affichait un revenu par habitant supérieur à 1500 dollars (en parités de pouvoir d'achat), et tous se situaient dans le bas du classement selon l'indicateur de développement humain. Entre 1990 et 2001, les PPTE ont connu une croissance moyenne annuelle de seulement 0,5%.

Les PPTE sont surendettés depuis au moins 20 ans. Comparativement aux autres pays pauvres, leur service de la dette était déjà élevé par rapport aux exportations dans les années 80. Dans le même temps, les PPTE ont reçu une aide au développement considérable ; les transferts nets intervenus à ce titre ont avoisiné en moyenne 10% de leur PNB au cours des années 90 contre 2% environ pour l'ensemble des pays pauvres. A ce jour, 36 pays ont atteint le point de décision de l'initiative PPTE et tous, à l'exception du Tchad, ont atteint le point d'achèvement ou ont leur programme en cours d'exécution.

Conformément aux recommandations du Pacte du Millénaire pour le Développement, les financements nécessaires à la réalisation des objectifs doivent être évalués explicitement dans le Document de Stratégies de Réduction de la Pauvreté. L'évaluation par la Banque Mondiale et le FMI de la viabilité de l'endettement ne devrait pas se limiter à examiner la capacité des pays à assumer le service de leur dette, mais s'étendre à leur capacité à dégager suffisamment de ressources pour atteindre les Objectifs du Millénaire pour le Développement.

Sous le cadre initial de l'Initiative PPTE, trois des huit pays membres de l'UEMOA (Burkina, Côte d'Ivoire et Mali) avaient été déclarés éligibles au bénéfice de l'allègement au titre du mécanisme. L'analyse de la soutenabilité de la dette du Bénin et du Sénégal, selon les critères initiaux avait abouti à une soutenabilité de leur dette. Quant à la Guinée-Bissau, au Togo et au Niger, leurs dossiers n'ont pu être étudiés sous le cadre originel de l'Initiative.

b) L'allègement de la dette extérieure des pays de l'UEMOA

A la suite du renforcement du dispositif intervenu en décembre 1999, notamment par l'assouplissement des critères d'accessibilité à l'Initiative des Pays Pauvres Très Endettés, tous les États membres de l'Union sont devenus éligibles. A ce jour, tous les États membres de l'UEMOA ont atteint leurs points d'achèvement. Les premiers, notamment le Bénin, le Burkina Faso, le Mali, le Niger et le Sénégal ont franchi leurs points d'achèvement entre 2002 et 2004. Quant aux seconds, en l'occurrence la Côte d'Ivoire, la Guinée-Bissau et le Togo, ils ont franchi leurs points d'achèvement entre 2010 et 2012. Le bilan des allègements obtenus se présente comme suit par pays :

Le Burkina Faso a franchi son point d'achèvement en avril 2002. Il a bénéficié de réductions globales de sa dette pour un montant de 930 millions de dollars, soit environ 581,7 milliards de FCFA. Cela devrait se traduire en une économie de charge d'environ 18 milliards de FCFA par an, soit l'équivalent de 1,0% du PIB, 7,9% des ressources budgétaires et 9,3% des recettes d'exportations de biens et services non facteurs.

Le Bénin a atteint son point d'achèvement en mars 2003. Il devrait bénéficier d'une réduction en valeur nominale de 287,7 milliards de FCFA. Cette situation devrait lui permettre de réaliser des économies sur le service de sa dette de près de 13,5 milliards de FCFA par an, soit l'équivalent de 0,9% de son PIB, 6,1% de ses ressources budgétaires et 3,8% de ses recettes d'exportations de biens et services non facteurs.

Le Mali a atteint son point d'achèvement en mars 2003, au titre du cadre renforcé. Les réductions prévues s'élèvent à 859 millions de dollars, soit l'équivalent de 422,2 milliards de FCFA. L'assistance devrait se traduire par une réduction de 19,2 milliards de FCFA du service annuel de la dette, pendant 30 ans, soit l'équivalent de 1,1% de son PIB, 7,4% de ses ressources budgétaires et 4,5% de ses recettes d'exportations de biens et services non facteurs.

Le Niger a franchi son point d'achèvement le 8 avril 2004. Les allègements de dette attendus se chiffrent en valeur nominale à 1.558,4 millions de dollars soit 845,1 milliards de FCFA.

Le Sénégal a accédé au point d'achèvement le 19 avril 2004. La réduction totale de sa dette est évaluée à 1 546,7 millions de dollars US équivalent à 824,4 milliards de FCFA. La mise en œuvre de l'Initiative PPTE renforcée devrait se traduire, à partir de 2001, par une réduction de la charge de la dette d'environ 22,0 milliards de FCFA par an, soit l'équivalant de 0,7% du PIB, 4,2% des ressources budgétaires et 2,3% des exportations de biens et services non facteurs.

Le Togo a atteint son point d'achèvement de l'Initiative en faveur des Pays Pauvres Très Endettés en décembre 2010. Il bénéficie d'un allègement à hauteur de 1,8 milliard de dollars, soit une réduction de 82% de sa dette extérieure en valeur nominale. Sur cette réduction de l'encours de la dette, 47% proviennent des créanciers multilatéraux, 50% des créanciers membres du Club de Paris et le reste d'autres créanciers bilatéraux et commerciaux. L'allégement de dette de l'IDA, le fonds de la Banque Mondiale pour les plus pauvres, atteint 156 millions de dollars EU, au titre de l'initiative PPTE.

La Guinée-Bissau a atteint son point d'achèvement de l'Initiative en faveur des Pays Pauvres Très Endettés le 16 décembre 2010. Elle bénéficie d'un allégement de 1,2 milliard de dollars EU de sa dette. L'allégement de dette en faveur de la Guinée-Bissau a permis au pays d'économiser sur le service de la dette, en valeur nominale, 703,0 millions de dollars EU au titre de l'initiative PPTE, 107,9 millions de dollars EU sous forme d'aide additionnelle accordés par les créanciers du Club de Paris en sus de l'allégement au titre de l'initiative PPTE, 230,3 millions de dollars EU sous forme d'aide complémentaire.

La Côte d'Ivoire a atteint son point d'achèvement de l'Initiative en faveur des Pays Pauvres Très Endettés le 26 juin 2012. Elle bénéficie d'un allègement total de 2 150 milliards de FCFA. Le Fonds Monétaire International (FMI) et l'Association Internationale de Développement (IDA) de la Banque mondiale ont approuvé un allégement de 3,1 milliards de dollars EU (plus de 1500 milliards de FCFA) de la dette de la Côte d'Ivoire au titre de cette initiative. Ce qui représente une réduction de 24% de la dette extérieure du pays.

L'Initiative PPTE n'a pas permis de rendre la dette supportable pour un certain nombre de pays, notamment compte tenu des financements plus importants qu'appelle la réalisation des Objectifs du Millénaire pour le Développement. Pour les donateurs, l'allègement de la dette se révèle plus efficace que l'aide aux pays pauvres à atteindre les ODM, car il permet un financement plus souple. Il cible les pays dans le besoin, et, étant non conditionné, il fournit un appui budgétaire qui peut être consacré aux priorités nationales définies dans le cadre des stratégies de lutte contre la pauvreté.

Conscient des faiblesses de l'Initiative PPTE, la communauté internationale a lancé une nouvelle initiative d'annulation de la dette multilatérale des pays pauvres.

2.2.2-/ L'Initiative d'Annulation de la Dette Multilatérale (IADM)

A l'initiative du Premier Ministre britannique Tony BLAIR, les huit pays les plus industrialisés (G8)[49] ont pris la décision d'annuler la dette des pays à faible revenu vis-à-vis de la Banque Mondiale, du Fonds Monétaire International (FMI) et de la Banque Africaine de Développement (BAD), afin de contribuer efficacement au règlement durable du problème de la dette et au renforcement de l'appui de la communauté internationale aux efforts de développement des pays bénéficiaires.

Faisant suite aux engagements pris à Monterrey concernant la mobilisation de nouvelles ressources pour financer le développement, les Chefs d'État et de Gouvernement des pays membres du G8, lors de leur sommet tenu les 7 et 8 juillet 2005 à Gleneagles, en Ecosse, ont décidé, sur la base d'un accord conclu par leurs Ministres des Finances, de

---

[49] États-Unis, Grande Bretagne, France, Japon, Russie, Canada, Italie, Allemagne.

l'annulation de 100% de la dette multilatérale des pays les plus pauvres vis-à-vis du Fonds Monétaire International, de la Banque Mondiale et de la Banque Africaine de Développement.

Toutefois, soucieux de préserver la capacité des institutions financières concernées à octroyer de nouveaux concours aux pays en développement, les pays du G8 se sont engagés à fournir à la Banque Mondiale et à la BAD des contributions additionnelles, de manière à compenser les flux de paiement en principal et en intérêt de la dette annulée. Le FMI, pour sa part, devra couvrir le coût de ses annulations par des ressources internes. L'amélioration des performances économiques enregistrées par les États qui ont fait preuve d'un engagement dans la conduite de politiques économiques de qualité, tout en consolidant la bonne gouvernance, ont été les facteurs clés dans le choix des pays bénéficiaires de l'annulation de la dette.

Ainsi, **dix-huit (18) pays** ayant atteint le point d'achèvement de l'Initiative en faveur des pays pauvres très endettés (PPTE) ont été déclarés en mesure de bénéficier immédiatement de cette annulation, pour un montant global de 40,0 milliards de dollars des États-Unis. Il s'agit de cinq pays de l'UEMOA (Bénin, Burkina, Mali, Niger et Sénégal), de neuf autres pays africains (Éthiopie, Ghana, Madagascar, Mauritanie, Mozambique, Ouganda, Rwanda, Tanzanie et Zambie) et de quatre pays d'Amérique Latine (Bolivie, Guyane, Honduras et Nicaragua).

Pour les huit (08) pays de l'UEMOA, les économies de charge sur l'encours de la dette générées par cette initiative sont estimées à 6 475,0 milliards de francs CFA (9,87 milliards d'euros), dont 612,9 milliards (0,93 milliard d'euros) pour le Bénin, 757,5 milliards (1,15 milliard d'euros) pour le Burkina, 1 123,7 milliards (1,71 milliard d'euros) pour le Mali, 719,4 milliards (1,1 milliard d'euros) pour le Niger et 1 337,5 milliards (2,04 milliards d'euros) pour le Sénégal, 1 500 milliards (2,29 milliards d'euros) pour la Côte d'Ivoire, 424 milliards (0,64 milliards d'euros) pour le Togo.

Au total, l'encours global de la dette annulée atteindrait 55,0 milliards de dollars US, répartis à raison de 6,0 milliards de dollars US dus au FMI, 44,0 milliards de dollars US à la Banque Mondiale et 5,0 milliards de dollars US à la BAD. En examinant avec recul le processus de traitement de la crise de l'endettement du tiers-monde par la communauté internationale, il peut être observé que les initiatives mises en œuvre ont répondu à des priorités spécifiques de chaque période. Vers la fin des années 80, les préoccupations essentielles consistaient à éviter la faillite du système bancaire international. Les banques créancières ont à cet effet, fait preuve d'ingéniosité financière qui a été accompagnée des plans Baker (1985) et Brady (1989). Avec ces mesures, certains grands pays débiteurs ont pu sortir de la crise d'endettement. La seconde étape a consisté à trouver une solution à la dette bilatérale qui a déjà fait l'objet de plusieurs rééchelonnements sans succès, dans le cadre du Club de Paris. C'est à cet objectif qu'ont répondu les différentes initiatives du G7 allant des termes de Toronto en 1988 à ceux de Cologne en 1999.

Il est apparu que ces deux types de mécanismes de traitement de la dette n'ont pas permis de réduire la charge du service de la dette des pays pauvres et remis ces pays sur le sentier de la croissance économique après plusieurs années d'ajustement. Les programmes d'ajustement ont juste permis de dégager des ressources pour le paiement du service de la dette, privant ainsi ces pays des investissements nécessaires à leur développement et engendrant un retard dans le développement humain et un accroissement de la pauvreté.

Les nouveaux mécanismes de traitement de la dette des pays à faible revenu (PPTE et IADM) correspondent à une prise de conscience du goulot d'étranglement que constituait l'endettement pour le développement économique et social de ces pays. L'initiative du G8 s'inscrit dans le cadre des efforts visant à permettre aux pays très endettés de disposer d'une marge de manœuvre plus importante pour accélérer la croissance économique, réduire la pauvreté et accroître les capacités de réalisation des Objectifs de Développement du Millénaire. Dans cette perspective, il aurait été souhaitable que les modalités d'application de cette initiative conduise à :

1. l'annulation totale de l'encours des engagements des pays bénéficiaires sur les trois institutions à une date butoir récente : le FMI a retenu le 31 décembre 2004 alors que la Banque Mondiale a choisi le 31 décembre 2003 ;
2. l'échéance de l'annulation à la même date pour les trois institutions : Le FMI a retenu le 6 janvier 2006, la Banque Mondiale le 1er juillet 2006 alors que la décision de la BAD est toujours attendue ;
3. l'annulation immédiate et totale, de manière à induire une baisse significative du stock de la dette et non étalée dans le temps : les modalités du FMI apparaissent, à ce titre, plus avantageuses que celles de la Banque Mondiale ;
4. l'assouplissement des conditions d'application ;
5. la poursuite de la mobilisation par les États bénéficiaires, des

emprunts concessionnels : les engagements pris à cet par les pays riches pour la reconstitution des ressources de la Banque Mondiale et de la BAD doivent être tenus.

6. un accroissement des ressources globales destinées au financement du développement comme convenu en 2002 à Monterrey.

Section 3 : Réforme des stratégies nationales de gestion de la dette extérieure

La gestion de la dette publique est régie par des dispositions communautaires et des lois à caractère national.

3.1. Dispositions communautaires

Dans le but de rechercher des solutions durables à la question de l'endettement public dans l'UEMOA, des réformes ont été faites pour donner un cadre juridique à la gestion de la dette dans l'UEMOA. La mise en place de ce cadre vise :

- la définition de la politique d'endettement (fixation des orientations de la politique d'endettement intérieur et extérieur);
- la formulation de la stratégie de mise en œuvre de la politique d'endettement;
- la délimitation des responsabilités et des compétences en matière de formulation, de mise en œuvre de la politique d'endettement;
- La transparence dans le processus d'endettement et la publication périodique de rapports sur la dette publique.

Les critères de convergence de 1999 constituaient l'un des éléments dans la réforme de la gestion de la dette publique. L'un des critères de convergence impose que l'encours de la dette des pays membres de l'UEMOA rapporté au PIB soit inférieur à 70%. Le Règlement n°09/2007/CM/UEMOA portant cadre de référence de la politique d'endettement public et de gestion de la dette publique dans les États membres de l'UEMOA constitue une réforme importante des pays de l'UEMOA pour la gestion de la dette. Ce règlement fait obligation à chaque État membre de définir sa politique nationale d'endettement. En plus de ce règlement, d'autres textes ont été pris pour encadrer l'endettement au sein de l'UEMOA. Il s'agit :

- *de l'Instruction n°1/97 du 29 novembre 1997 relative à l'appel public à l'épargne au sein de l'UMOA ;*

- *du règlement N° 06/2001/CM/UEMOA du 6 juillet 2001 portant sur les bons et obligations du Trésor émis par voie d'adjudication par les États membres de l'UEMOA;*
- *du règlement N°06/2013/CM/UEMOA du 28 juin 2013 portant sur les bons et obligations émis par voie d'adjudication ou de syndication avec le concours de l'Agence UMOA-TITRES.*

3.2. Les dispositions nationales

Les réformes des stratégies nationales de gestion de la dette publique s'inscrivent dans le cadre général des reformes des finances publiques. En application du règlement n° 09/CM/UEMOA du 04 juillet 2007 chaque pays a procédé à une gestion centralisée de la dette qui offre de nombreux avantages dont le dénominateur commun est de diminuer le coût de financement de la dette publique. Chaque pays a mis en place un organisme de coordination des actions relatives à l'endettement public. Cet organisme est chargé d'élaborer un document de politique d'endettement. Selon la Banque Mondiale et le FMI, les principales étapes d'élaboration d'une Stratégie de gestion de la Dette de Moyen Terme (SDMT) sont:

Etape 1 : Identifier les objectifs et la protée de la SDMT;

Etape 2 : Identifier stratégie actuelle de gestion de la dette et analyser les coûts et risques de la dette existante;

Etape 3 : Identifier et analyser les sources potentielles de financement y compris leurs caractéristiques de coûts et de risques ;

Etape 4 : Identifier les prévisions et les risques de base dans les principaux secteurs de politiques : budgétaire, monétaire, extérieure et de marché (taux, devise etc.) ;

Etape 5 : Examiner les principaux facteurs structurels à long terme;

Etape 6 : Évaluer et classer les stratégies alternatives sur la base du compromis coût-risque ;

Etape 7 : Examiner, avec les autorités chargées des politiques budgétaire et monétaire, les implications des stratégies alternatives de gestion de la dette et pour les conditions du marché;

Etape 8 : Recommander une SDMT et garantir un accord sur la SDMT.

La loi des finances de chaque pays constitue une disposition légale encadrant la dette des pays car c'est elle qui autorise les financements extérieurs, les financements intérieurs et le service de la dette publique.

Le Benin a mis en place un Comité National de l'Endettement (CNE) qui élabore chaque année depuis 2009 un document de stratégie d'endettement public qui est annexé à la loi des finances. De plus, la constitution du Benin organise la gestion de la dette publique en répartissant les responsabilités entre l'Assemblée Nationale et le Président de la République. C'est depuis 2008 que Comité National de Dette Publique (CNDP) du Burkina Faso élabore chaque année une stratégie de dette conforme aux standards internationaux. Dans l'objectif de l'amélioration du cadre de gestion de la dette, le Comité National de la Dette Publique (CNDP) de la Côte d'Ivoire a élaboré une stratégie de la dette à Moyen Terme (SDMT 2013-2017).

Le Mali et le Niger, tout comme les autres pays de l'UEMOA, ont mis en place leur direction en charge de la dette publique. Au Sénégal, différentes réformes ont été entreprises. Il s'agit de :

- la mise en place d'un organisme de coordination des actions relatives à l'endettement public (Comité national de Dette publique), créé par l'arrêté n° 05889 du 07 juillet 2008;
- la mise en place d'une seule structure chargée de gérer la dette publique (**création d'une Direction de la Dette publique** par décret n° 2011-516 du 12 avril 2011 et organisée par l'arrêté n° 010117MEF/DGCPT/du 20/09/2011;
- la rédaction d'un manuel de procédure sur la chaine de la dette (en cours), l'élaboration d'un document de Politique d'Endettement et d'une SDMT; a diffusion de productions sur la dette (bulletins statistiques, rapports etc).

Au total, le recours aux ressources d'emprunts devrait se faire sur la base d'une stratégie d'endettement susceptible de garantir au pays un endettement soutenable. Cette stratégie devrait être confortée par une analyse de viabilité de la dette, en vue d'anticiper l'évolution des ratios d'endettement. Toutefois, les réformes des stratégies nationales de gestion de la dette extérieure vont de pair avec les réformes pour une meilleure mobilisation des ressources internes des pays, à travers une gestion transparente pour réduire la dépendance des ressources extérieures. Les stratégies nationales de gestion de la dette extérieure doivent être aussi accompagnées par des stratégies nationales de gestion de la dette intérieure.

ANNEXES

APERÇU GÉNÉRAL DES PAYS DE L'UEMOA

L'Union Économique et Monétaire Ouest Africaine (UEMOA) a été instituée par le Traité du 10 janvier 1994. Elle est constituée de huit États membres ayant en commun l'usage du Franc de la Communautaire Financière Africaine (Franc CFA). Ces États sont le Bénin, le Burkina, la Côte d'Ivoire, la Guinée Bissau, le Mali, le Niger, le Sénégal et le Togo.

Elle couvre une superficie de 3 509 600 km² avec une population estimée à 96 millions d'habitants en 2010. Le taux de croissance démographique est 3%.

Le PIB nominal de l'Union en 2011 est estimé à 35 977 milliards de franc CFA (54,85 milliards d'euros). Au cours des cinq dernières années, l'Union a enregistré un taux moyen de croissance réel du PIB de 3,9%. Le taux d'inflation annuelle a été de 3,4% en 2011 contre 1,2 en 2010.

Les indicateurs économiques et sociaux des différents pays membres se présentent comme suit :

Le ***BENIN*** *couvre une superficie de 115 700 km² et compte en 2010, une population de 8 800 habitants. Son taux de croissance démographique est de 3,1%. Le PIB nominal en 2011 est de 2309,1 milliards de F CFA (3,52 milliards d'euros) avec un taux de croissance du PIB réel de 3,1%. Au cours des cinq dernières années, le taux de croissance moyen est de 3,4%.*

L'économie béninoise est tributaire des échanges avec le Nigéria et de la culture du coton. Le secteur agricole qui représente 32% du PIB repose sur des cultures vivrières (maïs, mil, igname, riz, etc.) et de cultures de rentes (coton, arachide, ananas). Les principales productions industrielles (8,3% du PIB) sont le textile, les chaussures et l'agro-alimentaire.

Le taux d'inflation moyen en 2011 est de 2,7%.

Le budget de l'État dégage des recettes totales de 392,8 milliards de FCFA (0,6 milliard d'euros). L'encours total de la dette publique extérieure est de 901,7 milliards F CFA au 31 décembre 2005 soit 1,37 milliard d'euros. Le Bénin a atteint le point de décision de l'Initiative PPTE renforcée en mars 2003. Il est éligible à l'Initiative d'allègement de la dette multilatérale.

Les comptes extérieurs ressortent en 2005, un excédent de 47,5 milliards de FCFA (0,07 milliard d'euros) contre un déficit de 61,6 milliards (0,09 milliard d'euros) en 2004. Les exportations sont évaluées en 2005 à 300 milliards (0,46 milliard d'euros) et les importations à 454,6 milliards (0,69 milliard d'euros).

Le ***BURKINA*** *est un pays sahélien dont les échanges avec l'extérieur transitent par les pays côtiers frontaliers que sont la Côte d'Ivoire, le Ghana, le Togo et le Bénin. Il s'étend sur une superficie de 274 100 km² et compte 16 500 000 habitants en 2010. Son taux de croissance démographique est de 2,4%.*

Le PIB nominal est évalué en 2011 à 2985,0 milliards F CFA (4,55 milliards d'euros) avec un taux de croissance réel du PIB de 5,6%. Au cours des cinq dernières années, l'activité économique s'est accrue en moyenne de 5,5%.

L'économie repose sur le secteur agricole (27,6% du PIB) dont la principale culture d'exportation est le coton. Les principales cultures vivrières sont le maïs, le mil, le haricot. Le pays fournit également les produits de l'élevage aux pays voisins côtiers. Le secteur industriel représente 11,8% du PIB et comprend des unités textiles, de ciment et agro-alimentaires.

Le taux d'inflation moyen en 2011 est de 2,7%.

Les recettes budgétaires totales sont estimées à 364,8 milliards F CFA (0,56 milliard d'euros). L'encours total de la dette publique extérieure est de 1131,3 milliards F CFA au 31 décembre 2005 soit 1,72 milliard d'euros. Le Burkina a atteint le point de décision de l'Initiative PPTE renforcée en avril 2002.

La balance des paiements ressortirait en 2005, un déficit de 349,8 milliards FCFA (0,53 milliard d'euros). Les exportations totales sont estimées à 183,2 (0,28 milliard d'euros) contre des importations de 500,0 milliards (0,76 milliard d'euros).

La ***COTE D'IVOIRE*** *s'étend sur une superficie de 322 500 km² et compte environ 19 700 000 habitants en 2010. Son taux de croissance démographique est de 2,8%.*

Elle possède l'économie la plus diversifiée de l'UEMOA avec un PIB nominal de 8 626,3 milliards F CFA (13,15 milliards d'euros) en 2005. Elle a été confrontée à une série de crises militaro-politique depuis 1999 qui ont plombé les performances économiques du pays et limité à 2,5%, le taux de croissance réel au cours des cinq dernières années. En 2011, elle a réalisé un taux de croissance réel du PIB de 9,8%.

Le secteur agricole représente en moyenne 23% du PIB. Il est assez diversifié avec une agriculture vivrière fournissant l'alimentation de base de la population (manioc, igname, banane) et une agriculture d'exportation qui situe le pays dans le peloton de tête des premiers exportateurs mondiaux de nombreux produits agricoles tropicaux (café, cacao, ananas, hévéas, huile de palme). Le pays dispose également d'importantes ressources minières dont l'exploitation lui a procuré d'importants revenus ces dernières années. Il s'agit du pétrole, du gaz, de l'or et du diamant.

Le secteur industriel représente en moyenne 20% du PIB. Il est composé d'industries extractives et manufacturières de textile, de chaussures, d'agro-alimentaires, de chimie et de matériaux de construction.

Le taux d'inflation moyen en 2011 a été de 4,9% contre 1,4% en 2010.

Les recettes budgétaires totales ont été de 1478,2 milliards de FCFA (22,54 milliards d'euros) en 2005. L'encours de la dette publique extérieure est de 6318,7 milliards F CFA (9,63 milliards d'euros), au 31 décembre 2005.

Les comptes extérieurs ont dégagé un excédent de 62,6 milliards en 2005. La balance commerciale a toujours été excédentaire avec en 2005, des exportations de 3949,7 milliards (6,2 milliards d'euros) contre des importations de 2687 milliards (4,1 milliards d'euros).

*La **GUINEE-BISSAU** est un pays de 36 100 km² avec une population en 2010 de 1 500 000 habitants. Son taux de croissance démographique est de 4,0%.*

Son économie est principalement basée sur les exportations de noix de cajou et de ressources halieutiques. Le PIB nominal en 2011 est de 164,2 milliards (0,25 milliard d'euros), avec un taux de croissance réel de 5,3%. Le taux de croissance moyen des cinq dernières années est de 3,9%.

Le secteur agricole représente 56% du PIB avec des cultures vivrières composées de maïs, de mil du riz et du manioc et des cultures de rentes (noix de cajou, coton). Le secteur industriel représente 10% du PIB et est composé d'industries d'égrenage de coton et d'agro-alimentaire.

Le taux d'inflation en 2011 est de 4,8%.

Les recettes budgétaires totales sont estimées à 28,0 milliards FCFA (0,04 milliard d'euros). L'encours total de la dette publique extérieure est de 545,8 milliards F CFA au 31 décembre 2005 soit 0,83 milliard d'euros.

Le solde global de la balance des paiements serait excédentaire de 3,5 milliards (0,01 milliard d'euros) en 2005. Les exportations totales sont estimées à 52,1milliards (0,08 milliard d'euros) contre des importations de 62,7 milliards (0,1 milliard d'euros).

*Le **MALI** s'étend sur une superficie de 1 240 200 km^2 et compte 15 400 000 habitants en 2010. Son taux de croissance démographique est de 2,2%.*

L'activité économique a enregistré en 2010, un taux de croissance réel de 5,8% portant le PIB nominal à 2894 milliards F CFA (4,41 milliards d'euros). Le taux réel moyen de croissance au cours des cinq dernières années a été de 4,7%.

Le secteur agricole représente en moyenne 32% du PIB. Les principales productions vivrières sont le maïs, le mil, le riz le haricot. Les cultures d'exportation sont principalement le coton et l'arachide. Le pays dispose également d'importantes ressources minières dont l'or, le diamant et le sel.

Le secteur industriel représente en moyenne 16% du PIB. Il est composé d'industries extractives et manufacturières de textile et d'agro-alimentaires.

Le taux d'inflation moyen en 2011 a été de 3,0% contre1,3% en 2010.

Les recettes budgétaires totales ont été de 506,6 milliards de FCFA (0,77 milliard d'euros) en 2005. L'encours de la dette publique extérieure est de 1752,3 milliards F CFA (2,67 milliards d'euros) au 31 décembre 2005. Le Mali est en crise depuis 2012.

Les échanges extérieurs devraient se solder en 2005 par un excédent de 57,2 milliards. La balance commerciale a été déficitaire en 2005 avec des exportations de 598,9 milliards (0,91 milliards d'euros) contres des importations de 669 milliards (1,02 milliard d'euros).

*Le **NIGER** est un pays sahélien sans façade maritime d'une superficie de 1 267 000 km^2 et d'une population de 15 500 000 habitants. Son taux de croissance démographique est de 3,2%.*

Le PIB nominal est évalué en 2010 à 1711,5 milliards F CFA (2,61 milliards d'euros) avec un taux de croissance réel du PIB de 8,0%. Au cours des cinq dernières années, l'activité économique s'est accrue en moyenne de 6,6%.

L'économie repose sur le secteur agricole (36,0% du PIB) dont les principales cultures d'exportation sont l'oignon, le coton et l'arachide. Les principales cultures vivrières sont le maïs, le mil, le sorgho et le riz. Le pays fournit également les produits de l'élevage aux pays voisins côtiers. Le secteur industriel représente 5,0 du PIB et comprend l'industrie extractive d'uranium, des unités textiles, et agro-alimentaires.

Le taux d'inflation moyen en 2011 est de 2,9%.

Les recettes budgétaires totales sont estimées à 189,0 milliards F CFA (0,29 milliard d'euros). L'encours total de la dette publique extérieure est de 898,4 milliards F CFA au 31 décembre 2005 soit 1,37 milliard d'euros. Le Niger a atteint le point de décision de l'Initiative PPTE renforcée en avril 2004. Il est éligible à l'Initiative d'allègement de la dette multilatérale.

La balance des paiements ressortirait en 2005, un excédent global de 11,5 milliards F CFA (0,02 milliard d'euros). Les exportations totales sont estimées à 304,1 (0,46 milliard d'euros) contre des importations de 398,9 milliards (0,61 milliard d'euros).

*Le **SENEGAL** s'étend sur une superficie de 197 200 km^2 et compte 12 400 000 habitants en 2010. Son taux de croissance démographique est de 2,9%.*

L'activité économique a enregistré en 2010 un taux de croissance réel de 4,2% portant le PIB nominal à 4561,2 milliards F CFA (6,95 milliards d'euros). Le taux réel moyen de croissance au cours des cinq dernières années est de 3,3%.

Le secteur agricole représente en moyenne 14,6% du PIB. Les principales productions vivrières sont le maïs, le mil, le sorgho, le riz et le manioc. Les cultures d'exportation sont principalement le coton et l'arachide. Le pays exploite des gisements de phosphates et de sel.

Le secteur industriel représente en moyenne 13,2% du PIB. Il est composé d'industries extractives et manufacturières de ciment, de textile et d'agro-alimentaires. Le taux d'inflation moyen en 2010 a été de 3,4% contre 1,2% en 2010.

Les recettes budgétaires totales ont été de 880,2 milliards de F CFA (1,34 milliard d'euros) en 2005. L'encours de la dette publique extérieure est de 1840,0 milliards F CFA (2,81 milliards d'euros) au 31 décembre 2005.

Les échanges extérieurs devraient se solder en 2005 par un déficit de

10,7 milliards. Le déficit de la balance commerciale s'établirait à 697,7 milliards (1,06 milliard d'euro) correspondant à des exportations de 810,1 milliards (1,23 milliard d'euros) et des importations de 1507,8 milliards (2,3 milliards d'euros).

*Le **TOGO** est un pays de 56 800 km² avec une population en 2010 de 6 000 000 habitants. Son taux de croissance démographique est de 2,6%.*

L'activité économique a enregistré en 2011, un taux réel de croissance de 4,1% contre 4,0% en 2010. Sur la période 2008 à 2012, le taux de croissance réel moyen ressort à 3,6%. Le PIB nominal en 2005 est de 1081,5 milliards (1,65 milliard d'euros).

Le secteur agricole représente 37% du PIB avec des cultures vivrières composées de maïs, de mil, de sorgho, de riz de l'igname et du manioc. Les principales cultures de rentes sont le coton, le café et le cacao. Le secteur industriel représente 12,2% du PIB et est composé d'industries extractives de phosphates et de clinker et d'unités manufacturières de textile, de ciment et d'agro-alimentaire.

Le taux d'inflation en 2011 est de 3,6%.

Les recettes budgétaires totales sont estimées à 165,0 milliards F CFA (0,25 milliard d'euros). L'encours total de la dette publique extérieure est de 921,5 milliards F CFA au 31 décembre 2005 soit 1,4 milliard d'euros.

Le solde global de la balance des paiements serait déficitaire de 8,8 milliards (0,01 milliard d'euros) en 2005. Les exportations totales sont estimées à 308,9 milliards (0,47 milliard d'euros) contre des importations de 513,4 milliards (0,78 milliard d'euros).

BIBLIOGRAPHIE INDICATIVE

OUVRAGES

BIGAUT Christian, ***Finances Publiques, Droit Budgétaire, Le Budget de l'État****, Edit. Marketing, Paris 1995.*

DONFACK Lekene, ***Finances Publiques Camerounaises****, Edit. Berger-Levrault, 1987.*

Douglas Fisher, ***Monetary Policy****, Edit MacMillan, 1976.*

DUVERGER Maurice, ***Méthode des sciences sociales****, Paris, Edit. Presses universitaires de France, 1964.*

E. SELIGMANN, ***Essai sur l'impôt,*** *Edit. Girard et Brière, 1914.*

G. VEDEL, ***Revue Française de Finances Publiques****, n°9, 1985.*

J. SCHUMPETER, ***La crise de l'État fiscal****, Edit. Minuit, 1972.*

KEYNES J. Maynard, ***Théorie générale de l'emploi, de l'intérêt et de la monnaie,*** *1936.*

Loïc Philip, ***Les problèmes généraux des finances et le Budget****, Edit. Cujas, 1975.*

R.A. Musgrave, ***The Theory of Public Finance****, New York: Edit. McGraw Hill, 1959.*

RICARDO D. ***Des principes de l'économie politique et de l'impôt****, Paris, Edit. Flammarion, 1992.*

SMITH A. ***Recherches sur la nature et les causes de la richesse des nations****, Paris, Edit. Flammarion, 1991.*

PUBLICATIONS ET AUTRES RAPPORTS

BAD, ***Niger : Document combiné de stratégie pays 2013-2017 et de revue du portefeuille****, septembre 2013.*

Banque de France, ***Rapport Annuel de la ZONE Franc, les monographies économiques, Guinée-Bissau****, 2010.*

Banque de France – ***Rapport Zone Franc – 2008, l'évolution économique et financière dans les pays africains de la Zone Franc****.*

Banque de France - ***Rapport Zone Franc – 2007, l'évolution de l'environnement financier international****.*

Benin, ***Document de stratégie d'endettement public pour l'année 2013****, octobre 2012.*

Cahier du GEMDEV n°30 – ***Quel développement durable pour les pays en développement ?***
Club de Paris, ***Rapport annuel 2007****, Paris, mai 2008.*
Directive ***N°01/2009/CM/UEMOA*** *portant code de transparence dans la gestion des finances publiques au sein de l'UEMOA.*
Directive ***N°02/2011/CM/UEMOA*** *portant harmonisation de la fiscalité applicable aux entreprises d'investissement à capital fixe au sein de l'UEMOA.*
Directive ***N°06/2009/CM/UEMOA*** *portant lois de finances au sein de l'UEMOA.*
Directive ***N°07/2009/CM/UEMOA*** *portant règlement général sur la comptabilité publique au sein de l'UEMOA.*
Directive ***N°08/2009/CM/UEMOA*** *portant nomenclature budgétaire de l'État au sein de l'UEMOA.*
Directive ***N°09/2009/CM/UEMOA*** *portant Plan Comptable de l'État (PCE) au sein de l'UEMOA.*
Directive ***N°10/2009/CM/UEMOA*** *portant Tableau des Operations Financières de l'État (TOFE) au sein de l'UEMOA.*
Fonds Monétaire International, ***Rapport du FMI No.11/357F****, Niger, consultations de 2011 au titre de l'article IV, mai 2012.*
Fonds Monétaire International, ***Rapport du FMI n°13/104F****, Juin 2013.*
Fonds Monétaire International, ***Rapport du FMI N°. 13/235****, Juillet 2013.*
Fonds Monétaire International, ***Rapport du FMI nº 12/337****, novembre 2012.*
International Monetary Fund, ***seventh Review under the external credit Facility and Request for a New Three-Year, Mali,*** *2012.*
International Monetary Fund, Staff Country report, ***Rapport du FMI N° 12/3 2011.***
La dette des pays en développement : bilan et perspectives*, document de travail N° 82.*
Le Club de Paris : instrument stratégique au sein de la Communauté Financière Internationale, ***Bulletin de la Banque de France – N° 81*** *– septembre 2000.*
Sénégal, ***Rapport sur l'analyse de la viabilité de la dette publique****, mars 2012.*
Togo, ***Rapport analytique sur la dette publique****, mai 2012.*

Liste des tableaux et figures

Tableaux

Figures

TABLE DE MATIERES

Structures éditoriales du groupe L'Harmattan

L'Harmattan Italie
Via degli Artisti, 15
10124 Torino
harmattan.italia@gmail.com

L'Harmattan Hongrie
Kossuth l. u. 14-16.
1053 Budapest
harmattan@harmattan.hu

L'Harmattan Sénégal
10 VDN en face Mermoz
BP 45034 Dakar-Fann
senharmattan@gmail.com

L'Harmattan Cameroun
TSINGA/FECAFOOT
BP 11486 Yaoundé
inkoukam@gmail.com

L'Harmattan Burkina Faso
Achille Somé – tengnule@hotmail.fr

L'Harmattan Guinée
Almamya, rue KA 028 OKB Agency
BP 3470 Conakry
harmattanguinee@yahoo.fr

L'Harmattan RDC
185, avenue Nyangwe
Commune de Lingwala – Kinshasa
matangilamusadila@yahoo.fr

L'Harmattan Congo
67, boulevard Denis-Sassou-N'Guesso
BP 2874 Brazzaville
harmattan.congo@yahoo.fr

L'Harmattan Mali
Sirakoro-Meguetana V31
Bamako
syllaka@yahoo.fr

L'Harmattan Togo
Djidjole – Lomé
Maison Amela
face EPP BATOME
ddamela@aol.com

L'Harmattan Côte d'Ivoire
Résidence Karl – Cité des Arts
Abidjan-Cocody
03 BP 1588 Abidjan
espace_harmattan.ci@hotmail.fr

L'Harmattan Algérie
22, rue Moulay-Mohamed
31000 Oran
info2@harmattan-algerie.com

L'Harmattan Maroc
5, rue Ferrane-Kouicha, Talaâ-Elkbira
Chrableyine, Fès-Médine
30000 Fès
harmattan.maroc@gmail.com

Nos librairies en France

Librairie internationale
16, rue des Écoles – 75005 Paris
librairie.internationale@harmattan.fr
01 40 46 79 11
www.librairieharmattan.com

Lib. sciences humaines & histoire
21, rue des Écoles – 75005 paris
librairie.sh@harmattan.fr
01 46 34 13 71
www.librairieharmattansh.com

Librairie l'Espace Harmattan
21 bis, rue des Écoles – 75005 paris
librairie.espace@harmattan.fr
01 43 29 49 42

Lib. Méditerranée & Moyen-Orient
7, rue des Carmes – 75005 Paris
librairie.mediterranee@harmattan.fr
01 43 29 71 15

Librairie Le Lucernaire
53, rue Notre-Dame-des-Champs – 75006 Paris
librairie@lucernaire.fr
01 42 22 67 13

www.ingramcontent.com/pod-product-compliance
Lightning Source LLC
LaVergne TN
LVHW011158061026
849535LV00003B/781

* 9 7 8 2 3 4 3 1 8 2 4 2 1 *